人生得遇蘇東坡

破億播放量意公子帶來一堂豁達生命課

文化製播人 意公子——著

suncolor 三采文化

這是趙孟頫畫的我，你們覺得像嗎？

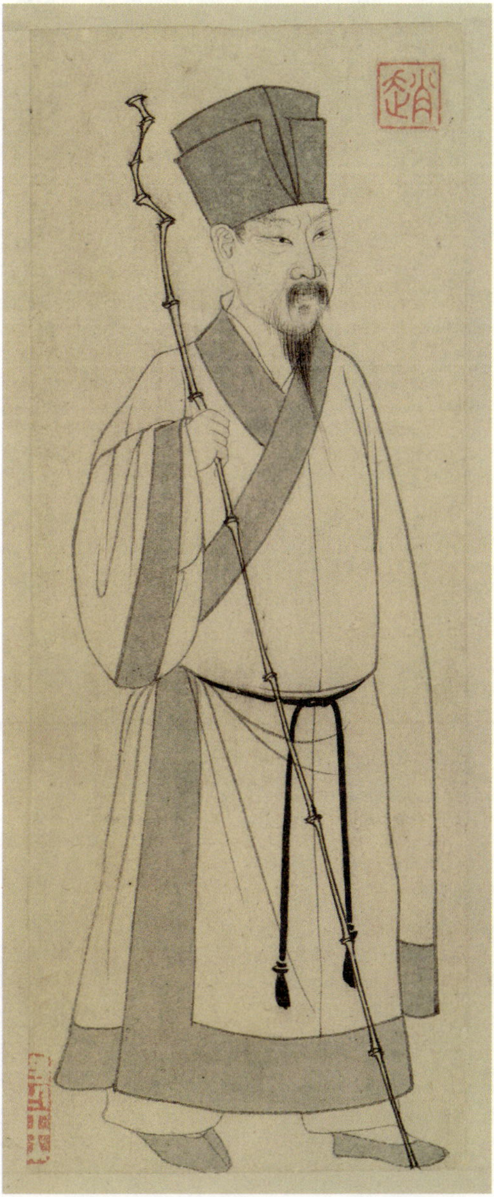

▲〈東坡像〉〔元〕趙孟頫／臺北故宮博物院藏

自序

蘇東坡，究竟帶給我什麼？

很多人因為我講蘇東坡開始認識我，而我們認識蘇東坡，大多從國文課本裡的「背誦全文」開始。

從〈題西林壁〉、〈水調歌頭（明月幾時有）〉，到關於赤壁的一詞兩賦——〈念奴嬌．赤壁懷古〉、〈赤壁賦〉、〈後赤壁賦〉，再到那兩首風格截然不同的〈江城子〉——〈江城子．乙卯正月二十日夜記夢〉、〈江城子．密州出獵〉，以及那首境界超越古今文人的〈定風波（莫聽穿林打葉聲）〉……在學生時代，蘇東坡給我們留下的印象，似乎就是這幾個關鍵字：豪放派、豁達、樂天。

再後來，描寫蘇東坡的文章越來越多，漸漸地，在我們的印象中，他好像有了這樣的形象：吃貨、快樂的吃貨、被貶之後還這麼快樂的一個吃貨……段子手❶、快樂的段子手、被貶之後還這麼會自嘲的一個段子手……

他好像無形中成了治癒我們生活的一顆解藥，以至於世間流傳一句話——人生緣何不快樂？只因未讀蘇東坡。

然而我好奇的是，一個人，在逆境中，天生就可以這麼快樂嗎？

如果是，那是什麼造就了他？

如果不是，他又是如何一步一步從泥濘裡走出來的呢？於是我一頭扎進了他的「世界」——我想尋找一個答案。

解讀蘇東坡，其實是一件很有挑戰性的事。

---

❶段子手：意指擅長說笑話、寫梗、講話幽默風趣的人，是金句製造機。

他太有名，太有魅力，古往今來，解讀他的人也太多，其中不乏許多大家。珠玉在前，要寫出新意，實在很難。

首先，要沉浸在他的時代裡。就像一部穿越劇，你穿越回他的時代後，需要一點一點觀察、理解、適應那個時代，要去感受那個時代的政治面貌，看到在他之前出現的那些耀眼的星星，看到那個時代的人間煙火，是如何支撐起他的生活的。

然後，要進入蘇東坡的家族，看見他的祖上是如何來到眉山這片土地，他的家風又是怎麼代代傳承下來的，他生長在什麼樣的原生家庭裡，他的到來給這個家庭帶來了什麼樣的希望……

你好像成了一名記錄者，看見一個天才的降生，然後陪著這個天性頑皮的孩子長大。你經歷了他的童年，陪著他和他的小夥伴們在紗縠行❷的宅子裡玩耍，陪著這個少年和他的父親、弟弟從岷江出發，去開啟新的人生，經歷他北宋開國百年第一的巔峰時期，經歷他平淡又深情的婚姻生活。你看著一個恃才傲物的年輕人是怎麼一點點在職場上成長起來的，又是如何跌入命運的低谷，直至絕境的。

當你和他一同掉進那個生命的深淵，暗無天日中不知希望在何處的時候，你才明白，「豁達」二字，真的沒有這麼好寫。

他也曾屣❸過、絕望過，也曾想不開，要跳河，也曾在死亡面前顫顫巍巍。他並非萬能，政治成就他不如王安石，思想流派他不具絕對開創性，甚至在詞的格律上，他也被人詬病過。

在他身上，甚至還有很多因為後人的喜愛而被人為增添起來的光環……

他真的沒有這麼完美。

但，他很真實。

正是因為他怕死，所以即便走到絕路，他也要找個活法，讓自己苟延殘喘，直到重新找回生活的樂趣；正是因為他不是事業狂，有太多的興趣愛好，所以他做不成「雖千萬人吾往矣」的孤勇者，所以你看到他的生命彷彿是開在花叢裡的，到處都有風景，到處都是色彩；正是因為他喜愛學問卻又不想被學問束縛，所以他從來都不是嚴謹的治學者，而活成了一個集大成者。

---

❷ 紗縠行：販售紡織品的商店，據傳蘇東坡出生地之一為四川眉城裡的紗縠行。

❸ 屣：原意為精液，後常被用來形容無能、懦弱。

也正是因為這樣，所以解讀他，就更難。

我們甚至需要跳出他，站在比他更廣闊的思想、文化和心理空間，然後再回到他，去了解儒釋道是如何交叉影響他的生命走向的，去觀察他每一次人生抉擇的背後都藏著怎樣的心理模式，去更深地洞察他的天賦、他的志趣、他的情感，才有可能了悟蘇東坡此生為何而來。

我希望儘可能全面地了解蘇東坡，於是把市面上能找到的所有關於他的書全部都買了。也非常感謝各地的蘇東坡研究會，以及各位研究東坡先生的大家，非常熱心地寄來了很多市面上不那麼好找的書。於是很長的一段時間，我幾乎全身心地沉浸在「蘇東坡」這三個字裡……

然而，即便如此，我發現，我依然無法全然了解蘇東坡。

時光太久遠了，他是近千年前的人，且不論一個事件是否真實地發生過，即便它真的發生過，對它的解讀，也會因個人見解不同，而呈現出不同的面貌。

我們只能做到無限接近，卻永遠都無法真實抵達。

於是，在動筆寫這本書之前，我做了一個決定：放棄客觀視角——事實上，我們也無法秉持全然客觀的視角——這不是一本《蘇東坡傳》，更不是一本研究蘇東坡的學術論著，這僅僅是我作為一個現代人，一個在生活中庸庸碌碌、磕磕絆絆的人，一個也曾遇到過迷茫和低谷的人，帶著對命運無限的疑問和追尋，穿越千年和他的對話。

此刻的他，是一位歷盡滄桑的朋友，是一個真實坦蕩的靈魂。他雖已無言，但他的作品、他的語言、他的經歷，似乎都在告訴我們——他對生命的解答。

而我也終於明白，真實的蘇東坡是什麼樣的，不一定那麼重要了。

重要的是他立了一個參照，讓我們得以照見自己。

重要的是當我們在人生路口遇見關卡的時候，彷彿能聽見一個遙遠的笑聲從千年前傳來，告訴我們：

人，可以這樣活。

縱使盡心盡力，本書依然有許多斟酌之下無法圓滿完成的部分，下面列出來交與各位讀者批評。

1 關於時間順序

因為不是傳記類圖書，所以我並沒有按照蘇東坡人生的時間順序來成稿。他的人生已經是個完成式了，這也給了一個機會，讓我們可以從不同的時間點切入、跳躍，著重去尋找他生命裡那些特別的時刻。所以，對於他的人生，我沒有平均地寫，關鍵片段會著墨更多，而有些部分可能只是輕輕帶過。

2 關於作品採用

一個人在一段時間裡的狀態，是斑駁交雜的、忽高忽低的，可能今天描寫的還是痛苦鬱悶，明天抒發的就是天地自由。這在蘇東坡的黃州時期及朝堂時期尤為明顯。例如黃州前期，他既有〈初到黃州〉時所見的明媚風景，以及對自身遭遇的自嘲與寬慰，又有〈卜算子・黃州定惠院寓居作〉裡「寂寞沙洲冷」那種徹骨的清寒。鑒於篇幅所限，本書無法把他每一種細微的情緒都捕捉下來，所以關於他作品的採用，我主要截取的是他生命中各個階段裡比較典型的狀態。

3 關於年齡和稱謂

古代中國關於年齡的通用計算法，和我們現在的有所不同。在以前，年齡通常是從出生開始就算作一歲，每過一個農曆新年，就增加一歲。蘇東坡生於宋仁宗景祐三年臘月十九（西元[4]一〇三七年一月八日），剛好是農曆年末，一〇三七年春節後，他就算兩歲了。這和現代的周歲計算方式很不一樣。所以，本書提到的他的年齡，都會比我們現在的周歲計算方式大兩歲。此外，除特別點明西元紀年的地方，本書中涉及的具體月分日期，也均按農曆計算。

蘇東坡這個稱謂，是他到黃州之後才有的，而「蘇軾」這個本名，其父蘇洵在〈名二子說〉裡交代它的寓意時，蘇軾時年十二歲。在十二歲之前，他的小名是「和仲」（意思是排行老二）。在這三個稱呼裡，顯然「蘇東坡」是更為人熟知的，因此，我全篇大部分用的都是「蘇東坡」，以便更好理解。在追求通俗化表達的過程中，難免會犧牲一定的嚴

[4] 西元：本書中除了使用北宋年號紀年之外，也會附上西元紀年，後文中不特別標示「西元」。

謹性，請大家見諒。

4 關於寫作方式

因為不是傳記類寫作，所以本書中會有許多古今交織的對話。講的是他的故事，照見的是我們的人生。我們只能從他的作品中去尋找他的心境變化，從他的人生道路中去窺探他的價值選擇。每個人心裡都有自己的蘇東坡。我相信，藝術的解讀，會賦予藝術第二生命，它也應是藝術的一部分。

CONTENTS

輯二——

敬佩

在廢墟中，如何重建自己的人生？

輯三——深識

原來你是這樣養成的

輯四——感慨

輯五——羡慕

輯六——

讚嘆

輯七——了悟

你與自己的命運和解

輯八——

內觀

輯九——活法

人生沒有答案，只有選擇

前言

為什麼我們都喜歡蘇東坡？

如果有人跟我說，他最喜歡的中國文人是蘇東坡，我會覺得：你太有眼光了！

蘇東坡堪稱中國文人的天花板，幾乎沒有人能超越。詩、詞、散文、書法、繪畫……就沒有他不擅長的。

◎**詩歌**：北宋詩歌最高成就「蘇黃」，即蘇東坡和黃庭堅。

◎**詞**：豪放派開創者和代表人物「蘇辛」，即蘇東坡和辛棄疾。

◎**散文**：宋代散文代表人物「歐蘇」，即歐陽修和蘇東坡。

◎**書法**：北宋四大家「蘇黃米蔡」，首位就是蘇東坡。

▲〈枯木怪石圖〉〔北宋〕蘇軾

◎**繪畫**：他的〈枯木怪石圖〉拍賣出了四．六三六億港幣，創下了當時中國古畫單幅第二高價。

中國古代像他這麼全能的文人是很少見的，其他人可能就是在某一個領域出眾，比如李白在詩歌上很厲害，柳永在作詞上很厲害，但是這麼全能的，幾乎沒有。

而且他的全能不是指「詩人裡寫散文第一名」、「散文裡寫書法第一名」這種比法，是單拿一個出來，就能輾壓一大票。

據中華書局版《蘇東坡全集》（曾棗莊、舒大剛主編）所錄，蘇東坡一生創作出的、有記載的詩詞約三千二百一十八首，其中詩二千八百六十七首、詞三百五十一首，很大一部分是精品。

天涯何處無芳草／春宵一刻值千金／春江水暖鴨先知／腹有詩書氣自華

老夫聊發少年狂／人間有味是清歡／此心安處是吾鄉／醉笑陪公三萬場

不識廬山真面目，只緣身在此山中／欲把西湖比西子，淡妝濃抹總相宜

且將新火試新茶。詩酒趁年華／一點浩然氣，千里快哉風

人生如逆旅，我亦是行人／但遠山長，雲山亂，曉山青

……

你看，這許多的金句，幾乎都是我們學生時代必考的吧？有的甚至會讓你覺得：哇，原來這句話也是蘇東坡說的呀！

再比如，以下這些常用的成語，也都是因為蘇東坡才有的，是不是沒想到？

胸有成竹／河東獅吼／出人頭地／大智若愚

明日黃花／堅忍不拔／雪泥鴻爪／海屋籌添

……

而且，蘇東坡的創作風格跨度之大，世所罕見。

一〇七五年，蘇東坡寫下了兩首同為〈江城子〉的詞，它們的風格差別之大，既可以是「十年生死兩茫茫。不思量。自難忘……縱使相逢應不識，塵滿面，鬢如霜……」這種淒涼，還能是「老夫聊發少年狂……會挽雕弓如滿月，西北望，射天狼。」這種豪邁。同一年，同一個詞牌，並且都是有名到收錄進國文課本裡的必考古詩詞，他對兩種完全不同風格的駕馭能力，令人讚歎。

江城子・乙卯正月二十日夜記夢

十年生死兩茫茫，不思量，自難忘。千里孤墳，無處話淒涼。縱使相逢應不識，塵滿面，鬢如霜。

夜來幽夢忽還鄉，小軒窗，正梳妝。相顧無言，惟有淚千行。料得年年腸斷處，明月夜，短松岡。

江城子・密州出獵

老夫聊發少年狂，左牽黃，右擎蒼。錦帽貂裘，千騎卷平岡。為報傾城隨太守，親射虎，看孫郎。

酒酣胸膽尚開張，鬢微霜，又何妨？持節雲中，何日遣馮唐？會挽雕弓如滿月，西北望，射天狼。

古代文學研究學者康震老師曾經舉過一個很好的例子。

他對比了蘇東坡和李白，同樣寫一個題材，這兩個人完全就是神仙打架名場面。

李白的詩歌很厲害了吧？你看他寫廬山：「飛流直下三千尺，疑是銀河落九天。」這種直上九重天的氣魄，到頂了吧？不可能還有人能把廬山風景寫得比他更精彩了！

但你看蘇東坡怎麼寫廬山：「橫看成嶺側成峰，遠近高低各不同。不識廬山真面目，只緣身在此山中。」另闢蹊徑，借廬山寫出了一個絕妙的哲理。

這應該就是廬山題詩裡最有名的兩首了。

但蘇東坡還有一個更厲害的地方。

他除了會寫詩，還有一點是李白比不上的，那就是他在政治上要更有作為。

中國有名的文人，很多其實在仕途上都走得不遠，李白、陶淵明都是。但是蘇東坡不一樣，他二十六歲的時候就以北宋開國百年第一的成績空降陝西寶雞，當了鳳翔府簽判，

▲〈西園雅集圖〉局部。〔北宋〕李公麟／臺北故宮博物院藏❶

相當於現在的「市委祕書長兼市政府祕書長」的角色。他還做過八任地方知州，包括密州、徐州、湖州、登州、杭州、潁州、揚州、定州，是這八個地方政府的「市長」。而且，他後來在朝廷還做過禮部尚書，相當於「教育部、宣傳部、外交部、文旅部部長」，還做過兵部尚書，差一點就做宰相了。

他還是當時的士林領袖，文化影響力首屈一指，跟很多單打獨鬥的文人是不一樣的。他門下的學生黃庭堅、秦觀、晁補之、張耒，合稱「蘇門四學士」，哪一個

❶西園雅集圖：相傳北宋駙馬王詵曾舉辦過一場風雅盛事「西園雅集」，當代文人如蘇東坡、黃庭堅等皆為座上賓。會後由李公麟繪圖、米芾書寫紀念。但經後世研究，此聚會應非實際發生，書法與繪畫等則為後人偽造託名。

拿出來不是響噹噹的人物？但是他們居然都以蘇東坡為師。

要知道，宋朝可是中國文化史的巔峰時代啊。陳寅恪❷先生說：「華夏民族之文化，歷數千載之演進，造極於趙宋之世。」

宋朝，尤其是仁宗朝，出了多少名人：范仲淹、歐陽修、王安石、司馬光、蘇轍、蘇洵、曾鞏……唐宋八大家裡就有六個在仁宗朝，更不用說人們非常熟悉的包青天、楊家將等人。北宋理學五子周敦頤、程顥和程頤等，也都在這一時期嶄露頭角。此外，活字印刷術、火藥、指南針，四大發明中有「三大」也在仁宗朝得到廣泛應用和發展。

在這個遍地都是金子的時代，蘇東坡的光芒一點都沒有被別人蓋過，反而成了這堆金子中最耀眼的一顆。

他在北宋朝廷和民間的影響力之大，簡直可以用「國民老公」來形容。上自皇帝太后，下到黎民百姓，只要他的文章一出來，必定是全城追捧。

他因為烏臺詩案差點被殺頭的時候，太皇太后正重病著，皇帝就說：「不然我大赦天下給您祈福吧。」太皇太后說：「我不需要你大赦天下人，我只求你放了蘇東坡。」

宋人筆記《甕牖閒評》中記載，蘇東坡被貶到黃州時，據說鄰居中有個聰慧的女子，每天就在窗下聽他讀書。後來，人家跟她說：「你年齡也到了，該嫁了。」她說：「如果要嫁，就嫁學問如蘇東坡那樣的人。」結果，她因為沒找到這樣的人，活活等到老死。

蘇東坡不僅得女人喜歡，也得男人喜歡。

另外一本宋人筆記《師友談記》裡就說了這樣的故事：有一位姓章的醜哥們兒娶了一個漂亮老婆，卻放著這樣的老婆、溫暖的家在一邊，天天晚上通宵讀蘇東坡文集，老婆實在受不了了，就說：「不然你去跟蘇東坡文集睡覺吧！我實在受不了了，離婚！」結果兩個人真的離了。後來他逢人便調侃說：「我跟我老婆離婚，是因為蘇東坡呀。」

甚至政敵王安石，都對蘇東坡的文章愛不釋手。每次有人從黃州來，王安石必定要問他：「子瞻近日有何妙語？」就是問蘇子瞻最近又有什麼好作品了。

說到這裡，不知道你會不會跟我一起，讚嘆蘇東坡在文化上無與倫比的成就。他可以說是中國古代最後一個全能型文人。

但是，我們今天為什麼愛蘇東坡？肯定不只因為他是「學霸」，是「文壇天神」，更

❷ 陳寅恪：中國知名歷史學者、古典文學研究家，與梁啟超、王國維並稱「清華三巨頭」。

多還是因為，他身上有著濃重的人間煙火氣。

一個大文豪，一個八任「市長」，一個「教育部、宣傳部、外交部、文旅部部長」，居然還是一個美食家，傳聞中國歷史上有六十餘道菜因他而生。

他還是個教育家，被貶到海南的時候，那裡還很蠻荒落後，結果他卻培養出了海南歷史上第一位舉人。他還是個工程師、修堤專家，時至今日，杭州西湖、惠州西湖都留下了他主持修建的蘇堤。

他還做了很多開創性的事情。當年他主政杭州的時候，便開創了中國最早的民間救濟醫院，在那個瘟疫橫行的年代裡救活了許多人……

古往今來，有多少人愛蘇東坡，這個數量應該連他自己都想不到。我想我們之所以喜歡他，是因為他有著遠比其他中國文人更為寬廣的人生格局，上可以陪玉皇大帝，下可以陪卑田院❸乞兒。在這個尺度上，他活出了不同境遇裡的豐富滋味，就像學者祝勇老師說的，每個人都會在這些不同的境遇裡，和他相遇。

你一點都沒有覺得他離你很遠，你的孤獨、豪邁、挫敗、掙扎、灑脫，他都有。這些滋味從他的詩詞裡、從他的書畫作品裡、從他的美食裡長出來，所以你才覺得他親近，覺得他就是那個「人生如逆旅，我亦是行人」裡，和你同行的人。

千百年以後，李白被人稱為「詩仙」，這是按照分類領域裡的成就給予他的美稱。
但人們叫蘇東坡什麼仙？坡仙。
他已經沒有辦法單獨拿某個領域來框住了。
他就是他自己，也是在人生中行走的我們。

❸卑田院：原為佛教僧人收養老弱殘疾者的地方，後引申為乞丐收容所。

輯一

驚訝

你為什麼想要自殺？

引子 那一晚蘇東坡想要自殺

一〇七九年秋天的一個晚上，太湖上波光粼粼，月色如畫。鱸鄉亭邊停著一艘小船，船邊站著大文豪蘇東坡，此刻，他只有一個念頭，就是自殺。

他是被押解回京的。前一天他還是萬民愛戴的湖州「市長」，而現在，卻變成了生死未卜的朝廷欽犯。

他被人告發，說他的文字是在譏諷當時的皇帝。

但是文字這種東西，你怎麼解讀都可以。

蘇東坡沒有想到，自己有一天會因言獲罪。

他曾是整個國家最耀眼的那顆星，他的文章一出來，上自皇帝太后，下至文人百姓，爭相搶閱，只要讀過點書的女子，都希望自己能嫁給他。要是他活在現在，一定是「文壇流量王」、「國民老公」。

如果我們不知道他曾經有多麼風光，就不知道這一次苦難對他的打擊有多大，以至於他甚至想跳湖而死，一了百了。

他是北宋開國百年第一

——開局就是巔峰，真的是好事嗎？

蘇東坡生在一個好時代，好家庭。

宋仁宗時期可以說是整個北宋最繁盛的時候，皇帝仁政親民，殿下人才濟濟。中國四大發明中的三項，即火藥、指南針、印刷術，都在此時得到廣泛應用和發展。唐宋八大家裡的歐陽修、王安石、曾鞏、蘇洵、蘇軾、蘇轍，六個都在宋朝，並且全在仁宗朝。後來蘇東坡自己也說，宋仁宗時期的人才，足夠子孫三世之用。

盛世之下，蘇東坡的家庭條件也是讓人羨慕的。他爺爺曾在當地務農，家中倉廩充實，吃穿不愁；他母親，也是當地巨富之女，飽讀詩書。當父親出門遊學的時候，母親就在家教他和弟弟讀書。

考試一下筆，主考官歐陽修大驚豔

蘇東坡二十一歲那年，和弟弟跟著父親從老家眉山出發，前往京城參加科舉考試。那一年的科舉，可以說是中國千年科舉制度下最出色的一屆，考出了八位文壇大家和九位宰相級別的人才，以及宋學四派中三派的始祖和七個新法幹將，覆蓋了當時文學、哲學、軍事、政治領域裡最尖端的人才。

而蘇東坡其中一門科目「論」的考卷，讓當時的主考官歐陽修大為驚豔。我們來看一下蘇東坡的「高考[1]作文」。當時的「作文題目」是（我猜的）：

[1] 高考：中國學校招生的考試制度之一，目的是為大學以上的高校選拔人才。

《尚書》裡說：「罪疑惟輕，功疑惟重。」請根據上述素材，結合你的感受和思考，擴充討論，不少於八百字。文體不限，詩歌除外。

「罪疑惟輕」，意思就是如果無法判斷一個人的罪行是輕還是重，那就從輕處罰。「功疑惟重」，如果無法判斷一個人的功勞是大是小，那就給予較大的獎勵。

蘇東坡會怎麼答？

他寫下了〈刑賞忠厚之至論〉，全文洋洋灑灑，我們現在不一定看得懂。沒關係，只要知道這張答案卷讓歐陽修拍大腿叫絕，正想給他第一名的時候，轉念一想：能寫出這麼優秀答案卷的人，全天下也只有我的學生曾鞏了。如果真是曾鞏，我給他第一，會不會被人說閒話呢？

不行，我還是避嫌吧。

於是，蘇東坡就這樣和第一名失之交臂。

這個故事膾炙人口，很多人知道。

二十歲出頭就一戰封神

但，你會不會好奇，為什麼蘇東坡值得別人給他第一名？

我們來對比一下他和歐陽修的得意門生曾鞏的文章。

同樣是這個作文題目，曾鞏作答的〈刑賞論〉，也是很多字，也不怎麼讀得懂。

兩個人都主張：刑罰只是工具，更重要的是「企業文化」，是仁德。

曾鞏在〈刑賞論〉裡說的是，要教化百姓，要讓君德和士德互補，要上下交修。

以聖神淵懿之德而為君於上，以道德修明之士而為其公卿百官於下，以上下交修而盡天下之謀慮，以公聽並觀而盡天下之情偽。

而蘇東坡在〈刑賞忠厚之至論〉裡則說的是，只要君主給天下做出表率就可以。

你是什麼樣，你的世界自然就是什麼樣。

以君子長者之道待天下，使天下相率而歸於君子長者之道，故曰：忠厚之至也。

孔子的《論語》裡說到仁的最高境界：修己以安百姓。曾鞏說的是要教別人，蘇東坡說的是要修自己。誰的境界更高一點呢？

值得一提的是，當寫下這兩篇文章時，曾鞏三十九歲，而蘇東坡，只有二十二歲。所以你就能明白，為什麼當時的主考官，也是仁宗朝的文壇領袖歐陽修，撕開糊在考生名字上的彌封條，看到「眉山蘇軾」四個字的時候，有多麼懊悔，又有多麼興奮。

他在寫給點檢試卷官梅堯臣的信上說：

讀軾書，不覺汗出，快哉！快哉！老夫當避路，放他出一頭地也！可喜！可喜！

據南宋筆記《曲洧舊聞❷》記載，他甚至跟自己的孩子歐陽棐說：「三十年後，沒人記得你老爹，但是他們都會記得蘇軾。」

東坡詩文，落筆輒為人所傳誦。每一篇到，歐陽公為終日喜，前後類如此。一日與棐論文及坡，公歎曰：「汝記吾言，三十年後，世上人更不道著我也！」

蘇東坡的名聲從此宣揚開來。

這就好比你是一個小城市普通學校的考生，今天參加了一個天才雲集的全國高考狀元王中王比賽，參賽者都是各個學校走出來的英雄豪傑，然後你的作文被余華[3]瘋狂點讚，余華老師說你能接他的棒，成為未來的文壇砥柱！而那個時候你才二十出頭。

你，一戰封神。但，這還不是最神的。

四年後，又考出北宋百年開國第一！

四年後，蘇東坡和弟弟蘇轍再接再厲，參加了北宋最高等級，也是最難的考試——制科考試[4]。**正是這一戰，蘇東坡一舉拿下了北宋開國百年以來的——成績第一。**

你知道這個考試有多難嗎？若說科舉是高考，制科就像是國際數學奧林匹亞競賽。

[2]《曲洧舊聞》：南宋時期由朱弁撰寫的文言小說集。當中記錄了北宋及南宋初期朝野遺事、社會風情和士大夫軼聞。

[3] 余華：知名作家，先鋒派小說的創作者代表。代表作品有《兄弟》、《許三觀賣血記》、《活著》等。

[4] 制科考試：唐朝以降科舉分為常科與制科兩類，常科每年舉行，制科是皇帝不定期臨時設置的科目，由皇帝親自主持。

不僅在參賽資格上做了很大的限制，錄取人數比例也僅僅是科舉人數的千分之一。並且，題目絕對是「變態難」的級別。

你看考試範圍，從九經、十七史、七書、《國語》、《荀子》、《揚子》、《管子》、《文中子》，正文及注疏當中出題。且有明題、暗題，也就是，這些大部頭的經典、經典的文字注釋，包括對這些注釋的解釋，還有不同朝代的人對這些解釋的解釋，都要考！而且沒有畫重點，全是重點。

什麼叫明題和暗題呢？明題還會跟你說出自哪裡，暗題就是——我說半句話，你就得寫上出自哪本書、上下文是什麼、注釋是什麼、你的理解是什麼。

給你六大題，相當於寫六篇論文，而且只有一天一夜的答題時間。

這場考試裡，蘇東坡得到的評價是「文義粲然」，並拿了三等的成績。你說才三等，為什麼是第一？因為第一等和第二等就是個虛設，說著玩的，最高的就是第三等。

《宋史．蘇軾傳》裡說：

自宋初以來，制策入三等，惟吳育與軾而已。

北宋開國到現在，就兩個三等的，而且三等還分甲乙，就跟現在普通話考試❺一樣，一級甲等，一級乙等。另一個吳育是乙等，所以，蘇東坡自然就是當之無愧的第一。

宋仁宗讀了蘇東坡兄弟的文章後，欣喜對皇后說：「朕今日為子孫得兩宰相矣。」

於是，二十六歲的蘇東坡，以百年第一的成績空降陝西寶雞，授大理評事，簽書鳳翔府簽判，不太確切的比喻，就相當於現在的「寶雞市委秘書長兼市政府秘書長」。

他的文采名滿天下，所有人都認為，這將是北宋朝廷冉冉升起的一顆新星。

那麼這個天之驕子究竟經歷了怎樣的人生低潮，為何會落得想要跳船自殺的下場？

而他，又是怎麼重生成我們熟知的那個大文豪的呢？

下一篇，蘇東坡的職場初遇。

❺ 普通話考試：正式名稱「普通話水平測試」，中國國家頒布的語言考試制度，採口試，用來檢測應試者對於普通話的運用能力，並考評為三級六等。

制科（科舉）考試說明簡表

表格根據上海人民出版社二〇一七年四月版張希清《中國科舉制度通史．宋代卷》（全二冊）整理而成。

制科（制舉）考試		
參試資格	身分方面	太常博士以上不得應制舉。 幕職州縣官，未滿三年者，不許應舉。 現任及應該移入沿邊不搬家地分及川、廣、福建等處，未任滿一任者，不許應舉。 其高蹈丘園、沉淪草澤、茂才異等三科❻，凡進士、諸科取解不獲者，不得應舉。
考試內容和要求		閣試（初試）：閣試一場，論六首，合格為「通」，不合格為「粗」、「不」。 合格要求： 1 三千字以上為合格，即每篇限五百字以上成；一日內完成。 2 論引上下文不全，所引不盡謂之粗。
考試題目範圍		自以下範圍內出題，包括一篇暗數、一篇明數。 ●九經：《周易》、《尚書》、《詩經》、《周禮》、《儀禮》、《禮記》、《春秋左氏傳》、《春秋公羊傳》、《春秋谷梁傳》 ●十七史：《史記》、《漢書》、《後漢書》、《三國志》、《晉書》、《宋書》、《南齊書》、《梁書》、《陳書》、《魏書》、《北齊書》、《周書》、《隋書》、《南史》、《北史》、《新唐書》、《新五代史》 ●七書：《孫子》、《吳子》、《六韜》、《司馬法》、《黃石公三略》、《尉繚子》、《李衛公問對》

品行方面	不曾犯贓罪及私罪情輕者，方許應舉。 詔舉賢良方正而下九科，亦令采察文行，若不如所舉，並坐舉者。	3 四通以上為合格，仍分五等，入四等以上召赴殿試。	●《國語》、《荀子》、《揚子》 ●《管子》、《文中子》正文及注疏
詞業方面	應制舉人，須先繳進所業策論五十篇，經有關部門「看詳」，即審查合格，方許應舉。 委實文行可稱、詞理優長者，方可具名奏聞。	殿試（皇帝親試）：制策一道，限三千字以上成。	皇祐元年（一〇五一年），仁宗詔撰策題官，要求先問治亂安危大體，其餘所問經史名數，自依舊制。當年殿試，連發七問，皆有關「知人」、「安民」、「禮、樂、刑、政」等時務。
官員奏舉	需待制以上保明奏舉，不允許自舉。		
關於考試結果：兩宋三百餘年期間，制舉之詔雖然經常頒下，但是御試僅僅舉行過二十二次，制舉入等者不過四十一人次。			

❻「高蹈丘園」、「沉淪草澤」、「茂才異等」：皆為科舉制度中的人才選拔科目，目的是為了從隱居山野或被埋沒於民間的一般百姓當中，詔舉選拔有才能的人。

職場不是爽文，再高傲的心氣也要被調教

——其實要感謝那些曾提點過我們的長輩。

你在工作中，有沒有遇見過那種老是跟你過不去的上司？

蘇東坡的第一份正式工作，是在陝西鳳翔，任大理評事、簽書鳳翔府節度判官廳公事，就是知府的祕書。那個時候的蘇東坡，剛參加完制科考試，是北宋開國百年第一，名震京師，風頭正盛。他以京官的身分出任地方長官的「祕書」，剛過去的時候，頂頭上司宋選對他也不錯。想一想，剛入職場，起點不低，名聲也有，工作環境也挺和諧，各方面

條件都算是優越了。

就這樣順利幹了兩年左右，宋選走了，來了一位新主管，還是蘇東坡的老鄉，眉州青神人陳希亮。但這位哥的個性，不太好相處。

據說他個子不高，臉瘦瘦的，還有點黑。面目嚴肅冷峻，平生不露喜怒之色，而且說話都是直來直去的，非常坦率，也喜歡當面批評別人，所以王公貴族都很怕他。

當時士大夫們相邀出遊、設宴飲酒，聽說陳希亮來了，大家就感覺，席間言談笑語少了點滋味，到最後紛紛離席而去。

有這麼個上司，如果是你，會不會覺得很難受？蘇東坡還是那種特別開朗、不拘小節的個性，他就更難受了。他總覺得陳希亮在故意刁難他。

當年他參加制科考試，考的是「賢良方正能直言極諫科」，所以鳳翔府的這些同事都叫他「蘇賢良」，也不知道是真的敬重他，還是來拍馬屁的。不管怎麼樣，蘇東坡很受用啊，也沒讓人改口。

陳希亮來了以後，聽說了這件事，大怒。他說：「府判官就是府判官，有什麼賢良不賢良的？」然後把那個當他面叫蘇東坡「蘇賢良」的人拖來打了一頓板子。板子雖然打的是別人的屁股，但搧的可是蘇東坡的臉啊。

當個不拘小節的祕書，不行嗎？

我們知道蘇東坡不拘小節，可陳希亮是一板一眼的人啊。作為「祕書」，最重要的就是文書工作。按道理說，蘇東坡本來就是以文章名蓋天下的人，寫文章一般不成問題，但是文書和文章可不太一樣。蘇東坡起草的文檔，陳希亮每次都是拿筆一改再改，反反覆覆讓他重寫，搞得蘇東坡特別心塞。

而且陳希亮的規矩定得非常明確，他還「抓考勤」。

蘇東坡是個相對散漫的人，他心情本來就不爽，於是，常常不按「考勤」走。該要去赴主管的例行宴會，他也不去。甚至是七月十五中元節這樣的大宴會，蘇東坡都不出現。

這不是明擺著讓上司難堪嗎？

於是因為這件事，蘇東坡被「罰銅八斤」。

其實這些事一件一件拆開來說，都不算是什麼致命的事，但就是這種時不時出現的磕磕絆絆，像一把鈍刀，把年輕氣盛的蘇東坡，磨得特別不舒服。

他當時寫了一首詩，藉由別人拜訪陳希亮的故事，來側面描述自己的心境。

客位假寐
因謁鳳翔府守陳公弼

謁入不得去，兀坐如枯株。
豈惟主忘客，今我亦忘吾。
同僚不解事，慍色見髯鬚。
雖無性命憂，且復忍須臾。

雖然沒有性命之憂，但是時時刻刻都得忍著啊。這就好像一輛新車行駛在寬敞的大道上，原以為暢通無阻，結果時不時就來個紅燈攔一下，讓人始終無法加速。對一個風頭正盛的年輕人來說，這種日子，真的過得很不痛快。

主管叫他記建設實績，他卻寫了一篇酸文

終於有一天，蘇東坡找到了一個讓自己出氣的機會。

陳希亮在任上的時候，建了一個凌虛臺，他讓蘇東坡寫一篇〈凌虛臺記〉。一般來說，這種記主要是把事情的前因後果交代清楚，然後誇獎一下建臺之人，表達一下願斯臺永存的美好願望……大部分人寫的都是這些內容。

可是蘇東坡的這篇〈凌虛臺記〉，寫得真是陰陽怪氣。

他說，太守呢，最開始還不知道這附近有山。在這個臺還沒修建之前，陳太守就拄著拐杖、穿著布鞋在山下閒遊，看到山峰高於樹林之上，呈現出重重疊疊的樣子，像是有人在牆外行走，看見牆裡高人髮髻的形狀一樣。

四方之山，莫高於終南。而都邑之麗山者，莫近於扶風。以至近求最高，其勢必得。而太守之居，未嘗知有山焉。雖非事之所以損益。而物理有不當然者。此凌虛之所為築也。方其未築也，太守陳公杖履逍遙於其下，見山之出於林木之上者，纍纍如人之旅行於牆外而見其髻也。曰：「是必有異。」使工鑿其前為方池，以其土築臺，高出於屋之危而止。然後人之至於其上者，恍然不知臺之高，而以為山之踴躍奮迅而出也。公曰：「是宜名凌虛。」以告其從事蘇軾，而求文以為記。

不知有高山，不知有高人。

如果說這開頭只是個暗戳戳的隱喻，那麼後面的文字，蘇東坡著實有點槓上了。他跟太守說：事物的興盛和衰敗，是無法預料的。從前這裡是長滿荒草的野地，還有毒蛇和狐狸，那個時候，咱們怎麼知道今天會建出個凌虛臺呢？同理，興衰有常，再過許多年，這個高臺會不會又重新變成長滿荒草的野地呢？不好說。你看，這座臺的東邊，就是當年春秋時期秦穆公的兩座宮殿遺址，南邊還有漢武帝兩座宮殿的遺址，北邊是隋朝和唐朝兩個宮殿的遺址。回想它們一時興盛，宏偉綺麗，堅固而不可動搖，不也化作一堆黃土嗎，何況這一座高臺呢？

軾復於公曰：「物之廢興成毀，不可得而知也。昔者荒草野田，霜露之所蒙翳，狐虺之所竄伏，方是時，豈知有凌虛臺耶？廢興成毀相尋於無窮，則臺之復為荒草野田，皆不可知也。嘗試與公登臺而望，其東則秦穆之祈年、橐泉也，其南則漢武之長楊、五柞，而其北則隋之仁壽、唐之九成也。計其一時之盛，宏傑詭麗，堅固而不可動者，豈特百倍於臺而已哉！」

他越寫越直白，到最後恨不得把矛盾全部暴露出來。他說：一座高臺啊，尚且不足以長久留存，更何況人世得失？三十年河東，三十年河西，如果有人想要以高臺誇耀於世而自我滿足，那就大錯特錯了。

「然而數世之後，欲求其髣髴，而破瓦頹垣無復存者，既已化為荊棘禾黍丘墟隴畝矣，而況於此臺歟？夫臺猶不足恃以長久，而況於人事之得喪，忽往而忽來者歟？而或者欲以夸世而自足則過矣。蓋世有足恃者，而不在乎臺之存亡也。」

這是一篇看似頗有道理，卻處處含沙射影，到最後直接針尖對麥芒的文章。感覺蘇東坡像是要把自己這麼久以來累積的不爽，都發洩出來一樣。

多年後才看清楚，自己的狂是少不更事

是的，年輕人抒發不爽可以理解，但我們代入一下，如果你是上司，做了一些功績，

想要讓你的下屬來記錄一下，結果收到了這篇文章……你作何感想？

陳希亮看了這篇文章，笑了笑，跟身邊的幕僚說：「我跟蘇軾是老鄉，跟他爸也熟，算起來，還比他爸大一輩。我親近他爸，就像是看兒子一樣，所以看他，就像看孫子一樣。我看他年少成名，心氣太盛，所以平日裡對他嚴苛一些，是希望他不要自滿。沒想到這孫子還不開心了。」

然後，他囑咐幕僚，將這篇文章不改一個字，全部刻成碑文，立在臺前，永久留存。

史書上沒有記載蘇東坡知道這件事以後的反應，但十八年後，蘇東坡打破了自己不為人立傳的規矩，為陳希亮寫了一篇落落長的〈陳公弼傳〉。

他詳細記錄了陳希亮從政三十多年以來，秉公執法，明察秋毫，開倉賑民，為百姓辦事，嚴懲貪官汙吏，架設汴河飛橋，每次任滿離境時，父老們都灑淚相送的事蹟。

當回憶起自己與陳公共事的往事時，他說：「那個時候，我年輕氣盛，少不更事，經常跟陳公爭論，以至於言辭激烈，面紅耳赤，現在想想，很是後悔。」

而軾官於鳳翔，實從公二年。方是時，年少氣盛，愚不更事，屢與公爭議，至形於言色，已而悔之。

職場待久了，才知道有些折磨是磨練

蘇東坡為陳希亮寫下這篇傳記的時候，是元豐四年（一〇八一年）。當時，他剛進入被貶黃州的第二個年頭。經歷了烏臺詩案的慘痛教訓，當他再回過頭想起自己職場初期那段輕狂傲慢的經歷時，才有了這樣深沉的感受啊。

我想起自己剛開始工作的時候，好像也是這樣橫衝直撞，那個時候一心只想展現自己的才華，見到不平的人和事，也完全不會柔和地處理，直到一次次撞了南牆❶，才明白強大處下、上善若水的意義。

我講《莊子．逍遙遊》的影片裡曾說過《易經．乾卦》的第一爻：初九，潛龍勿用。**有才要練，要穩住自己的心性，才能厚積薄發**。

也許曾經遇見過的、那些刁難我們的上司，也是上天派來雕琢我們心性的貴人。雕琢的過程肯定是煎熬的，但說不定通過這個考驗之後，會有更大的禮物呢。

❶南牆：中國傳統建築大多朝南開，為不讓外人一眼看穿屋內，會築一道牆遮蔽，因此出大門如果不轉彎一直走，就會撞到南牆。後引申比喻人固執不知變通。

烏臺詩案，一場注定會發生的災難

——究竟是什麼在決定我們的命運？

是什麼正在決定我們的命運？

烏臺詩案——蘇東坡人生最重要的轉捩點，也是輯一開頭說到的，讓他差點想要跳湖自盡，差點就扛不住的一場人生災難。

烏臺就是御史臺❶，之所以叫「烏臺」，是因為御史臺中有柏樹，常有一群一群的烏鴉棲居其上。我們想像一下牠們烏泱泱飛起來的畫面，那感覺著實令人毛骨悚然。

而之所以叫「烏臺詩案」，就是因為這件事，是在御史臺上班的監察御史何正臣等人所發起的彈劾，他們說蘇東坡在給皇帝的〈湖州謝上表〉裡面有不當的言語，好像在譏諷朝政。

知其愚不適時，難以追陪新進；察其老不生事，或能牧養小民。

皇帝說：「真的嗎？」

他們說：「真的，而且你看，他寫的詩，這句這句，他寫給別人的信，這句這句，通通都是在諷刺皇上您啊！」

皇帝說：「那就押解回京來審問吧。」

❶ 御史臺：中國古代官署名，御史治事的政府機關。

遇小人被誣陷，並非只是命運

以前，我們大多會認為，烏臺詩案是蘇東坡被小人陷害，是因言獲罪，且是強扣在他身上莫須有的罪名，但如果把他的人生拆開來更細緻地去看，就會發現：

命運其實沒有偶然，我們走的每一步，早就已經寫在未曾覺察的潛意識裡。

而換一種角度來看烏臺詩案，對我來說意義最大的地方在於，通過他人的經歷，去思考自己的人生。

我們在前面提到過，蘇東坡的開局特別好。

他先是以一篇〈刑賞忠厚之至論〉的答案卷，打動了當時禮部省試的主考官歐陽修，甚至讓他在給點檢試卷官梅堯臣的信裡，說出「讀軾書，不覺汗出，快哉！快哉！老夫當避路，放他出一頭地也」這樣的話，並且認為，三十年後的文壇，沒人會記得自己，但是大家都會記得蘇軾。

進士及第後，蘇東坡又在歐陽修的引薦下結識了韓琦、富弼這些他小時候只能在書裡看見的當朝大英雄、大聖賢，並且，他們都以國士的禮節待他。他當時的文章，一寫出來就全城傳誦。

四年後的制科考試，他更是以北宋開國百年第一的成績名震京城，宋仁宗開心地對曹皇后說：「朕今日為子孫得兩宰相矣。」

我們設想一下，一個初出茅廬、二十幾歲的青年，從眉山小城來到繁華的京城，都還沒怎麼見過世面，就用自己的才華征服了當朝最高統治者，結識了朝廷最核心的機要大員，他們都欣賞他、看好他。任何一個人在這樣一飛沖天的情況下，怎麼可能不內心驕傲、春風得意、自命不凡呢？

看不慣的從不諱言

但當他因父喪回鄉丁憂❷三年，再回到京城後，世界不一樣了。王安石變法已經開始付諸實踐，雖然蘇軾兄弟也主張改革，但他們並不同意變法中的一些激進措施。

❷丁憂：遭遇父母之喪，古時丁憂需服喪三年。

如果我們去看那個時候蘇東坡寫下的文章，再對比烏臺詩案之後的黃州時期，乃至他重回京城之後所寫的文章，就會發現真的很不一樣。

他在鳳翔任上寫下兩千多字的〈思治論〉，開篇就是「方今天下何病哉」，現在天下出了大病啊！並且痛斥當今的士人：你看看我，我看看你，都不肯有所作為，都因為想要自保而不再去立大志、謀大事。

方今天下何病哉？其始不立，其卒不成，惟其不成，是以厭之而愈不立也。凡人之情，一舉而無功則疑，再則倦，三則去之矣。今世之士，所以相顧而莫肯為者，非其無有忠義慷慨之志也，又非其才術謀慮不若人也。患在苦其難成而不復立，不知其所以不成者，罪在於不立也。苟立而成矣。

那個時候的他，是鋒芒畢露的。看不慣的事，他就直接提出，從不諱言。他看不慣王安石變法中興學校變科舉的做法，就寫了〈議學校貢舉狀〉。

右臣伏以得人之道，在於知人，知人之法，在於責實。使君相有知人之才，朝廷有責實之政，則胥史皂隸，未嘗無人，而況於學校貢舉乎？雖因今之法，臣以為有餘。使君相無知人之才，朝廷無責實之政，則公卿侍從，常患無人，況學校貢舉乎？雖復古之制，臣以為不足矣。夫時有可否，物有廢興。方其所安，雖暴君不能廢。及其既厭，雖聖人不能復。故風俗之變，法制隨之……《書》曰：「敷奏以言，明試以功。」自古堯舜以來，進人何嘗不以言，試人何嘗不以功乎？議者必欲以策論定賢愚、決能否，臣請有以質之。

他不認可宋神宗減價買燈的做法，就寫下了〈諫買浙燈狀〉。

然大孝在乎養志，百姓不可戶曉，皆謂陛下以耳目不急之玩，而奪其口體必用之資。賣燈之民，例非豪戶，舉債出息，畜之彌年；衣食之計，望此旬日。陛下為民父母，唯可添價貴買，豈可減價賤酬？此事至小，體則甚大。凡陛下所以減價者，非欲以與此小民爭此豪末，豈以其無用而厚費也？如知其無用，何必更索？惡其厚費，則如勿買。

當他發現神宗採納了自己的意見後，深受鼓舞，於是寫下了更為直白、全面批評新法的七千五百多字長文〈上神宗皇帝書〉。

臣之所欲言者三，願陛下結人心、厚風俗、存紀綱而已。人莫不有所恃。人臣恃陛下之命，故能役使小民；恃陛下之法，故能勝伏強暴。至於人主所恃者誰與？《書》曰：「予臨兆民，凜乎若朽索之馭六馬。」言天下莫危於人主也。聚則為君臣……唯商鞅變法，不顧人言，雖能驟致富強，亦以召怨天下，使其民知利而不知義，見刑而不見德，雖得天下，旋踵而亡。至於其身，亦卒不免；負罪出走，而諸侯不納，車裂以徇，而秦人莫哀。君臣之間，豈願如此？宋襄公雖行仁義，失眾而亡。田常雖不義，得眾而強。是以君子未論行事之是非，先觀眾心之向背……

這還不夠，他繼而寫下〈再上皇帝書〉，言辭更加激進。

他說：「陛下自去年以來推行的新政，都不是按照治世的方法去做的決策。」

他說：「帝王改過自新，難道就是這樣的嗎？」

他說：「今日之政，小用則小敗，大用則大敗，如果全力推行，那就離亡國不遠了。」

他甚至在最後，用魏晉時期的奸臣賈充專權來影射當朝，就差報出王安石本人的「身分證號」了。

而且他不知道哪來的勇氣，居然要脅皇帝：「現在天下的聰明人，都在觀望陛下的態度，以此來決定自己的進退。」這意思就是，如果你不罷免王安石這個小人，那有很多「能人」可能就要離你而去了。

陛下自去歲以來，所行新政，皆不與治同道……帝王改過，豈如是哉？臣又聞陛下以為此法且可試之三路。臣以為此法，譬之醫者之用毒藥，以人之死生，試其未效之方。三路之民，豈非陛下赤子，而可試以毒藥乎！今日之政，小用則小敗，大用則大敗，若力行而不已，則亂亡隨之……

昔賈充用事，天下憂恐，而庾純、任愷戮力排之；及充出鎮秦涼，忠臣義士，莫不相慶，屈指數日，以望維新之化。而馮紞之徒更相告語曰：「賈公遠放，吾等失勢矣。」於是相與獻謀而充復留。則晉氏之亂，成於此矣。自古惟小人為難去。何則？去一人而其黨莫不破壞，是以為之計謀遊說者眾也。今天下賢者，亦將以此觀陛下，為進退之決。或再失望，則知幾之士相率而逝矣。

在政治鬥爭中被抹黑的昔日棟梁

我們且不論蘇東坡的政見正確與否，而是站在人性的角度上，倘若你是王安石，你正銳意改革，要做一件大事，而在推進過程中，這個人總跟你公開唱反調，關鍵是，他還有一定的影響力，請問：你是否會對他有所忌憚？

所以，在這個狀況下，蘇東坡的外放，就顯得很合常理了。

從一〇七一年到一〇七九年，這八年多的時間裡，蘇東坡歷任杭州通判、密州知州、徐州知州、湖州知州，一個地方接一個地方，流轉為官，就是無法重回朝堂。

北宋時期，官員外放通常有兩種原因：一種是正常的職務調動，是為了鍛鍊官員的行政能力，累積施政經驗，以獲得回朝後更大的升遷；還有一種就是在政治鬥爭中，尤其是政見不合時的一種邊緣化處理方式。

蘇東坡，顯然屬於後者。所以，他不開心啊！

我好歹也曾自許棟梁之材，想做出一番大事業。你不僅讓我離開中央，而且離開就離開吧，卻在離開之前給我羅織了一堆罪名，說我在服父喪返鄉途中販賣私鹽，做生意，還向地方借用兵卒……

雖然這些到最後都查無實證，但正應了現代非常流行的那句話：傷害性不大，侮辱性極強。並且，在不同地方為官的這十幾年裡，他在一線看見了新法在施行過程當中的利弊，對此就更有自己的看法了。

但是以他當時的官職，連京城都進不去，除了每到一個地方照例給皇帝的謝表，他幾乎沒有上呈天子的機會。

而當時，王安石罷相，宋神宗親自把持變法，誰反對，誰自然就成了砲灰。

今天大多數人只知道，他是因為〈湖州謝上表〉裡發的牢騷被抓，由此引發的烏臺詩案，但事實上，這僅僅是壓垮駱駝的最後一根稻草。

他在十幾年間的詩詞文章裡，那種不吐不快，但又無法全然吐盡，只能明裡暗裡諷刺、不爽，以及對自己的境遇表達不滿的文字，簡直給對手太多抓住「把柄」的機會了。

中國史上第一個以出版品為罪證的政治案件

我們知道，宋朝雕版印刷普及，民間出版開放，蘇東坡的《元豐續添蘇子瞻學士錢塘集》這本新刊發行後，更是給他的對手們提供了一個絕佳收集他「罪證」的材料來源。**很讓人唏噓的是，他因為印刷術的普及，詩作深入民間，成了一位百姓皆知的大名人，卻也因此給自己帶來了災難。**

蘇東坡的烏臺詩案，是中國歷史上第一起以出版物為罪證的著名文字案件，這幫御史從蘇東坡的詩詞文章裡發現了一百多首他們認為存在政治問題的文字。

吳兒生長狎濤淵，冒利輕生不自憐。／
東海若知明主意，應教斥鹵變桑田。／
贏得兒童語音好，一年強半在城中。／
豈是聞韶解忘味，邇來三月食無鹽。／
讀書萬卷不讀律，致君堯舜知無術。／
根到九泉無曲處，世間惟有蟄龍知。／

……

隨便拉出幾處，就足夠讓蘇東坡「被水桶」好一陣子。今天，我們總覺得烏臺詩案是蘇東坡生命裡很大的一個挫折，但當回溯他的人生，尤其是他出社會入職場之後這十幾年的故事時，我們就會發現，他的個性，已經決定了烏臺詩案是一場必然的災難。

甚至我們把蘇東坡的生命劇本拉得更長一點，就會發現，他後期被貶謫到惠州、儋州，也不是平白無故的。

他有過一句很準確的自我評價：

自笑平生為口忙。

他知道自己攔不住嘴。

而且，就算一次次被貶謫，生活給了他一次次的棒喝，他還是攔不住嘴。

說個題外話。

當他從黃州的低谷走出來以後，曾經有一次經過泗州，和太守郊遊，逸興遄飛地寫下一首〈行香子・與泗守過南山，晚歸作〉。

行香子・與泗守過南山，晚歸作

北望平川。野水荒灣。共尋春、飛步孱顏。和風弄袖，香霧縈鬟。正酒酣時，人語笑，白雲間。

飛鴻落照，相將歸去，淡娟娟、玉宇清閒。何人無事，宴坐空山。望長橋上，燈火亂，使君還。

「望長橋上，燈火亂，使君還。」太守一看，糟了，趕緊跟蘇東坡說：「法律規定，在泗州夜經長橋者，徒刑二年，你還敢寫成文字啊，趕緊收起來吧！」

蘇東坡戲謔地說：「我這一生，開口便是罪過，判起來何止兩年。」

我們改不掉的個性，其實，已經決定了我們的命運。

改不掉口無遮攔，還能改變命運嗎？

我想，烏臺詩案中，蘇東坡一定很後悔，自己當初為什麼要口無遮攔。在一個接一個城市的外放和貶謫中，他也一定很鬱悶，自己這一腔才華與報國熱情無人欣賞。但走過之後再回望，也許沒有這些災難，也就不會有此後對待生命的釋然和風輕雲淡。

中國政治史上，想必不怎麼會留下蘇東坡的名字，但中國文化史上，蘇東坡絕對是一座高峰。

然而，我有一個問題：

假如你是蘇東坡，你提前看過自己此生這跌宕的、飽受磋磨的人生劇本，也知道這一次災難也許會帶給你另一個重生的機會，那麼——

再選擇一次的話，你，還會願意再經歷這一場災難嗎？

你，會希望改變自己的人生嗎？

一百三十天高強度的精神折磨

——若不了解他的最低谷，
便不能理解他為何能成為高峰。

元豐二年（一〇七九年）七月二十八日，這日子可能和蘇東坡相沖。那天他剛好休假，沒去上班。他的府衙裡吵吵嚷嚷地來了一群人。領頭的那個，叫皇甫遵。他受了新黨骨幹、御史中丞李定的派遣，前來拘捕時任湖州知州（相當於湖州地方行政「第一把交椅」）的蘇東坡。

只見皇甫遵逕直走進府衙，穿戴整齊，靴袍加身，手持笏板，站在庭院中環顧四周。

他的兩邊，站著身著白衣、頭戴青巾、神色凶惡的兩名御史臺獄卒。就這點人手，居然還搞得氣焰囂張：「蘇知州呢？讓他出來！」

蘇東坡對自己的命運其實已經提前有了預知。

可能也是上天對他不薄，想給他一點喘息的空間。當時，逮捕他的消息被他的好朋友、駙馬都尉王詵先知道了，於是王詵讓人快馬加鞭跑去南都通知蘇轍，蘇轍又立即命人趕往湖州，把這個消息告訴了哥哥蘇東坡。

因為皇甫遵一行人行進迅速，本來消息是難以趕上的，但恰逢他兒子在途中生病，耽擱了半日，這才使得王詵的消息能提前一步讓蘇東坡知道。

然而即便如此，蘇東坡還是著實被驚到了。

突如其來的罪與罰

宋人孔平仲所著筆記《孔氏談苑》，對這段故事的記載非常詳細。

雖然這是一篇筆記性質的著作，難免加入個人主觀的看法，但因為孔氏與蘇東坡生活在同一時代，與蘇子身邊的人有所親近，他的記述在一定程度上應是貼近當時的歷史情境的，所以，我用了他所記載的這一段故事。

蘇東坡嚇得不敢露面，他活了四十多年，哪裡見過這個陣仗啊！你想，他曾經是文章一出來就滿大街瘋傳的「北宋開國百年第一」，他是民眾愛戴的「市長」，是讀書人誰都想結識的大文豪啊……

而現在，他要被抓了。

蘇東坡戰戰兢兢，一時之間沒了主意，他只聽說皇帝震怒，要辦他。

那……那我要穿什麼衣服？我要不要跟家裡人告個別？我……我會死嗎？

他和副手祖無頗商議對策。祖無頗說：「事已至此，別無選擇，只能出去面對。」

至於要穿什麼，蘇東坡原本認為自己已經獲罪，那就不宜著朝服相見，還是祖無頗鎮定，他勸蘇東坡：「現在還未明確定罪，您依然是朝廷命官，那就應當按照正式場合，穿上朝服。」

蘇東坡終於站到了庭院中，等待皇甫遵宣讀公文。

結果皇甫遵陰沉著臉，一句話也不說。他身後那兩名御史臺獄卒也把朝廷的官方文書——臺牒藏在衣服裡，就像藏著一把匕首那樣。

院子裡，死一般沉寂。

良久，蘇東坡開口請求道：「蘇某歷來給朝廷添了不少麻煩，今日之事想必是要賜死。死我自然不會推辭，但能不能允許我回家，跟家人告個別？」

皇甫遵似笑非笑：「蘇知州，不至於。」

還是祖無頗腦子好，他上前一步，詢問道：「太博肯定帶來了文書，可否一看？」

皇甫遵斜眼問道：「你是誰？」

祖無頗道：「哦，我是這裡的通判。」

於是，皇甫遵慢條斯理地把臺牒交給祖無頗。

祖無頗打開一看，發現裡面的內容只是普通的傳喚使令而已，並沒有直接定罪。

一封普通的傳喚命令，何以讓一個八品官員如此囂張？

因為他是蘇東坡啊，「大明星」從神壇上跌落，落到皇甫遵的手裡，雖只是經辦，但也許這是他一生中難得的，可以釋放甚至放大他權力欲的時刻。

這種變態的得意，已經壓不住了。

皇甫遵催促蘇東坡啟程，並讓他帶來的那兩名獄卒上去看管他。祖無頗親眼看著，一個在任的父母官，一個曾經耀眼過的「文壇明星」，現在就像犬雞一樣被人驅趕。湖州的老百姓聽聞這個消息，都前來送行。不可否認看熱鬧的亦有之，但大部分人還是同情的。

許多人都哭了。

他們從湖州一路坐船北上，還有一隊人馬直接到蘇東坡家裡去抄家，把那些文字、書信全都翻出來。不僅如此，御史臺還專門發文給各個地方政府，全面徹查蘇東坡所有的人際網絡，那些跟他有來往的人，你們之間的通信全都交出來！在如此嚴厲的情況下，還有什麼人敢隱諱，即使片言隻字，也都一一繳納。

一時間，人人自危。

船過水無痕，寫過卻處處是罪證

押解蘇東坡的船到了太湖，因為船舵有問題停下來修理，大半夜靠在鱸鄉亭邊，月明星稀，烏鵲南飛。於是，就有了本章開頭的那一幕。

蘇東坡心想，這一去，事不可測，還不知道要連累多少朋友多少親人。我這輩子所有的名譽，也許經此一難，便將毀於一旦，人生還有何望呢？不如，眼睛一閉，縱身入水，一了百了吧！

讓我們做個假設，如果那天，蘇東坡真的跳下去了……

也許今天就再不會有〈赤壁賦〉、〈後赤壁賦〉，不會有「大江東去」的〈念奴嬌・赤壁懷古〉，不會有天下第三行書〈寒食帖〉，不會有「也無風雨也無晴」的豁達，不會有「只緣身在此山中」的哲思，更不會有「東坡肉」、「東坡魚」這些美食，甚至連「蘇東坡」三個字都不會有⋯⋯

因為那個時候，他還不叫蘇東坡。

我們要慶幸的是，蘇東坡最終沒有自殺。

但那時候的他也並不知道，等待自己的將是長達一百三十天高強度的精神折磨。

他被關到了御史臺的監獄裡，照他自己的話說，伸手就能碰到牆壁，像坐在一個百尺高的井裡。

去年御史府，舉動觸四壁。幽幽百尺井，仰天無一席。

起初，他們還比較客氣，讓蘇東坡自己招供，有哪些文字是在諷刺朝政的。

蘇東坡說：「那可能只有這裡面有幾句話欠妥。」

當月二十日，軾供狀時，除〈山村〉詩外，其餘文字並無干涉時事。

什麼，只有這個嗎？只有這個我怎麼交差？你好好想想啊，自己講，坦白從寬，不要等我們找出來！蘇東坡想破腦袋，都想不出還有什麼。

沒有嗎？沒關係，有的是人舉報你！

當時的副宰相王珪就有告發，蘇東坡曾經給一位王姓秀才寫過一首詩，說他家門前的兩棵檜樹根系纏繞，像是蟄龍一般。王珪就跟皇帝說：「陛下飛龍在天，軾以為不知己，而求之地下之蟄龍，非不臣而何？」

這不是有二心嗎？

一時間，天下好事之人掀起一股「找蘇東坡碴」的風潮，「大KOL」倒了，還不去蹭蹭流量嗎？

安徽靈璧縣有個芝麻綠豆官，說：「皇上啊，我要揭發，蘇東坡之前在我們這個園林裡題寫過一篇文章，其中有幾句在勸人不必熱衷做官，這種思想會使人們缺乏進取心啊，這個要不得啊！」

連政敵都不禁感嘆的奇才

我們看看當時彈劾蘇東坡的文字都是怎麼寫的。

御史中丞李定，開篇就寫：蘇軾這個人，本來就沒什麼學術造詣，而且濫得時名——僅憑偶然的機會獲得了一時的名氣，通過特殊的科舉途徑，才得以進入儒學館任職。他列舉了蘇東坡四條不可饒恕的罪狀，其中寫道：蘇軾的文章雖然說得不中理，但是有煽動性啊！

御史舒亶更是直接列舉了蘇東坡詩文中疑似譏諷新法和皇帝的句子。

他說：陛下您給貧民發錢，幫助他們回鄉從事農業生產，結果蘇軾在詩裡說「贏得兒童語音好，一年強半在城中」，暗指這些政策成效有限，還是有多人留在了城市裡；陛下您推動水利建設，結果蘇軾還說風涼話「東海若知明主意，應教斥鹵變桑田」，言下之意是您即便這樣做了，也難以將鹽鹼地變成良田；陛下您嚴格管理鹽務，他卻抱怨最近的鹽禁讓民間產生了很多不便，您看他這句詩「豈是聞韶解忘味，邇來三月食無鹽」……

舒亶還同時給皇帝呈上了蘇東坡已印行的三卷詩集，並適時地添了一句：蘇軾這些言論，小則被雕版印刷，大則被刻石立碑，傳播於國內國外，他還覺得自己挺有才華。

這些臣子太明白，對統治者而言，他所忌憚的並非反對之聲，而是這些反對之聲的發聲者，是否有足夠的影響力和煽動性。

就如同《元城先生語錄》裡對這件事的評價：

東坡何罪？獨以名太高，與朝廷爭勝耳。

事情到了這個地步，神宗皇帝從原本的猶豫，到最後不得不決定徹查。

於是這幫御史從蘇東坡的詩詞文章裡，搜集了一百多處認為存在政治問題的文字。

在關押期間，蘇東坡需要一處一處地交代、澄清：

這段文字是什麼時候寫的？給誰寫的？為什麼這麼寫？這樣的感觸從何而來？用了什麼樣的典故？為什麼用這樣的典故？它們是不是有什麼內在含義？你是不是想要譏諷朝廷的新政……

且這些文字橫跨時間長達三十年，令人咋舌。

對作者而言，也許很多文字是他當時情緒到了，寫過也就忘了。

但那一刻的蘇東坡卻被命令：想，給我好好想！

南宋胡仔《苕溪漁隱叢話》裡記載了一個故事，說烏臺詩案的主要彈劾者李定，在審訊蘇東坡的過程中，有一天突然跟身邊人講起這個案子。

他說：「三十年來所創作的文章詩詞，包括所引用的經典傳記，無論被問及哪一句，蘇軾都能立即回答，沒有一個字的差錯。」

連一個如此想置他於死地的政敵，都不禁發出這樣的感慨：

蘇軾真是天下奇才啊！

令人不得不招的羞辱式審訊

烏臺詩案是怎麼審訊的呢？

這裡就需要提到宋代的司法制度。

宋代的審訊和判決其實是由不同的官署來完成的：御史臺負責調查、審訊，出具「供狀」；大理寺則出具「判詞」，也就是針對「供狀」所述，找到當時相應的法律條文，來進行判決。而當御史臺和大理寺意見發生矛盾的時候，就要交由「審刑院」來覆核。

所以第一步，御史臺的審訊就很重要。

怎麼讓你說實話，說到什麼程度，這份供狀怎麼寫，都關係到後面的結果。

蘇東坡的這件案子，不僅僅涉及他本人，因為有大量的來往信件，所以每一位和他通信過的人，你們之間交往程度有多深，是不是也對新法頗有微詞，是不是有什麼不可告人的目的，甚至小到你們相互有沒有什麼禮物饋贈……這些細節，蘇東坡都必須一一交代，不能有半點遺漏。

我們今天去看學界通常研究烏臺詩案的重要史料——朋九萬的《東坡烏臺詩案》（本篇詩案始末細節均出於此），這份供狀裡的描述，足以想像當時蘇東坡身心受到的摧殘。

——今年七月二十八日，中使皇甫遵到湖州勾攝軾前來，至八月十八日，赴御史臺出頭。當日准問目，方知奉聖旨根勘。當月二十日，軾供狀時，除〈山村〉詩外，其餘文字，並無干涉時事。二十二日，又虛稱更無往復詩等文字。二十四日，又虛稱別無譏諷嘲詠詩賦等應系干涉文字。二十四日，又虛稱即別不曾與文字往還。三十日，卻供通自來與人有詩賦往還人數姓名。又不說曾有黃庭堅譏諷文字等因依。再勘方招外，其餘前後供析語言因依等不同去處，委是忘記，誤有供通，即非諱避。

蘇東坡一開始並不想連累別人，於是中間有很多省略，也就是供狀中所言的「虛稱」。但是二十日「虛稱」，二十二日「虛稱」，二十四日「又虛稱」，三十日才交代了若干人，中間還少說了黃庭堅。一直到最後，「再勘方招」。

還有他的〈杭州觀潮五首〉。供狀裡頭說，二十二日「虛稱」，二十四日「再勘，方招」。

軾八月二十二日在臺，虛稱言鹽法之為害等情由，逐次隱諱，不說情實。二十四日再勘，方招。

還有他和司馬光的交往。供狀裡說，司馬光對新法有意見，但是卻沒有公開表態。九月三日的審訊，「虛稱」，直到再次審訊，「再勘方招」。

司馬光字君實，曾言新法不便，與軾意合。既言終當進用，亦是譏諷朝廷。新法不便，終當用司馬光，光卻喑啞不言，意望依前攻擊。九月三日准問目，供訖，不合虛稱無有譏諷，再勘方招，其詩不系降到冊子內。

一次次從「虛稱」到「再勘方招」，這中間發生過什麼，我們很難知曉。

甚至為了一首曾經寄給當時駙馬都尉王詵的〈開運鹽河詩〉，蘇東坡從九月二十三到二十七日之間，被足足問了五天，「方具實招」。

這五天裡究竟發生過什麼，他們是如何一步步逼問，一步步施壓，甚至有沒有動過刑，已經不得而知了。

當時，在蘇東坡的牢獄旁邊，關著另一位士大夫，叫蘇頌。他後來寫詩形容當年他看到、聽到的蘇東坡在牢裡的遭遇。

> 卻憐比戶吳興守，詬辱通宵不忍聞。

一個堂堂太守，一個風度翩翩的文豪，被詬辱通宵。

他們沒日沒夜地提審，不給蘇東坡喘息的機會，大聲辱罵，精神施壓，那些加諸他身上的惡言惡行，讓旁觀者都聞之不忍。

一尾鮮魚通知死期，泣筆告別

如此反覆高強度的精神折磨，蘇東坡已瀕臨崩潰。他不知道自己是否還能活到明天，就更不用說對出獄抱有期待了。他想過絕食求死，也偷偷把日常服用的青金丹藏一些起來，準備哪一天若受不了這樣的侮辱，就一次吞了它們，超量服用，以求自盡。

當時蘇東坡的大兒子蘇邁每天給父親送飯過來，父子倆就悄悄約定，平常就送蔬菜和肉類，一旦得到不好的消息，就送條魚作為暗號。

結果某一天，蘇邁因為錢花光了，去找人借錢，就請了一位親戚代送餐食。這位親戚也許是想改善一下蘇東坡的伙食，於是烹了一尾鮮魚送去。

蘇東坡以為死期將至，一下子絕望了。

他寫了兩首絕筆詩，詩裡盡是對家人的掛念和愧疚，以及對他們未盡之責的遺憾。

予以事繫御史臺獄，獄吏稍見侵，
自度不能堪，死獄中，不得一別子由，
故作二詩授獄卒梁成，以遺子由

其一

聖主如天萬物春，小臣愚暗自亡身。
百年未滿先償債，十口無歸更累人。
是處青山可埋骨，他時夜雨獨傷神。
與君世世為兄弟，又結來生未了因。

其二

柏臺霜氣夜淒淒，風動琅璫月向低。
夢繞雲山心似鹿，魂飛湯火命如雞。
眼中犀角真吾子，身後牛衣愧老妻。
百歲神遊定何處，桐鄉知葬浙江西。
自注：獄中聞杭、湖間民為余作解厄道場累月，故有此句。

這兩首詩寫得字字泣血，我把它們揉合成兩段不一定能達意的譯文：

賢明的君主如春天般照耀萬物（這句頗有劫後的複雜情緒，我猜想他可能知道自己的詩在身後會被皇帝知道，因此這麼寫），而我這個愚昧的小臣卻只顧自身安危。御史臺的夜晚寒氣如霜，風吹動鐵鍊聲聲淒涼。月色蒼茫，我在半夢半醒中，思緒飄向了遠方。我看見自己的性命就像在火上燒烤一樣煎熬，夢中那個眼神銳利的少年，是我的孩子啊，那個身穿麻布粗衣的婦人，是我的老妻啊……我愧對你們！

我可能要提前離開這個世界了，可憐一家十幾口無處可歸，平添他人負擔。子由我弟，百年以後，把我葬在浙江西邊的桐鄉吧，我聽說那裡的人們聽聞我入獄，都在為我祈禱。其實賢弟，哪裡都有一抔黃土能埋葬我，只可惜到了風雨之夜，只能留你獨自傷悲了。我願來生與你做兄弟，再續我們未竟的情誼。

連政敵都看不下去，出手營救

說到這裡不禁想問：蘇東坡，真的會死嗎？要慶幸的是，這個世界還是好人多。

在蘇東坡下獄期間，一場針對他的營救也在緊張地進行中。

首先就是弟弟蘇轍。他哀求皇帝說，願意用自己所有的官職，來換取哥哥的一條命。

惟兄弟之親，試求哀於陛下而已。臣竊哀其志，不勝手足之情……欲乞納在身官以贖兄軾……但得免下獄死為幸。

當年仁宗在制科考試之後，興奮地跟自己的皇后說：「朕今日為子孫得兩宰相矣。」這句話，皇后一直記著。神宗時期，曹皇后已是太皇太后，她當時病重，皇帝希望用天下大赦來給她祈福。老人家說：「不需要大赦天下兇惡之人，我只希望你放了蘇東坡。」

甚至當年蘇東坡的政敵們也紛紛上書。王安石已經退休南京，也寫信給皇帝說：

豈有聖世而殺才士者乎？

輿論分成兩派，但真正的裁決，還需要走司法程序。

蘇東坡從八月十八日被關進御史臺的監獄，二十日便開始正式提訊，一直到十二月的時候，案件才進入判決階段。

大理寺的初判，是「當徒二年，會赦當原」——相當於有期徒刑兩年，但因為朝廷發出赦令，他的罪可以赦免——也就是說，不用罰了。

這個判決，直接讓御史臺跳腳：難道我們這幾個月沒日沒夜的工作都白幹了嗎？於是，御史中丞李定、御史舒亶直接找到皇帝，他們並沒有反對司法判決，而是向皇帝強調了蘇東坡的犯罪動機，以及蘇東坡本人可能造成的影響力。如果這件事就這麼算了，那其他人會怎麼看？反對新法的人，是不是都讓他們暢所欲言？

為黨爭而不輕易收手的御史臺

話說到這裡，我們已經很明白，烏臺詩案本身所代表的政治意義，已經不僅僅涉及蘇東坡本人，御史臺一方面反對大理寺的判決，要求審刑院覆核；另一方面，他們繼續提審蘇東坡，挖掘他更多的罪證。

於是在供狀中，不僅看見了蘇東坡的各類往來文字，甚至還看見了許多他和別人，比如駙馬都尉王詵的禮物和財物往來。裡面非常瑣碎地記錄了他們互贈的東西，官酒、果子、弓箭、茶藥、紙筆、墨硯……甚至包括蘇東坡向王詵借的錢。

原本是詩案，卻漸漸牽扯其他的部分，似乎是要將蘇東坡與王詵的親密關係給坐實。因為當時有規矩，士大夫不能跟皇親國戚往來過於密切，但蘇東坡與王詵私交如此之好，不免會讓人產生聯想。

這個案件本身，已經不僅僅是為了扳倒蘇東坡，也是想借東坡之事，將所有反對新黨之人，一網打盡。

目的達到了嗎？

我們看看審刑院覆核之後，最終的判決結果。

簡而言之，就是當徒二年，會赦當原，再加一個皇帝「特責」。基本上等於維持原判，但皇帝不爽（其實主要是考慮政治影響），所以特別加了一個懲罰——

> 奉聖旨：蘇軾可責授檢校水部員外郎，充黃州團練副使，本州安置，不得簽書公事。

烏臺詩案讓他在苦難裡重新扎根

至此，給蘇東坡潑了一身髒水的烏臺詩案，終於告一段落。在詩案中被牽連的有很多人。駙馬王詵被革除官爵，貶到均州；蘇轍也被降職，貶到筠州；王鞏，就是蘇東坡為他的歌女柔奴寫下「此心安處是吾鄉」的那位好友，也被發配西南。其餘人等，如張方平、司馬光、范鎮、黃庭堅，重者罰銅三十斤，輕者罰銅二十斤。

不得不說，烏臺詩案是蘇東坡人生絕對的轉捩點。他的人生也因為這場災難，被分成了兩個階段。

在四十四歲以前，是萬人仰慕，是北宋新星；在四十四歲以後，是「人生如逆旅，我亦是行人」，是「回首向來蕭瑟處，歸去，也無風雨也無晴」，是「試問嶺南應不好。卻道。此心安處是吾鄉」。

蘇東坡被迫在苦難的生活裡扎根下去，卻沒想到的是，那裡，長出了一棵藝術的參天大樹。

【輯一】資料出處

1【北宋】蘇軾〈張文定公墓誌銘〉、〈刑賞忠厚之至論〉、〈陳公弼傳〉、〈客位假寐〉、〈凌虛臺記〉、〈湖州謝上表〉、〈范文正公集敘〉、〈思治論〉、〈議學校貢舉狀〉、〈諫買浙燈狀〉、〈上神宗皇帝書〉、〈再上皇帝書〉、〈行香子・與泗守過南山，晚歸作〉、〈曉至巴河口迎子由〉、〈予以事繫御史臺獄，獄吏稍見侵，自度不能堪，死獄中，不得一別子由，故作二詩授獄卒梁成，以遺子由〉

2【北宋】蘇轍〈為兄軾下獄上書〉

3【北宋】曾鞏〈刑賞論〉

4【北宋】歐陽修〈與梅聖俞〉

5【北宋】孔平仲《孔氏談苑》

6【北宋】葉夢得《石林詩話》

7【北宋】邵博《邵氏聞見後錄》

8【北宋】朱弁《曲洧舊聞》

9【北宋】胡仔《苕溪漁隱叢話》

10【北宋】周必大《二老堂詩話》

11【北宋】陳鵠《耆舊續聞》
12【北宋】朋九萬《東坡烏臺詩案及其他二種》
13【北宋】脫脫等人《宋史・蘇軾傳》

輯二

敬佩

在廢墟中，如何重建自己的人生？

引子 面對挫折，他真的豁達嗎？

每當說到蘇東坡，加諸他身上的關鍵字可能是豁達、超脫、吃貨、超級E人，在哪裡跌倒就在哪裡躺下，以及那句很有名的「人生緣何不快樂，只因未讀蘇東坡」。

好像在我們的印象中，蘇東坡就是天性豁達的。

但，真的可能嗎？

設想，當一個人從雲端跌入低谷，在沒死的前提下，第一反應是什麼？疼啊！

所以，瞭解他有多疼，他陷入過多麼淒慘的絕望中，他又是如何在破碎之後一點一點縫合自己的，我們才能明白，他最終走向豁達的那種力量，有多不容易。

其實我還有一句潛臺詞：

他能做到，我們，也未必不能。

他哪裡是一開始就豁達的

——初到黃州，寂寞沙洲冷。熬，是低谷期的必修課。

宋神宗元豐三年（一〇八〇年）年初，對蘇東坡來說，那年的冬天，顯得格外寒冷。他在御史臺被關了一百三十天，受盡了各種精神折磨，甚至一度覺得自己必死無疑。天可憐見，也許是因為北宋有不殺士大夫的傳統，也許是因為皇帝認為他罪不至死，總之，他從聲勢浩大的烏臺詩案中，僥倖撿回了一條命。

確切地說，是半條命。另外半條，已經被嚇沒了。

劫後逢生，當時的蘇東坡是什麼心情呢？我們看他剛出獄的時候寫下的這兩首詩。

十二月二十八日，
蒙恩責授檢校水部員外郎、黃州團練副使，
復用前韻二首

其一

百日歸期恰及春，餘年樂事最關身。
出門便旋風吹面，走馬聯翩鵲啅人。
卻對酒杯渾似夢，試拈詩筆已如神。
此災何必深追咎，竊祿從來豈有因。

其二

平生文字為吾累，此去聲名不厭低。
塞上縱歸他日馬，城東不鬥少年雞。

休官彭澤貧無酒，隱幾維摩病有妻。
堪笑睢陽老從事，為余投檄向江西。
自注：子由聞余下獄，乞以官爵贖余罪，貶筠州監酒。

他說：經過了百日的等待，終於盼來了春天。現在想想，人的生命中最要緊的，不過就是自己是否還能健康快樂地活著。走出獄門，一切都是那麼新鮮。春風照拂，喜鵲鳴叫，端起酒杯，我感覺到自己好像經歷了一場大夢。文思泉湧，想提筆作詩，但是對於這一次的災難，過去就過去了，何必再深究原因呢？一切都是僥倖所得，本來就沒有什麼必然的因果。

他說：我寫的這些東西，雖然給我帶來了麻煩，即便名聲受損，地位降低，我也不在意了。將來即便有機會像蘇武回歸中原那樣，東山再起，我也不想再捲進那些無謂的爭鬥。我現在啊，就像陶淵明辭官，雖然清貧，甚至無酒可飲，但還有妻子兒女陪伴在病榻之旁。為了我，弟弟子由甚至願意放棄自己的官職，被貶江西。

大文豪也和我們一樣時常內心矛盾

我們能感覺到，蘇東坡的心情是複雜的。

一方面為自己大難不死而慶幸，對人生的期待值，已從曾經的建功立業，到如今只盼能健康活著。另一方面，安撫他內心的是家人的不離不棄，是弟弟對他以命相挺的情誼。

按道理說，他是滿足的。

但你要說他完全滿足了，好像又沒有。在內心深處，他對功名事業，似乎隱隱還有一點點希望的火苗，這從他寫給皇帝的〈到黃州謝表〉裡，也能窺見分毫。

> 庶幾餘生，未為棄物。若獲盡力鞭箠之下，必將捐軀矢石之間。指天誓心，有死無易。臣無任。

他依然在向皇帝表達自己的忠心和志向：如果陛下您還需要我，我將萬死不辭。

我們一點點將蘇東坡的人生展開，就會發現他的這些內心掙扎，其實從來沒停歇過。

朝堂與生活，塵世與超脫，在矛盾中，蘇東坡也精神內耗啊！當我們真正走進這個人的世界，你會發現，他和我們普通人是一樣的，所以他的人格才顯得這麼親切而鮮活。

寒冬中到黃州，宛如孤島上的囚鳥

說回來他的一〇八〇年。

正月初一，蘇東坡把家眷留在了河南商丘，讓弟弟蘇轍幫忙照顧。他自己帶著大兒子蘇邁，跟著御史臺派來押解他的衙役，幾個人沿著一條破敗的驛道，走向他人生中第一個重要的貶謫地——黃州。

黃州，地處長江中游北岸，水路交通便利，控制了黃州，就意味掌握了長江中游的一個關鍵節點。再加上黃州當地農業發達，物產豐富，本身就是一個很好的糧草供應地。因此，無論對軍事還是運輸而言，黃州都有重要的戰略意義，自古就是兵家必爭之地。仗打得多了，城市就很難發展得起來。在黃岡市東坡文化研究會彙編的《東坡黃州五年間》這本書裡，這麼描述當時的黃州城：「（黃州）因荒僻、經濟落後，屬於僻陋之地，被定位為下州。」黃州城的市容比較簡樸，彷彿就是個大村莊，田園風光濃郁。蘇東坡剛到黃州的時候，雖然已是二月初一，但寒冬的氣息還沒有完全過去。天灰濛濛的，凜冽的江風夾雜著水氣，凍入骨髓。

他被安排到一座名為「定惠院」的小寺廟裡，和僧人同吃同住。作為一個犯人，他也無法隨身攜帶太多的行李，生活條件自是艱苦。

但比這更令他難受的是無聊，或更確切地說，是困頓，是迷茫，是大難後的虛無感。

試想一下，一個前半生都活在掌聲裡的「文壇流量王」，一下子成了一個滿身髒水，連朋友都怕被他連累的階下之囚，當原本的生命目標被抽離的時候，那個不知道前路在何方，甚至不知道今天要做什麼的蘇東坡，如何能不困頓、不迷茫、不空虛呢？

他就像是一隻驚弓之鳥，生怕再說錯什麼話，又被關到那個監牢裡去。他不敢吟詩作詞，也不敢給朋友寫信，就算寫了，也沒有人回信。是啊，他已經連累了那麼多朋友，還有一些朋友甚至背叛、出賣了他，他還能相信誰呢？

> 平生親友無一字見及，有書與之亦不答，自幸庶幾免矣。

無事可做，無友可會，衣食簡單，酒也不敢多喝，他能做的，就是蒙頭大睡，輾轉反側，昏昏沉沉，一覺到傍晚，然後強起出門，趁著夜色，去散會兒步。

二月二十六日，雨中熟睡。
至晚，強起出門。還，作此詩。
意思殊昏昏也

卯酒困三杯，午餐便一肉。
雨聲來不斷，睡味清且熟。
昏昏覺還臥，展轉無由足。
強起出門行，孤夢猶可續。
泥深竹雞語，村暗鳩婦哭。
明朝看此詩，睡語應難讀。

百無聊賴的人生，天荒地老的孤獨。
如果要用一個字來形容他剛到黃州時的心境，我想，可能就是——冷。

卜算子．黃州定惠院寓居作

缺月掛疏桐，漏斷人初靜。時見幽人獨往來，縹緲孤鴻影。
驚起卻回頭，有恨無人省。揀盡寒枝不肯棲，寂寞沙洲冷。

缺月、殘更、幽人、孤鴻，寒枝揀盡，沙洲寂寞，詞裡的每一個字，都透著徹骨的寒冷。夜深人靜，更漏聲盡，稀稀疏疏的梧桐樹上，掛著一彎殘月。月下這一人，就像孤雁一樣寂寞。他內心翻騰著許多話語想表達，卻無人可訴。

要隨波逐流嗎？要泯然眾人嗎？他不甘心。但不甘心又能如何？

只能守著清高的心境，忍受沙洲的孤寂和寒冷。

我們今天回看蘇東坡的人生，已經是一個完成式了。

我們知道他會在黃州得到重生，我們知道他將會成為中國文化史的高峰，但彼時的蘇東坡自己，並不知道；我們閱讀蘇東坡的人生，可以翻頁，可以跳過，這一章節看不爽了可以忽略，但彼時的蘇東坡自己，並不可以。

當我們行走於人生的途中，生命對我們而言，就是一個無法拉動的時間軸。

所以，即便我們知道，明天早上六點二十分，太陽會從東邊升起，生命將會充滿希望，但對不起哥們兒，現在是半夜十一點，我們只能數著時間，一秒、一秒地熬過去。

熬，是穿越苦難的必修課。

那麼，蘇東坡是怎麼熬過去的呢？

別著急，曙光還沒有這麼快來。

在熬的過程中，他還需要經歷非常重要的一關：認命。

〈寒食帖〉，死灰吹不起的絕望

——先認命，才能改命。

中國書法史上，有三大行書。
其中一篇，就是蘇東坡的〈寒食帖〉。
〈寒食帖〉中的兩首詩，是蘇東坡被貶黃州時心境的寫照。
將詩與書法一起看，更能看見其中巧妙。

寒食帖

其一

自我來黃州，已過三寒食。
年年欲惜春，春去不容惜。
今年又苦雨，兩月秋蕭瑟。
臥聞海棠花，泥汙燕支雪。
闇中偷負去，夜半真有力。
何殊病少年，病起頭已白。

其二

春江欲入戶，雨勢來不已。
小屋如漁舟，濛濛水雲裡。
空庖煮寒菜，破竈燒溼葦。
那知是寒食，但見烏銜紙。
君門深九重，墳墓在萬里。
也擬哭途窮，死灰吹不起。

從他絕望時寫下的詩與書法，窺其心境

這兩首詩，要結合著他的書法一起看。看他的運筆，看他的停頓，看他的塗改；看他的全篇布局，看他哪些字大，哪些字小，哪些字寫得潦草，哪些字又觸目驚心……進而便能看見他內在的痛苦、思緒的往復。**也正因為這是一篇草稿，因此他的心事是不加修飾的，就像一個人赤誠地在你面前展開他自己一樣。**

這是蘇東坡來到黃州的第三年。他寫下這兩首詩的時候，正是寒食節。之所以叫「寒食」，當然是相對「熱食」而言，這是民間為了紀念春秋時期堅決不受官職而隱居深山，最後被活活燒死的介之推而設的節日。寒食節期間，是禁止生火做飯的。因此，人們會在節前提前準備好冷食，比如青糰、青粳飯、春酒等。在宋朝，寒食節連著清明，算是一個大的節日，踏青出遊、祭掃祖先、家族團聚等一系列活動，使得它很類似於現在的「黃金周」。

照理說，這原是個很隆重的節日，但蘇東坡在做什麼呢？他拖著病體，從床上艱難地

爬起來。

黃州的春雨已下了兩個月，江水高漲得就像要衝進屋子。蘇東坡感覺自己像住在一葉漁舟之上，漂流在蒼茫的煙海之中。美麗的海棠被風雨無情打落，花瓣在汙泥中顯得殘紅狼藉。年年都在惋惜春光逝去，花紅凋零，但時光流逝又是如此半點不由人。

蘇東坡看了看自己這潦倒的樣子，無奈感慨，花紅尚且留不住，更何況人呢？病起髮鬢白，面對自己的憔悴和衰老，他也無能為力啊。這天氣又潮又凍，不知道的，還以為身處蕭瑟的秋天。廚房裡空蕩蕩的，本來想煮點蔬菜，卻發現一口破灶裡，蘆葦還是濕乎乎的。看見烏鴉銜著紙錢飛過，這才突然想起，今天是寒食了。

又是一年寒食節。

這一年年的，希望在哪裡呢？想要報效國家，可是連朝廷的門都進不去；想要祭掃祖先，可是父母的墳墓遠在萬里。

窮途末路之中，好想效仿阮籍大哭一場啊！

可是心如死灰，連哭的力氣也沒有。

假設你剛剛認識蘇東坡的時候，讀的就是他的這篇〈寒食帖〉，你還會覺得「人生緣何不快樂，只因未讀蘇東坡」嗎？

在我們的印象中，他似乎一直都很樂觀，他的詩句裡，哪怕是遇見挫折，最後總有聊以自慰或者自我鼓勵的言語，但這兩首即興創作的詩，卻讓人看不見一點希望。

我們再來看這篇帖。

我曾經在《句句有梗的中國藝術小史》這本書裡講過這篇書法作品，其實對大部分不那麼熟悉書法的人而言，很難第一眼就會覺得它是好字。

蘇東坡是書法家，他有很多作品也是書法名篇，比如筆力遒勁的〈司馬溫公神道碑〉，比如老練自由的〈渡海帖〉，但為什麼它們在書法史上的地位，就是不如這一篇〈寒食帖〉呢？

把它放大來看。重點，看它的變化感。一個是布局的變化。通篇疏密相間——

什麼地方緊湊？

他講到雨水幾乎要衝進房子的時候，他講到房子就像一艘小船搖搖欲墜的時候。

什麼地方疏離？

他講到空空如也的破灶台時，他講到烏鴉叼著燒給死人的紙錢飛過的時候。

倘若把這些畫面配上音樂，前者是不是危險、急促的？後者是不是蒼涼、寂寥的？

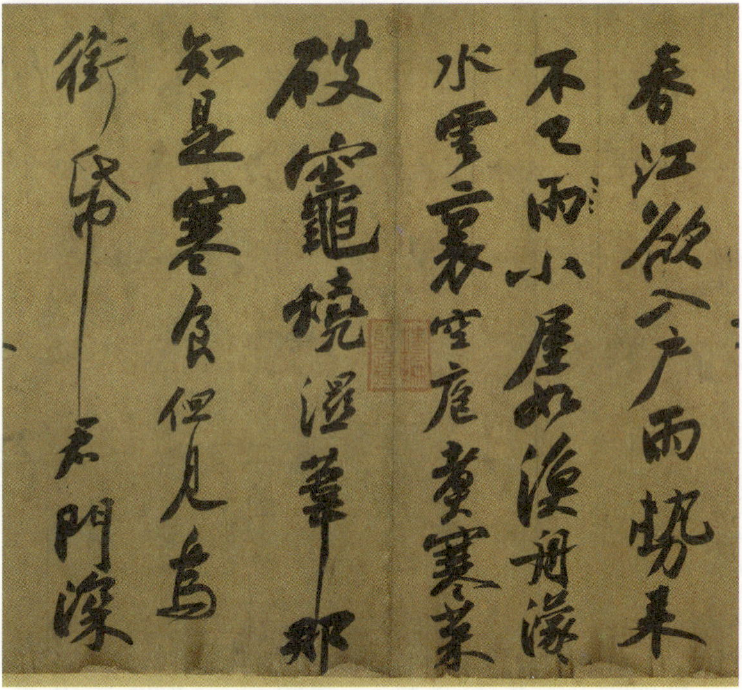

▲疏離
空庖煮寒菜，破竈燒濕葦。
那知是寒食，但見烏銜紙。

▲緊湊
春江欲入戶，雨勢來不已。
小屋如漁舟，濛濛水雲裡。

▲〈寒食帖〉局部。〔北宋〕蘇軾／臺北故宮博物院藏。由整體構圖，可明顯看出右側「春江欲入戶，雨勢來不已」字句緊湊，而左側「空庖煮寒菜，破竈燒濕葦」時則疏離。

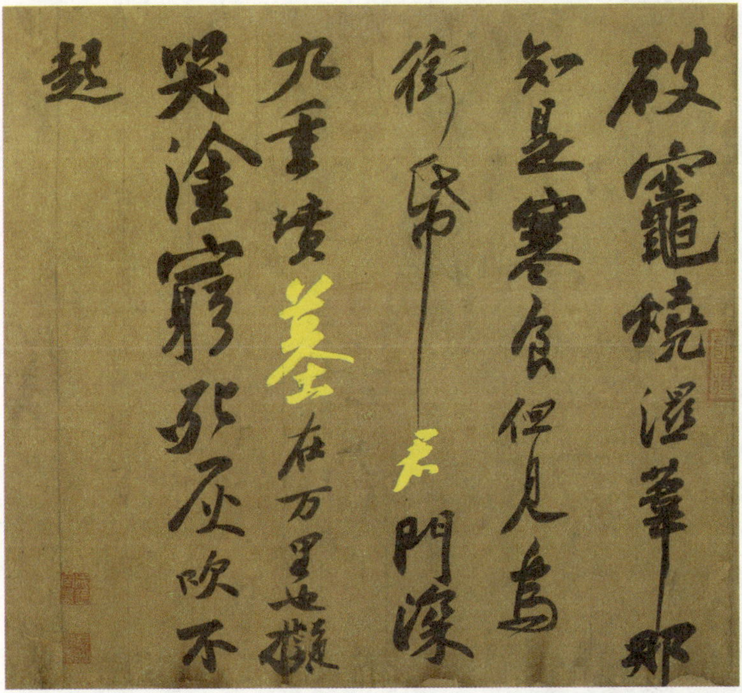

▲「君」字與「墓」字。

再來，我們來看其中書法字形的變化。它的字大小錯落有致——

什麼地方小？比如「君門深九重」的「君」。

什麼地方大？比如「墳墓在萬里」的「墓」。

隨心所寫的東西，是騙不了人的。

經典作品所典藏的，也是藏不住的心事

在蘇東坡的心中，君門已經很遠很遠了，就像最後一點火星子，還在苟延殘喘。

而墳墓，家人的墳墓，在那一刻，要遠遠超越君主在他心中的分量。

我們還可以看它的用墨。同樣是長長的懸針——

什麼地方是潤筆？

比如開頭的「年」，它像是故事開端娓娓道來的低吟。

什麼地方是枯筆？

比如後邊的「紙」，它像是故事高潮時聲嘶力竭的銳響。

▲「年」字

▲「紙」字

而這種潤枯結合的用墨方式，就讓作品在變化中顯出層次感。我們要知道的是，這是一篇隨興所至的草稿，它沒有事先精密的設計和布局，他是想到哪寫到哪，覺得自己用詞不好，就在旁邊點上幾個點，也不塗改，就這樣把自己最初的心事，一覽無餘地展現在我們面前。

於是千年後的我們，看見了他在風中拖著病體的落魄與淒涼，聽見了他窮途末路的那一聲長長的歎息。

藝術的最高境界，是道術合一。有深厚的技巧和功底，卻又能毫不賣弄，讓這些技巧的變化信手拈來，如入化境。

我們所知的許多書法家，未必是大文豪；許多大文豪，未必書法超群。這種一氣呵成的、詩書雙絕的作品，試問放眼整個書法史乃至文化史，有幾人能做到？

我與〈寒食帖〉，有過一次極為難得的偶遇。幾年前我去臺北故宮博物院，〈寒食帖〉的真跡正在展出，當時我完全沒有預料到，此生居然能和它相遇！

當我靜靜地站在展廳裡，離它很近很近的時候，我甚至能看見它的折痕，它在顛沛流離中煙薰火燎的痕跡。那一刻我完全定住了，我熱淚盈眶，我捨不得走。

心寒心死的時候，要怎麼把自己找回來？

有一種說法，〈卜算子．黃州定惠院寓居作〉和〈寒食帖〉的創作時間，是同一年。如果說，〈卜算子．黃州定惠院寓居作〉的關鍵字，是「寂寞沙洲冷」的「冷」，那麼〈寒食帖〉的關鍵字，應該是「心如死灰」的「死」。

蘇東坡在這篇帖子裡，完全放任了自己潮水一般的情緒，他的理想、他的生活、他的身體、他的心態……好像在那一刻，都崩塌了。

是啊，當我們跌入谷底，經歷大的挫折和磨難的時候，可不就是崩塌嗎？那些曾經建構起來的價值觀崩塌，那些社會關係的崩塌，甚至是對於人生意義感的崩塌。

但若沒有崩塌，又如何重建呢？

沒有「置之死地」，如何「後生」呢？

一個人成長的關鍵，就是看他在價值體系崩塌之後，在人生滿地殘渣的時候，有沒有能力重新建構起來。

蘇東坡一定是有的。

他做的第一件事，就是靜坐省察，將過去歸零。

焚香沐浴，靜坐常思己過

——度過低谷法寶之一：靜坐省察，將過去歸零才能重新出發。

蘇東坡是怎麼活過來的呢？

總結起來十個字五件事：**靜坐**，**洗澡**，**種田**，**美食**，**朋友**。

它們之間其實是有一點先後關係的。接下來這幾篇，會慢慢展開說。而他走出困境的這段經歷，我在去年進入低谷期的時候發現，居然同樣適用於我們普通人。

在輯二第一篇文說到，蘇東坡每日百無聊賴，睡到昏昏沉沉，生命一下子沒有了方向和目標。定惠院的住持不忍看他這樣消沉下去，於是在竹林中找了一間禪房給他用。他寫過一首〈定惠院顒師為余竹下開嘯軒〉，我想，那應該是他在禪房中靜坐所悟。

定惠院顒師為余竹下開嘯軒

啼鴂催天明，喧喧相詆譙。暗蛩泣夜永，唧唧自相吊。
飲風蟬至潔，長吟不改調。食土蚓無腸，亦自終夕叫。
鳶貪聲最鄙，鵲喜意可料。皆緣不平鳴，慟哭等嬉笑。
阮生已粗率，孫子亦未妙。道人開此軒，清坐默自照。
衝風振河海，不能號無竅。累盡吾何言，風來竹自嘯。

當我們的心進入安靜狀態的時候，似乎世間好多原本被我們忽略的聲音，都進來了。蘇東坡聽見了杜鵑的啼鳴，嘈雜得好像在相互指責；他還聽見了蟋蟀的叫聲，悠長得好像在自我哀怨；蟬兒吸風飲露，吟唱如此高潔；蚯蚓吞食泥土，兀自發出聲響；鳶鳥鄙俗，喜鵲歡快……這一切聲音的背後，各有各的情感。

心如如不動，才能聽見萬物之聲

然後他講到了阮籍和孫登的典故。

這個故事很經典，被記錄在《晉書．阮籍傳》中。

竹林七賢之一的阮籍，擅長長嘯。

長嘯是古代文人一種非常雅致、表達志向、抒發情感的方式，類似於口哨，但又不同於口哨，它的聲音是悠長的、清越的、響亮的。諸葛亮、王維、李白等人，或擅長抱膝長嘯，或喜歡彈琴復長嘯。可見，長嘯在文人雅士心目中，是非常高級的。

阮籍就很會長嘯，所以大家都羨慕他。他聽說有一位世外高人叫孫登，他更擅長此技，於是一直想找機會去拜訪他，跟他請教。

但他們見面時，無論阮籍問孫登什麼重大的歷史問題和哲學問題，還是更宏大的太古玄寂之道，他都沉默不語。

阮籍於是只好祭出了自己的超猛大絕招：長嘯。

孫登還是不說話。

這就很尷尬了。

於是阮籍只好默默轉頭下山。正當他走到半山腰時，突然聽見一個奇跡般的聲音。那個聲音如鸞鳳和鳴，如天樂開奏，雲起雪飛，響徹山林。他此生從來沒聽過這樣的天籟。

他知道，那正是孫登的長嘯。

孫登是用長嘯之聲，在回答他全部的問題，用一種聖潔、清雅而又輝煌的方式，去完成兩個高士之間的交流。

而今，蘇東坡用了這樣一個典故，並且評價說：阮籍的行為雖然顯得粗獷直率，但孫登的應對也非盡善盡美。

一個被後世文人嚮往的故事，在他的眼裡居然並非完美。

那什麼才是他心中認為最完美的呢？

他在詩中隱隱提到了一個人，那就是莊子。

莊子在〈齊物論〉裡有一個非常經典的對於「天籟」的解釋。簡而言之，天籟就是上天吹動萬物而發出的聲音。它比人籟、地籟更高級的是，上天是無私的，對眾生一視同仁，所以，它的聲音是沒有喜怒哀樂之分的。

而人，要超脫物外，唯一的辦法就是，讓事物回歸事物本身，不因它而牽動情緒。

蘇東坡在詩的最後說：

道人我在這間靜室中，獨自靜坐，默默自省，外界即便是狂風震撼，又與我何干呢？

風起，竹林自然有蕭瑟之聲；風停，則一切萬籟俱寂。

無論外境如何變化，我心，如如不動。

透過沐浴靜坐冥想，內觀身心靈

雖然蘇東坡住在定惠院中，但閒不住的他還是喜歡到處走走。那段日子裡，他造訪得最頻繁的，是城南的安國寺。

他還寫了一篇〈黃州安國寺記〉。

> 得城南精舍曰安國寺，有茂林修竹，陂池亭榭。間一二日輒往，焚香默坐，深自省察，則物我相忘，身心皆空，求罪垢所從生而不可得。一念清淨，染汙自落，表裏翛然，無所附麗。私竊樂之。旦往而暮還者，五年於此矣。

每隔一兩天，他就會過去一趟，燒火取暖，煎茗煮茶，焚香沐浴，靜坐自省。

他甚至專門為在安國寺的沐浴寫了一首詩：

安國寺浴

老來百事懶，身垢猶念浴。衰髮不到耳，尚煩月一沐。
山城足薪炭，煙霧濛湯谷。塵垢能幾何，翛然脫羈梏。
披衣坐小閣，散發臨修竹。心困萬緣空，身安一床足。
豈惟忘淨穢，兼以洗榮辱。默歸毋多談，此理觀要熟。

沐浴，是一種很好的身心療癒方式。

它透過溫熱的水打開毛孔，擴張血管，加快我們的血液循環；同時，溫水不僅有助於緩解我們肌肉的緊張和僵硬，也能促使大腦釋放血清素和多巴胺，還可以刺激免疫系統，提高身體對疾病的抵抗能力。

這是一種從身體到心靈的放鬆。

蘇東坡很喜歡沐浴，元豐七年（一〇八四年）他從黃州去汝州赴任時，途經泗州的公共澡堂，進去搓了個澡，他都能就此寫出一首頗值得玩味的〈如夢令（水垢何曾相受）〉：

如夢令

水垢何曾相受。細看兩俱無有。
寄語揩背人，盡日勞君揮肘。
輕手。輕手。居士本來無垢。

師傅，勞您費心擦背了。哎喲喂您可輕點，輕點兒啊，居士我本來就無垢。

我想他可能不僅把沐浴當成洗澡，而是一種內觀。

沐浴完後，披上乾淨的衣服，散開頭髮，點燃香爐，安靜地坐著。

這個時候的靜坐，好像是在抖落你一身的風塵，透過一種回歸身體、觀察呼吸的方式，讓那些浮華的雜念自然剝落，最終聽見來自我們內心的聲音。

我發現身邊有很多朋友，人生到了某個階段之後，都會愛上這種靜坐或冥想的方式，好像透過這種方式為人生做減法。

不僅如此，蘇東坡還有自己獨特的呼吸方法。林語堂《蘇東坡傳》裡說到，蘇東坡的呼吸法，是集中注意力時，凝神於鼻尖，然後控制呼吸，吸、停、呼的比例是一：二：二，也就是說如果吸氣五秒，那就停十秒，呼氣十秒。**最重要的是內觀，如實地體察自己的身體和心靈。**

你也可以試試看。

把一切歸零重新活過

我們現在已經無法確定，蘇東坡在那段焚香靜坐的時光中，究竟悟出了什麼，但從那段時間他給朋友的信中，也許可以窺見一些他的自我反思：

> 軾少年時，讀書作文，專為應舉而已。既及進士第，貪得不已，又舉制策，其實何所有？而其科號為直言極諫，故每紛然誦說古今，考論是非，以應其名耳。人苦不自知，既以此得，因以為實能之，故譊譊至今，坐此得罪幾死，所謂齊虜以口舌得官，真可笑也……得罪以來，深自閉塞，扁舟草履，放浪山水間，與樵漁雜處，往往為醉人所推罵。輒自喜漸不為人識，平

生親友無一字見及，有書與之亦不答，自幸庶幾免矣。

他在〈答李端叔書〉裡說自己因為當年制科考得太好，起點太高，所以自命不凡，以為自己有經天緯地之才，直到摔了這麼一個大跟斗，差點喪命，才開始深深懊悔和反省。他說：「獲罪以後，我長時間獨處，常常穿著草鞋，駕一葉扁舟，放浪形骸於山水之間，與樵夫漁民相處，路上碰見醉漢推搡詬罵，我也不在意。」

以前享受著虛名帶來的榮耀，現在反而很高興自己漸漸不被人認識。

自喜漸不為人識——這一點要做到其實很不容易。

設想一下，你曾經是萬眾矚目的大明星，上自皇帝太后，下至民間文人甚至百姓，基本上都喜歡你，再不然也知道你，你的作品一出來，大家就爭相傳閱，甚至聽說你來，很多人都要爭相一睹你的風采。

你紅了很多年。

突然有一天，你成了囚犯。

清高的知識分子，在生死面前瞬間沒有了尊嚴。別人潑向你的髒水，你無法辯解。甚至為了活命，你還得往自己身上潑髒水。

人情冷暖，世態炎涼，這下都經歷了。

你回到人群中，才發現自己其實真的很普通。你與漁夫樵夫皆為眾生，你與醉漢有著同樣的苦難。

你才終於明白，人生有此劫難，正在於自己曾經把自己想得太特別、太偉大了。罷了，也算是洗脫出一個新的人生，重新出發吧。

放下過往的榮耀與驕傲，將人生歸零，才有重生的機會。

蘇軾死去了，蘇東坡即將重生。

而他重生的法寶，是兩個字，是我認為歷史上很多高傲的文人都不具備的兩個字，那就是——生活。

他開始回歸最日常的生活

——度過低谷法寶之二：回到生活的每一件小事中。

元豐三年（一〇八〇年）五月二十九日，這是蘇東坡到黃州以來最開心的一天。因為，弟弟蘇轍帶著他的一家老小過來團聚了。

這天蘇東坡起了個大早，帶著大兒子蘇邁，趕到離黃州二十多里地的巴河口去迎接他們。他已孤獨太久，親人的到來不僅慰藉了他的心靈，還有知心的弟弟可以互訴衷腸。

他感覺自己有很多話想要跟弟弟傾訴，從在御史臺監獄裡的懊悔和痛苦，到初至黃州時的所見所聞、所思所感。

他甚至有一個計畫，想買下一片林地，這個打算他也想和弟弟一起商量。

曉至巴河口迎子由

去年御史府，舉動觸四壁。幽幽百尺井，仰天無一席。
隔牆聞歌呼，自恨計之失。留詩不忍寫，苦淚漬紙筆。
餘生復何幸，樂事有今日。江流鏡面淨，煙雨輕冪冪。
孤舟如鳧鷖，點破千頃碧。聞君在磁湖，欲見隔咫尺。
朝來好風色，旗尾西北擲。行當中流見，笑臉清光溢。
此邦疑可老，修竹帶泉石。欲買柯氏林，茲謀待君必。

這次兄弟相見，真是百感交集。

雖只有匆匆十天，但蘇東坡還是興奮地拉著弟弟，像一個導遊那樣帶著他在黃州及周邊四處逛逛。他們去了赤壁，去了江對岸的武昌，去了寒溪西山，寫下相互應和的詩詞，如同當年他們出川時，父親讓他們沿途寫詩一樣。

為安家當農夫，才有了東坡

蘇轍走後，蘇東坡需要安頓自己的家眷了。

一家十幾口人，定惠院肯定是住不下了，在鄂州知州朱壽昌以及黃州太守陳君式的幫助下，蘇東坡一家搬到了臨皋亭。

臨皋亭原本是官驛，現在暫借給他們一家人住，已經是行了莫大的便利。

但緊接著，蘇東坡就需要面臨一個非常現實又棘手的問題：沒錢。

這一大家子十幾口人要養，他們沒上班沒工作，都指望著蘇東坡。可憐蘇東坡之前生活不愁吃穿，也從不持家，他在寫給章惇的信裡說自己「俸入所得，隨手輒盡」，意思就是工資發下來，隨手就花光。

他被貶謫黃州，「責授檢校水部員外郎、黃州團練副使」，但這就是個虛職，實際上只發一半的薪水，剩下的一半則折作實物補貼。

他在〈初到黃州〉這首詩裡最後兩句：「只慚無補絲毫事，尚費官家壓酒囊」，證明他領取的補貼，就是用來釀酒的糧食袋，也不是什麼值錢的物件。

一大家子的生活費，還得靠自己。

他寫給秦觀的信裡，很詳細地描述了自己是怎麼省錢的。

他把家裡的存款盤點了一下，如果要撐一年，那麼一個月只能花四千五百文錢。四千五百文，相當於現在的三千多人民幣[1]。

三千多，十幾口人，怎麼活？

於是蘇東坡把這筆錢分成了三十份，掛在房梁上，每天清晨取一份，也就是一天最多花一百五十文錢，堅決不超支。若省著點剛好沒用完，就把剩下的錢存起來，以待賓客。

但光節流，也不是辦法，還得開源啊。於是，來到黃州的第二年，蘇東坡的老朋友馬夢得找了關係，為他申請了一塊地來耕種。

因為地處城東高坡上，所以，蘇東坡才給自己起了一個號，叫「東坡居士」。

這塊地大概有五十畝，是黃州城內一個廢棄的營地，天然條件不是很好。因為荒廢很久了，所以雜草叢生，到處都是荊棘瓦礫，光是清理墾闢的工作，就快要累死了。

東坡八首

余至黃州二年，日以困匱，故人馬正卿哀餘乏食，為於郡中請故營地數十畝，使得躬耕其中。地既久荒，為茨棘瓦礫之場，而歲又大旱，墾闢之勞，筋力殆盡。釋耒而歎，乃作是詩，自愍其勤，庶幾來歲之入，以忘其勞焉。

其一

廢壘無人顧，頹垣滿蓬蒿。
誰能捐筋力，歲晚不償勞。
獨有孤旅人，天窮無所逃。
端來拾瓦礫，歲旱土不膏。
崎嶇草棘中，欲刮一寸毛。
喟然釋耒歎，我廩何時高。

蘇東坡一邊寫詩來安慰自己，一邊想辦法。他一把火燒掉了枯草，看見了地皮。沒想

❶ 三千多人民幣：約為一萬兩千多元新臺幣。

到在這片荒地裡居然還藏著一口暗井，太好了，天不絕我，這下灌溉的問題就解決了。

其二

荒田雖浪莽，高庳各有適。
下隰種秔稌，東原蒔棗栗。
江南有蜀士，桑果已許乞。
好竹不難栽，但恐鞭橫逸。
仍須卜佳處，規以安我室。
家僮燒枯草，走報暗井出。
一飽未敢期，瓢飲已可必。

然後他開始對這片地進行規劃，低窪濕潤的地方種上主食稻子、麥子，高地就種棗樹、栗子樹。當地的農民也很熱情，跑來幫他一起種地，教他怎麼撒種子，怎麼除蝗蟲。農民生活經驗豐富，還跟蘇東坡說：「你別讓苗葉長得太旺啦，如果要豐收，就得讓牛羊上去踩踏。」

這完全是蘇東坡原本知識範圍以外的事情，他覺得實在是太有趣啦。他一邊感謝農夫，一邊說：「等我吃飽飯的時候，一定不會忘記你的恩情。」

其五

良農惜地力，幸此十年荒。
桑柘未及成，一麥庶可望。
投種未逾月，覆塊已蒼蒼。
農父告我言，勿使苗葉昌。
均欲富餅餌，要須縱牛羊。
再拜謝苦言，得飽不敢忘。

勞作，鍛鍊了身體的力量感。背沐陽光，腳踩大地。當蘇東坡開始關注天地，關注萬物生長時；當他趕在清明前播種水稻，在初夏時節分秧時；當他在泥土裡尋找芹菜殘留的根莖，在月光下觀察晶瑩剔透的露珠時；當他想像著春鳩能成為盤中的佳餚，想像著豐收時節新米蒸煮成飯時……他似乎已經看見了竹籬間，那綠黃相間的果實垂於屋簷下。

他說自己「勞苦之中，亦自有樂事」。

原來，身體力行的勞動，能一掃精神的陰霾與憂鬱。這份快樂，是如此的飽滿和扎實。

其四

種稻清明前，樂事我能數。
毛空暗春澤，針水聞好語。
分秧及初夏，漸喜風葉舉。
月明看露上，一一珠垂縷。
秋來霜穗重，顛倒相撐拄。
但聞畦隴間，蚱蜢如風雨。
新春便入甑，玉粒照筐筥。
我久食官倉，紅腐等泥土。
行當知此味，口腹吾已許。

落地生根的普通生活

我們在輯二第二篇文講過〈寒食帖〉。

蔣勳老師在講〈寒食帖〉的時候，曾說到裡邊「花」字和「泥」字牽絲牽在一起。**他說，蘇東坡意識到了，你當花你就嬌貴，你就下不來，而當花落到泥土間，才能真正扎根。**

我們要感謝黃州城東的那個高坡，是它讓「蘇軾」成了「蘇東坡」，是它讓中國文化史上留下了一個比肩日月、曠達千古的有趣靈魂。

當然，蘇東坡之所以能成為蘇東坡，肯定不單純只是因為種田，更有種田之後的美食和朋友。但我想說的是，當文人蘇軾變成農民蘇東坡，他的人生經驗，便開始有了傳統文人不太有的那一面——煙火氣。

不是有句話嗎——人間煙火氣，最撫凡人心。

當我們豪情萬丈，當我們陷入迷茫，當我們走過兜兜轉轉的人生時，或許最後才會發現，人生最重要的，也僅僅是睡個好覺、吃頓飽飯。

最後，我想拿二十世紀最偉大的現代詩人之一穆旦，在〈冥想〉裡的一個片段，來應和那個時候的蘇東坡，也慰藉有時被人生困住的我們。

把生命的突泉捧在我手裡，
我只覺得它來得新鮮，
是濃烈的酒，清新的泡沫，
注入我的奔波、勞作、冒險。
彷彿前人從未經臨的園地，
就要展現在我的面前。
但如今，突然面對著墳墓，
我冷眼向過去稍稍回顧，
只見它曲折灌溉的悲喜，
都消失在一片亙古的荒漠，
這才知道我的全部努力，
不過完成了普通的生活。

他不是天生的美食家，是美食治癒了他

——度過低谷法寶之三：人間煙火氣，最撫凡人心。

我們都知道蘇東坡是個「美食部落客」，人生一直被貶，卻還一直在吃。

有人統計過，說中國歷史上有六十多道菜都是因他而生，包括我們今天特別熟悉的東坡肉、東坡魚、東坡肘子、東坡豆腐等等。

那你知道蘇東坡為什麼是個吃貨嗎？其實是因為——窮。

他對美食所有的鑽研和創造，都源於當時非常有限的生活條件，讓他只能選擇別人看

不上的食材和最樸素的調味料。

比如東坡肉。他在黃州的時候，豬肉非常便宜。因為當時的豬沒有騸（閹割），臊味比較重，不太受歡迎。富人呢，瞧不起，不願意吃；窮人呢，又不知道怎麼煮。

蘇東坡可是無肉不歡的，於是他就開始研究，做了很多次實驗，看看怎麼煮才能鮮香、軟爛、下飯，而且不膩。沒想到後來真的讓他找到了一個方法，那就是少放點水，然後用柴火燒，要用那種不冒火苗的小火煨燉。

這個菜就是得有耐心，要等它自己慢慢熟，不要催它。火候足了，自然美味。早晨起來盛上兩碗，哇，非常下飯！他甚至把這個做法寫成了一篇短文：

豬肉頌

淨洗鐺，少著水，柴頭罨煙焰不起。待他自熟莫催他，火候足時他自美。黃州好豬肉，價賤如泥土。貴者不肯吃，貧者不解煮。早起來打兩碗，飽得自家君莫管。

每次我看到這篇短文的名字，都會覺得，太好了。豬肉——一件最平常的東西，都值得拿來歌頌。如果你翻閱蘇東坡的詩詞，你就會發現這個人的詩詞裡，有許多想吃這個、想吃那個的願望。你看這一首，想吃河豚：

惠崇春江晚景二首

其一

竹外桃花三兩枝，春江水暖鴨先知。
蔞蒿滿地蘆芽短，正是河豚欲上時。

這首，想吃芹菜燴斑鳩：

東坡八首

之三

自昔有微泉，來從遠嶺背。
穿城過聚落，流惡壯蓬艾。
去為柯氏陂，十畝魚蝦會。

歲旱泉亦竭，枯萍黏破塊。
昨夜南山雲，雨到一犁外。
泫然尋故瀆，知我理荒薈。
泥芹有宿根，一寸嗟獨在。
雪芽何時動，春鳩行可膾。

這首，橘子真美味：

浣溪沙．詠橘

菊暗荷枯一夜霜。新苞綠葉照林光。竹籬茅舍出青黃。
香霧噀人驚半破，清泉流齒怯初嘗。吳姬三日手猶香。

這首，荔枝吃到撐：

食荔枝二首

其二

羅浮山下四時春，盧橘楊梅次第新。
日啖荔枝三百顆，不辭長作嶺南人。

有的時候，吃多了就容易生病。話說某次，蘇東坡得了紅眼病，去看醫生。醫生告訴他，最近吃清淡一點，不要吃肉了。蘇東坡回到家裡，開飯了，哇，肉好香，好想吃一口啊。可是你看，他在《東坡志林》裡是怎麼說的：我是想聽醫生的話，但我的嘴不答應啊。我的嘴跟我說：你是眼睛有病，關我嘴什麼事。嘖，吃！

余患赤目，或言不可食膾。余欲聽之，而口不可。曰：「我與子為口，彼與子為眼，彼何厚？我何薄？以彼患而廢我食，不可。」

他無肉不歡，就算沒錢買不起肉，也想盡辦法透過研究各種吃法，來滿足口腹之欲。有人說，蘇東坡是羊蠍子的祖宗。

他被貶到惠州的時候，當地的羊肉只有那些當官的、大戶的才吃得上，他買不起，只能買點羊脊骨回去，骨頭縫裡有一些沒剔乾淨的肉，他就開始研究這東西的吃法。

他先是把羊脊骨煮熟，趁熱撈出把水滴乾，然後拿酒來浸泡，再撒上薄薄的一層鹽，最後拿去烤，烤到滋滋微焦的時候，就可以吃了。

哇，太好吃了，酥脆焦嫩，吃起來還有點像在吃螃蟹。

他還把做法寫下來寄給弟弟蘇轍，在信裡調侃他說：「老弟啊，你吃了三年公款大餐，大魚大肉，大概都咬不到骨頭，哪裡像我能吃到這等好味道。所以啊，我寫這封信跟你炫耀一下，不是尋你開心啊，你照著做，是真好吃。不過我只偷偷告訴你一個人。這個吃法一旦流行開來，那些狗可就要不開心了。」

當然，這裡說的狗，也是代指那幫打壓他的人。頗有點自嘲和諷刺的味道。

再後來，他再次被貶，去了海南。

那個時候的海南非常荒涼，還停留在比較原始的狀態，而且還有茫茫大海相隔，被貶到那裡，幾乎等於判了死刑。他在海南食無肉，病無藥，居無室，出無友，而且吃不上飯，米還需要借船漂洋過海送來，就跟珍珠一樣珍貴。

北船不到米如珠，醉飽蕭條半月無。

蘇東坡餓了很久的肚子，很慘。但從某一天開始，他突然開心了。為什麼？因為他發現了烤生蠔。

他把小個的生蠔剖開，把肉和汁水跟酒一起煮，大個的生蠔就烤熟了吃，從來沒有過的美味啊！他寫給兒子的信裡說：你千萬別把這件事宣揚出去啊，我怕朝廷裡那幫小人聽了，都想跑海南跟我搶吃的。

能嚐人間百味，才叫做活著

甚至在物質條件最艱難，蘇東坡什麼也無法吃到時，他也能靠想像來餵飽自己。

在最餓的時候，他寫出了一篇關於美食的最好的文章：

老饕賦

庖丁鼓刀，易牙烹熬。水欲新而釜欲潔，火惡陳而薪惡勞。九蒸暴而日燥，百上下而湯鏖。嘗項上之一臠，嚼霜前之兩螯。爛櫻珠之煎蜜，滃杏酪之蒸羔。蛤半熟而含酒，蟹微生而帶糟。蓋聚物之夭美，以養吾之老饕。婉彼姬姜，顏如李桃。彈湘妃之玉瑟，鼓帝子之雲璈。命仙人之萼綠華，舞古曲之鬱輪袍。引南海之玻璃，酌涼州之蒲萄。願先生之耆壽，分余瀝於兩髦。候紅潮於玉頰，驚暖響于檀槽。忽累珠之妙唱，抽獨繭之長繰。閔手倦而少休，疑吻燥而當膏。倒一缸之雪乳，列百梅之瓊艘。各眼灩於秋水，咸骨醉於春醪。美人告去，已而雲散，先生方兀然而禪逃。響松風於蟹眼，浮雪花於兔毫。先生一笑而起，渺海闊而天高。

你看他想像自己是怎麼吃飯的：吃肉，我只選小豬，豬頸後部那一小塊最好的肉；吃螃蟹，我只選霜凍前最肥美的，吃它的兩個大鉗子；把櫻桃煮爛成蜜，用杏仁漿做成精美的糕點；蛤蜊要半熟的時候就著酒吃，蟹要微生的時候和酒糟一起蒸；酒到微醺處，被絕妙的歌聲驚醒，倒一缸雪乳般的香茗，春意盎然，大家都要醉了；美人歌舞散去，趁著水煮出松風的韻律，用兔毫盞盛一碗雪花茶，先生一笑而起，頓覺海闊天空。

在蘇東坡起起落落的人生裡，吃，應該帶給了他精神上最大的慰藉。因為脣齒之間還能嘗到的世間百味，都在提醒我們：活著真好。

人生在世，不是所有人都適合奮鬥。也許蘇東坡看到了，熱愛生活，遠比成功更加重要。就像元代詩人張養浩的〈山坡羊（一個犁牛半塊田）〉裡寫到的那種生活，雖然不求功名，卻也幸福滿滿。我想把這首散曲分享給你：

山坡羊

一個犁牛半塊田，收也憑天，荒也憑天。
粗茶淡飯飽三餐，早也香甜，晚也香甜。
布衣得暖勝絲綿，長也可穿，短也可穿。
草舍茅屋有幾間，行也安然，待也安然。
雨過天青駕小船，魚在一邊，酒在一邊。
夜歸兒女話燈前，今也有言，古也有言。
日上三竿我獨眠，誰是神仙，我是神仙。
南山空谷書一卷，瘋也痴癲，狂也痴癲。

交朋友，打開人生新境界

——度過低谷法寶之四：志趣相投的朋友，能拉你一把。

要是有機會，我真想跟蘇東坡交朋友。可能你會問，蘇東坡看得上我嗎？**欸，你還別說，蘇東坡交朋友，不像很多文人大家那樣清高，他完全沒有門第之見。**一個「國民老公」級別的北宋明星、文壇流量王，他在黃州的朋友是：樂科長、楊道士、崔琴師、鐵粉馬夢得、老鄉王文甫、開藥店的郭大夫、賣酒的潘老闆和他侄兒潘秀才，以及「熱心市民」古先生。

他是怎麼交到這些朋友的呢？

話說，他剛被貶到黃州的時候，烏臺詩案的陰雲還沒有散去。他無事可做，無友可會，因為他是「因言獲罪」，所以也不敢再亂說話、亂寫東西，唯一能做的，就是喝一點酒，然後在那個陰雨連綿的寒冬一覺睡到傍晚。很奇怪，越睡越沒精神，大概是濕氣太重。於是，他拖著依舊疲憊的身體強起出門走走。這樣的日子乍聽好像感覺還不錯啊，完全擁有了睡眠自由。但是一天兩天沒問題，一個月兩個月，人就廢了。

大開社交圈，交友不設限

人畢竟是群居動物，還是需要來自同伴的溫暖。這個時候，給蘇東坡帶來第一份溫暖的朋友，是一個同樣被貶的小吏，叫樂京。他原來是個縣令，因為反對新法，從「縣長」直接降到了「科長」。

同是天涯淪落人，他們兩個人都有相同的政治遭遇，自然也就同病相憐，一起飲酒作詩，結伴出遊。

蘇東坡這個人交朋友有個優點，就是——「不要臉」。

他從來不怕麻煩朋友。你有沒有發現，有的時候太客氣了反而做不成朋友，總覺得隔層紗，不親近。有時候，朋友就是麻煩出來的。所以不要怕欠人情，你麻煩他，他麻煩你，一來二去，後邊誰也記不清了，大家就成朋友了。

你看蘇東坡臉皮有多厚，他可從來不怕欠別人人情。

他認識了一個叫王文甫的老鄉。王老鄉說：你也種田啊，那我家裡有一些桑樹秧苗可以送給你。然後兩個人就成朋友了。後來呢，又認識了一個楊道士，說他會釀酒。蘇東坡愛喝兩口，於是又天天纏著他教自己釀酒。再後來，更厲害了，直接認識了河對岸樊口酒館的潘老闆，釀都不用釀了，有現成的，於是他就不辭辛苦、「不懷好意」地，坐船顛簸到對岸酒館，去跟潘老闆聊天，聊晚了甚至直接睡在人家家裡。

當然，他也不是總麻煩別人，朋友嘛，肯定是要互相「貢獻」的。潘老闆有個侄兒叫潘大臨，是個秀才，平常會教蘇東坡怎麼打魚。他有個心願，想考取更大的功名，蘇東坡就跟他說：「那我兼任你的半個老師吧！」

可能你會說，蘇東坡文章寫得好，是一個大文豪，但能教人嗎？

欸，人家還真是個好老師，蘇東坡被貶海南的時候，海南本是個不毛之地，結果他到了以後，竟然培養出了海南歷史上第一位舉人。

我是風流帥，你是妻管嚴

蘇東坡真的有花心思教人家讀書，不僅給人輔導功課，還在考前給人做心理建設。

蝶戀花．送潘大臨

別酒勸君君一醉。清潤潘郎，又是何郎婿。記取釵頭新利市。莫將分付東鄰子。

回首長安佳麗地。三十年前，我是風流帥。為向青樓尋舊事。花枝缺處餘名字。

要為你送行了，你看這小鮮肉，是誰家的乘龍快婿啊？去京城不要怕，京城也曾是你叔我的地盤。三十年前，我可是風流帥！

他不僅愛誇自己，還特別愛損別人。而且很奇怪，越損朋友還越多。後面會專門有一個章節，來說說他和他的這幫損友的趣事，這裡就不贅述了。

他不僅損朋友，還損朋友的老婆。

他的朋友陳季常（蘇東坡前上司陳希亮的兒子）有個彪悍的老婆。有一次，蘇東坡在陳季常家裡，兩人聊嗨了，他老婆在房間裡左等右等，怎麼還不睡覺，氣死了，出來一看，還在聊！她大喊一聲，陳季常嚇得連拐杖都扔了。蘇東坡就把這個事寫成了一首詩〈寄吳德仁兼簡陳季常〉來取笑他，詩裡是這樣說的：

龍丘居士亦可憐，談空說有夜不眠。
忽聞河東獅子吼，拄杖落手心茫然。

「河東獅吼」這個成語，就是這麼來的。

其實如果仔細觀察，就會發現，越親密的朋友，才越會這樣損來損去。你聽人家打電話的時候，如果講「喂？你好」，這肯定是不熟的；如果一接電話就說「喂！」或者直接一句粗話就過去了，這肯定是好朋友。

只要聊得來，人人都可愛

而且，蘇東坡交朋友完全不挑。

在他看來，生命都是平等的，所有人都是可愛的。

他在黃州時，每天早上起來，若沒人來做客，他就出門自己去找客人，無論高低貴賤，任何職業都能跟人聊得來。有人擔心說：「您是讀書人，我們沒讀過書，怕跟您聊不上。」蘇東坡說：「沒事，隨便聊，實在不行就講個鬼故事吧。」於是大家都聊得很開心。

你看宋人葉夢得在《避暑錄話》裡是怎麼說的：

> 於是聞者無不絕倒，皆盡歡而後去。

蘇東坡到黃州當農民後的第二年，在東坡旁邊買了一座廢棄的園子，並蓋了一間屋子，起名「雪堂」。自此之後，雪堂不僅成了他在黃州的固定住所，還是他讀書會客的地方，也可以把它理解成：蘇東坡藝術家工作室。

斯是陋室，惟吾德馨。

自雪堂建成，來訪的客人絡繹不絕，雪堂幾乎成了黃州的「文化沙龍」。

其中一位客人，便是後來同為北宋四大書法家之一的米芾。他在黃州第一次見到蘇東坡，相談甚歡。兩個人都喜歡寫字畫畫，都喜歡收藏，就更有聊不完的話了。

他們喝酒、賞畫，蘇東坡聊嗨了以後，還把自己珍藏多年的吳道子的〈釋迦成佛圖〉，拿出來給大家賞玩，並且乘興來了一次讓在場的人都難忘的「才藝表演」。

後來，米芾在《畫史》裡回憶那一天——

酒興正濃的時候，蘇東坡忽然對他說：「你把這張紙貼到牆壁上。」

那是一張珍貴的觀音紙。

只見蘇東坡起身，就著牆壁在紙上揮毫潑墨，畫了兩枝竹子、一棵枯樹、一塊怪石，一氣呵成。

米芾疑問道：「你畫竹子，怎麼不逐節畫呢？」

蘇東坡回答：「你見過竹子逐節長的嗎？」

蘇東坡愛竹，也愛畫竹。

他曾說：「可使食無肉，不可居無竹。無肉令人瘦，無竹令人俗。」

他畫竹，強調「意在筆先」，就是不僅僅描摹竹子的外在形態，更傾向於表現竹子內在的生命力。

他有一個至交好友叫文與可，也以畫竹聞名。米芾親眼所見之後，感慨道：「蘇東坡這種意境高於技巧的表達，既與文與可相同，又繼承和超越了文與可，他們像是在藝術之壇上共奉一瓣馨香。」

蘇東坡這幅酒後的竹作，當然就被米芾收藏了。後來，他們的另外一位共同好友，駙馬王詵把畫借走了，而且不還。米芾還非常怨念地在文章裡記上了一筆。

多重角色，每一個都是蘇東坡

從白丁到秀才，從道士到僧人，從農民漁夫到酒館老闆，從太守到文人，蘇東坡的交友面之廣，在中國文化史上應該也難有人能出其右。

他有一句名言，「上可以陪玉皇大帝，下可以陪卑田院乞兒」，並且，「眼前見天下無一個不好人」。

我覺得這就是他的人生標準。

朋友之間的來往，交換的不僅是情誼本身，還有流動的生命力。

他之所以比我們更寬廣，就在於能與這些不同階層的朋友交往，也讓他體驗了不同的角色，感受不一樣的生命力。

他是農夫，是漁民，是教人讀書的先生，是村口聊鬼故事的大爺，是會講段子的說書人，也是大文豪、大藝術家，每個角色都構成了他，構成了今天我們說不盡的他。

【輯二】資料出處

1 【北宋】蘇軾〈十二月二十八日，蒙恩責授檢校水部員外郎、黃州團練副使，復用前韻二首〉、〈到黃州謝表〉、〈二月二十六日，雨中熟睡。至晚，強起出門。還，作此詩。意思殊昏昏也〉、〈卜算子．黃州定惠院寓居作〉、〈寒食帖〉、〈定惠院顒師為余竹下開嘯軒〉、〈黃州安國寺記〉、〈安國寺浴〉、〈如夢令（水垢何曾相受）〉、〈答李端叔書〉、〈曉至巴河口迎子由〉、〈初到黃州〉、〈答秦太虛〉、〈東坡八首〉、〈豬肉頌〉、〈惠崇春江晚景〉、〈浣溪沙．詠橘〉、〈食荔枝二首〉、《東坡志林》、〈與子由弟書（惠州）〉、〈與王敏仲〉、〈與程秀才〉、〈縱筆三首（其三）〉、〈獻蠔帖〉、〈老饕賦〉、〈蝶戀花．送潘大臨〉、〈寄吳德仁兼簡陳季常〉

2 【唐代】房玄齡等人《晉書．阮籍傳》

3 【北宋】葉夢得《避暑錄話》

4 【北宋】米芾《畫史》

5 黃岡市東坡文化研究會《東坡黃州五年間》

輯三

深識

原來你是這樣養成的

引子

了解蘇東坡的家，才更明白他的豁達從何而來

我們是否想過一個問題：蘇東坡這種天真、好玩、豁達的性格，是從哪裡來的？肯定不是憑空產生的。

於是，我就查了一下蘇東坡的祖宗和家人們，然後有了一個讓我恍然大悟的發現：

蘇東坡之所以能成為蘇東坡，很大程度上是因為兩個字：家風。

心理學「三大巨頭」之一的奧地利精神病學家阿德勒有一句名言：「幸運的人一生都被童年治癒，不幸的人一生都在治癒童年。」

老天爺真的很偏愛蘇東坡。他就屬於那個一生都被童年治癒的人。他的性格基底裡，有著很濃烈的家鄉和家族印記。

所以，如果要真正走進蘇東坡，我們就需要走進他的故鄉，走進他的家。

家鄉眉山：至少，我們還有生活

——世界再大，其實走不出一個故鄉。

蘇東坡的足跡遍及北宋的大半疆域。有人統計過，至今仍有十八個城市留有他的遺跡，全長達到三千七百多公里。但無論哪個城市，都沒有它重要——眉山。因為這是蘇東坡的故鄉。

到底什麼樣的水土，能養出這個千年一遇的大文豪？

眉山，是位於四川樂山和成都之間的一座小城，宋時與彭山、丹稜、青神三縣同屬古眉州所轄，岷江水從這裡流過，遍地是稻田、果園和菜園。在唐朝時期，眉山是川西南的糧倉和蠶鄉，因為有岷江之便，它也是川西南最大的物資集散中心。

蜀道之難，難於上青天。但也因為蜀道難，所以四川，歷史上天然就像一個小王國，遠離中原的戰亂紛擾，保留了自己的一方淨土。

眉山治學之風興盛，從伯父蘇渙開始

唐朝及五代時期，為了躲避關中與中原地區的戰亂，不少人開始向蜀中移民。蘇東坡的先祖蘇味道，正是在唐武則天時期被貶為眉州刺史而舉家遷至眉山的。

北宋收川之後，一直到南宋滅亡，這三百年間，眉山還是相對安寧穩定的。無論是遼國還是西夏，包括金，宋朝與它們的戰爭，都沒有波及眉山。

農業的發達，物資的豐盛，環境的相對安定，帶來了人民生活的安逸。

兩宋時期，眉山的文化教育是空前繁榮的。發達的雕版印刷業，曾讓眉山成為全國三大印刷中心之一。整個宋朝，眉山共有八百八十六人考取進士，形成了一個「宋代眉山進士群體現象」，連宋仁宗都說「天下好學之士皆出眉山」。

而眉山為何會有「八百進士」如此輝煌的歷史，其實跟蘇東坡的伯父蘇渙有關。

蘇東坡出生的時候，眉山還並不能算是真正意義上的詩書之城。宋仁宗天聖二年（一〇二四年），蘇渙成了眉山地區較早的一位進士，這在當時是一個轟動全城的事件。越來越多的眉山讀書人因此備受鼓舞，這極大地提振了他們參加科舉考試的熱情和信心，眉山的治學之風由此興盛。

蘇東坡的父親蘇洵，雖然走的不是科舉之路，但他的文化素養卻遠遠超過了許多當地學子，他志不在本地，反而是花了大量時間在外遊歷交友，然後把外面的見聞，帶回這座小城來。兒時的蘇東坡在這樣的家庭氛圍下耳濡目染，年少便有大志氣。

有天從眉山走出，成為朝堂的耀眼星星

小時候，父親送他去學堂讀書，剛好某天京城來了個人，跟他的老師張易簡交談，說仁宗皇帝決心改革朝政。當時「慶曆新政」期間出了幾個很有名的人物，范仲淹、韓琦、富弼，還有歐陽修等人。有個叫石介的人，特意寫了〈慶曆聖德詩〉來歌頌和傳播這件事。這個人把石介的這首詩念給了張易簡聽，沒想到旁邊有人先鼓掌叫好起來。張老師一

看，是小蘇軾啊。

小蘇軾就問：「老師，這些人都是誰啊？」

張老師說：「你還是小孩子，懂什麼？不要問了。」沒想到，蘇軾說了一句令張老師意想不到的話：

> 此天人也耶，則不敢知；若亦人耳，何為其不可！

他們是天人嗎？如果是，我不敢問。如果他們和我們一樣，都是人，我為什麼不能知道呢？

這讓張老師大為震驚。

張老師就跟蘇軾說了，他們是誰，他們在朝中做出了什麼樣的貢獻。

小蘇軾靜靜地聽著。他也許不知道，老師的這番話就像一顆種子一樣，已經在他的心裡發芽了。

他希望有一天，能從眉山走出去，走到這個朝堂裡最耀眼的地方，也成為跟這些人一樣的星星。

走出眉山，是少年蘇東坡的願望。

十七歲的中秋節夜裡，他和弟弟蘇轍，還有其他三位同學，跑到連鰲山許願，希望自己能在科考中獨占鰲頭。

「連鰲山下論詩文，但願他日得連鼇。」

興致來了，蘇東坡顧不上去書房裡拿筆墨紙硯，用簡易的「掃帚筆」，蘸上泥漿，大筆一揮，在山坡上寫下了「連鰲山」三個字。每一個字，都有三米多寬，而且下筆乾脆俐落，絲毫沒有拖泥帶水，非常篤定。也許，內心越堅定，越容易心想事成吧。

一〇五七年，這幾位當年一起許願的同窗，還真的都中了進士，金榜題名。那一年，眉山這座小城的考中者就有十三人，占當年全國進士總數三百八十八人的三．四％左右。當地文風之盛，已初現端倪。

父親蘇洵是欣慰的，他原本的打算，就是帶著孩子們通過科舉之路，走出眉山小城，去往更大的舞臺。

進士及第的蘇軾、蘇轍兄弟，在服母喪結束後，跟著父親蘇洵離家，再度赴京。這一次，他們帶上了家小，舉家搬遷。眉山，從此在他們的人生裡，變成了「故鄉」。

當站在船頭，看著眉山小城被自己甩在身後時，蘇東坡寫下了他的第一首懷鄉詩：

初發嘉州

朝發鼓闐闐，西風獵畫旃。
故鄉飄已遠，往意浩無邊。
錦水細不見，蠻江清可憐。
奔騰過佛腳，曠蕩造平川。
野市有禪客，釣臺尋暮煙。
相期定先到，久立水潺潺。

清晨的擊鼓聲聲，西風掠過畫旗。故鄉隨著船兒的飄蕩已漸行漸遠，我要去的地方無邊無際。**我在心中暗自期許，定要先於他人到達目的地，於是，我長久地站立在潺潺流水旁，靜待下一段旅程的開啟。**

整首詩雖然在懷戀故土，卻氣韻灑脫，豪情萬丈。

他就像是一個正在長大的孩子，要離開母親的懷抱。他們當時已經名動京師，前程大好，那個青年蘇東坡，正希望走得遠一點，站得高一點。他對外面的世界充滿了好奇和期待，大丈夫志在四方，豈可空老於林泉之下？

我想，所有立志離開故鄉，去追逐更大世界的人，也許都是這樣的想法。

十多年後，蘇東坡由杭州調往密州。臨行前，他在〈南鄉子．和楊元素〉中，給朋友留下了這樣一句話：

何日功成名遂了，還鄉。醉笑陪公三萬場。

那個時候，故鄉對蘇東坡而言，從一個遙遠的記憶，變成了一個未來的目標。一個他衣錦還鄉的願望。

人生重挫，開始想念故鄉

人到底什麼時候，才會真正開始懷念故鄉呢？遇到挫折。

烏臺詩案後，蘇東坡被貶黃州，雖然掛著虛職，但相當於一介平民。他需要面對的，是四十四歲以前都不需要考慮的生活溫飽問題。

朋友幫他申請到城東一塊廢棄的營地，曾經拿來寫千古文章的雙手，這一次，要拿來種田，討生活。他想起了故鄉眉山，倉廩充實，竹木繁茂，哪怕人群熙熙攘攘，大家的神情也是慢慢悠悠的。

故鄉濃重的生活氣息，喚醒了他對煙火氣的渴望。

來到黃州第四年的正月，蘇東坡見到了眉山老鄉巢谷，其字元修。老鄉見老鄉，兩眼淚汪汪。他們一開口聊的，就是他們都很喜歡的家鄉美食——巢菜。聽說巢谷就要回老家，蘇東坡還專門寫了首〈元修菜〉，托他回去帶包巢菜籽，他要在東坡種上。而且，他還用了足足一百八十個字，將巢菜長在哪裡、長什麼樣、要怎麼種、怎麼摘、怎麼煮，通通介紹了一遍。最後，他還擔心菜籽在來的路上，會因為不透氣而影響發芽，特別交代要「囊盛勿函封」，跟元修說：「你一定千萬絕對要用布囊裝！」

這時候，距離蘇東坡離開老家眉山，已經過去了十四年。故鄉，在他的印象裡，已經從那個曾想掙脫的懷抱，變成了一種具象的思念。

都說蘇東坡是吃貨，但如果有一天，你踏上眉山這片土地，也許就能明白，為什麼他會是個吃貨。

這座城市的煙火氣，實在令人難忘。

它的消費不高，但娛樂生活很豐富。我第一次在眉山三蘇祠拍攝結束時，正是下午六點，三蘇祠門口的大廣場上，百來人整齊劃一地跳起了廣場舞，那陣勢真是熱鬧非凡。一到晚上，東坡水街的火鍋店裡飄來陣陣香氣，水上圓形大舞臺幾乎天天有節目，水榭兩岸用餐觀禮的食客們隔空互動，整座城市像是變成了一個大型的聯歡晚會現場。

據眉山當地人說，四川少陽而多霧，所以一出太陽，許多眉山的小店老闆甚至會歇業一天，搬著凳子出門曬太陽，聊閒話。

這種煙火氣息延續了上千年，所以當理想碰壁的蘇東坡後退一步的時候，承接住他心靈的，就是他曾熟悉的煙火氣。

這種煙火氣裡，有熟悉的食物的味道，也有童年待過的小小屋簷、聽過的琅琅書聲。

故鄉眉山，是他精神最後的退路

黃州之後，當他再一次回到京城，回到廟堂之上，回到權力中心時，按道理說，他應該感覺能實現自己兒時的抱負了才對，可是我們去看他那個時期的詩詞文章，卻反而有許多懷念家鄉的句子。

比如有一天，蘇東坡做了一個夢。

在夢裡，他回到了眉山紗縠行老宅，他們兄弟倆讀書的來風軒。

夢南軒

元祐八年八月十一日，將朝，尚早，假寐，夢歸縠行宅，遍歷蔬圃中。已而坐於南軒，見庄客數人，方運土塞小池。土中得兩蘆菔根，客喜食之。予取筆作一篇文，有數句云：「坐於南軒，對修竹數百，野鳥數千。」既覺，惘然懷思久之。南軒，先君名之曰「來風」者也。

他常常會想起那座屋子，甚至晚年到了海南，聽見他的小兒子在屋裡讀書的聲音，都會讓他想起兒時，父親母親也是這樣，喜歡聽他們的琅琅書聲。

和陶〈郭主簿〉

其一

今日復何日，高槐布初陰。
良辰非虛名，清和盈我襟。
孺子卷書坐，誦詩如鼓琴。
卻去四十年，玉顏如汝今。
閉戶未嘗出，出為鄰里欽。
家世事酌古，百史手自斟。
當年二老人，喜我作此音。
淮德入我夢，角羈未勝簪。
孺子笑問我，君何念之深。

蘇東坡在眉山生活了差不多二十五年，可以說超過三分之一的人生都在這裡度過，除了後來兩次回鄉奔喪守孝，他離開以後就再沒有回去過了。但眉山這個地方，一直都活在蘇東坡的詩文裡，在他含有「夢」字的三百五十二首詩詞裡。

也許，故鄉眉山，對走出眉山的蘇東坡而言，是他心靈最後的退路。

三蘇祠裡有棵荔枝樹，是蘇東坡眉山老家的朋友蔡子華種的，就等著他哪天回來可以一起嘗嘗。一年一年過去，荔枝開花結果，他也兩鬢斑白。一直到他離世，這個心願都沒有完成。

寄蔡子華

故人送我東來時，手栽荔子待我歸。
荔子已丹吾髮白，猶作江南未歸客。
江南春盡水如天，腸斷西湖春水船。
想見青衣江畔路，白魚紫筍不論錢。
霜髯三老如霜檜，舊交零落今誰輩。
莫從唐舉問封侯，但遺麻姑更爬背。

蘇東坡再沒有回來。

但，我總覺得，或許自始至終，他就從未「離開」。

無論在什麼樣的境遇裡，故鄉好像一直都在，是心心念念的元修菜、荔枝樹，是在老宅裡的來風軒和書聲琅琅……在他的記憶裡，眉山也不「大」，只是些細碎的小事和具體的生活。但恰恰就是這些充滿煙火氣的瞬間，讓蘇東坡即便身處人生的低谷裡，也不至於心灰意冷。因為，總有個地方可以收留他。總有一個叫「眉山」的地方，是他心中尚未崩壞的淨土，保有最初意氣風發的少年。

年少時，我們總夢想要走遍全世界。但隨著你見過的風景越多，或許只有在短暫回憶故鄉的美好裡，才會覺得自己並不孤單。於是，直到最後才發現——

世界之大，眉山不過如此。

可世界之大，也不過一個眉山而已。

爺爺蘇序：這樣的爺爺，才能養出這樣的孫子

——最好的傳家寶是以身作則。

如果要我說，蘇東坡的性格最像誰，我覺得，可能不是他爹或者他娘，而是他爺爺。他爺爺去世時，蘇東坡只有十二歲。

他們之間的交集不算多，但當我們了解了他爺爺的故事之後，真的會有一種感受：**這樣的爺爺，才能養出這樣的孫子！**

樂善好施的曾祖父蘇杲

蘇東坡的曾祖父叫蘇杲，是眉山蘇家裡最有影響力的一支。所謂影響力，不是因為當了多大的官，也不是因為多有錢，而是因為他們淡泊、豁達、樂善好施的家風，為鄉親們所稱道。

從蘇洵寫的〈族譜後錄下篇〉裡可以知道，蘇杲因為善於理財，家道殷富，最初還是有點積蓄的。後來宋朝大軍破蜀，建都汴京，蜀國的達官貴人紛紛去都城買房子，重建家業。這一來，眉山這裡的房子和田地不就空了許多嗎？所以當時房價還比較便宜。

於是有人就勸蘇杲說：「趕緊占便宜逢低買進啊，以後可以炒高了賣！」

蘇杲不幹，他說了一句話：「我怕連累我的孩子。」

這句話聽起來可能有點莫名其妙，但看看接下來的這些故事，也許可以從中體會到一些什麼。

蘇杲總共生了九個兒子，但最後只活下來一個，就是蘇東坡的爺爺蘇序。他當然特別疼愛這個孩子，但他最後給孩子留下了什麼呢？兩頃薄田和幾間破房子。

你說不對啊，他不是之前挺有錢的嗎？

那些錢啊，都施捨出去了。

蘇杲曾經說過一句話：「如果我有多餘的錢財而不施捨出去，就一定會招來別人對我的算計。而如果施捨之後我又大張旗鼓地讓人知道，那別人會說我貪圖虛名。」

於是，蘇杲在臨死之前，幾乎沒有什麼財產留給孩子。

那至少留點人脈來幫助和關照一下孩子吧？也沒有。

據說蘇杲臨死的時候，他妻子問他：「我們孤兒寡母，你不把孩子託付給兄弟嗎？」蘇杲說：「孩子如果有出息，即便不是我兄弟也會親近他；如果他沒出息，即便是我的親兄弟也會扔下他不管的。」

所以，他最後留給孩子什麼呢？

一種言傳身教的東西：財散德聚，自強萬強。

爺爺蘇序，用平等心來對待

蘇杲這種為人處世的作風，延續到了他的兒子蘇序，也就是蘇東坡爺爺的身上。

而且我認為，蘇序做得比他的父親還要好。

雖然蘇杲最後留給蘇序的財富很少很少，但很奇怪，蘇家人好像一直都不缺錢，而且還有餘財。這證明他們的賺錢能力肯定是不錯的。

等到蘇序家裡的田地多了以後，他就學父親，把這些田地拿出去，接濟一些挨餓的窮苦人。

注意：他父親是送，他是賣。為什麼賣比送，要好呢？

因為，賣是一種平等的商業交易，如果白送，反而像居高臨下的施捨。

他肯定是以很低的價格賣給他們的，但這種給法又讓人維持了一種體面。而且，在糧食豐收以後人家要償還時，他卻選擇了拒絕。

他說：「我當時賣給你，不是為了接濟你，只是我有自己的考慮。」

你看，這又讓被幫助的人，內心不會產生被施捨的愧疚感。

其實有的時候，救助者這個角色是很「不對」的。你救助我，本質上會讓我自然而然地覺得自己是受害者，是要被接濟的，某種層面上就是加深了「你高我低」、「我們不平等」的這種觀念。

但蘇老爺子的這兩個舉動，其實是把人拉回平等的關係上來。

這是做善事的最高境界：用平等心來對待。

甚至對兒子，他也是一樣的平等。

以前讀《三字經》時，有這麼一句：蘇老泉，二十七，始發憤，讀書籍。

說的是誰呢？是蘇東坡的爹，也是蘇老爺子最小的一個兒子——蘇洵。

蘇洵小時候不願意讀應試書籍，簡直是個科舉考試中的「廢柴青年」。十九歲的時候娶了當地首富的女兒，都成家立業了，還是不好好讀書；孩子都生了，還是不好好讀書；母親都去世了，還是不好好讀書。

而且蘇家三個兒子裡，老二都中進士都當官了，要是平常家庭，肯定會天天對比：你看看你哥，再看看你！

但是蘇老爺子沒有。

別人都看不下去了，就一直跟老爺子說這件事。

你看老爺子怎麼說：「吾兒是一個還需要讓人擔心不學習的人嗎？」

這一句是多麼大的信任啊！

要有多麼大的平等心，才能放下對孩子的期待，不干涉，不評價，給予他如此巨大的空間去成長。

果不其然，蘇洵繼而奮起讀書，而且還教他兩個兒子蘇軾和蘇轍讀書，最後三個人成了唐宋八大家裡唯一的一家人。

不只是對晚輩、對不如他的人保持平等心，甚至對上級、對權威，蘇序也是一樣的。蘇洵對父親的印象是個性簡單，沒什麼架子，交朋友不論貴賤（是不是跟之前說到的蘇東坡交友很像？）。

而且他舉了一個例子，說老爺子啊，見到士大夫都非常恭順禮敬，一開始大家還以為他諂媚，但是看見他見到鄉村野老也這樣，才恍然大悟：這個人無論對上對下，態度都是一樣的。

那年，二兒子蘇渙中進士後被封了官。老爺子正喝酒呢，封官文書來了，官服、官帽、上朝用的笏板，都到了。哇，天大的榮耀啊！對眉山這個很久都沒出過一個科考人才的小地方來說，那絕對是祖先有保佑的事。

來報信的官員趕到的時候，到處找不到老爺子。人們問，老爺子去哪了？不應該在家裡張燈結綵，請客吃席，然後攜家帶口出來迎接嗎？

沒有，老爺子到郊外喝酒去了。

官員就騎馬噠噠噠趕到郊外。老爺子正喝酒吃肉呢，瞇眼一看：咦，來人了。再蹲在地上，攤開文書一看：咦，我兒子當官了。哈哈笑了兩聲，他把吃剩的牛肉拿官服一包，扔到袋子裡，騎著毛驢回家得意去了。

對上不諂媚，對下不孤傲。

蘇家有愛，才能始終平等、不斷給予

所以你就能明白，為什麼蘇東坡交朋友如此沒有門第之見，上可以陪玉皇大帝，下可以陪卑田院乞兒。

我覺得，這種平等心是蘇家骨子裡代代流傳的。

為什麼會有平等心？

我認為，是因為他們沒有匱乏感。

你會發現蘇家這幾代人，都是在一個極有愛的環境裡長大的，他們被人理解過，被人支持過，所以也樂於把這份理解和支持播撒出去。

並且，這種給予，是不求回報的。

但凡內在匱乏的人，所有給出去的東西，背後都有一個隱含的乞求：我對你好，是希望你也對我好。

只有內在沒有匱乏感，才會不求回報。他們的愛是自然外溢的，所以才能有平等心：我不諂媚權威，我也不求我幫助的人會來感激我，我甚至都不想讓他們知道我在幫助他們。也因為我沒有匱乏感，所以我能安住和滿足當下，多餘的錢，就給需要它的人，多餘的田地，也分給需要它的人。

所以，當我看到蘇東坡的祖先們是如何處世為人的之後，再看蘇東坡時，我真的有一種很強烈的感覺：高祖積德，乃有此子。

這已經不單純是原生家庭的事情了，而是歷經好幾代人最後植入到血液裡的東西。

這是一種家風，是由祖祖輩輩以身作則活出來的品格。

這些品質潤物細無聲地代代流傳，最終，所有的人都會因為身上流著這樣的血而感到無比榮耀。

父親蘇洵：看似陪伴最少，實則影響至深

——一個好父親，只需要成為他自己。

父親，是孩子的第一個英雄。這一篇來講講蘇東坡的父親——蘇洵。

唐宋八大家裡，蘇家就占了三個。蘇洵、蘇軾、蘇轍，一門三父子。而在這八位大家裡，蘇洵的「學歷」是墊底的，他並不像另外七個人，都考中過進士。他屢次科考都落榜，以布衣之身聞名天下，成為當時名士將相的座上賓。

蘇洵讓蘇東坡明白，世界之大

關於一個父親在孩子的生命歷程中該扮演什麼角色，我一直在思考這個問題，尤其是當自己成為母親以後，經常會看到大家在討論父愛缺乏這個話題。的確，很多男性忙於工作，真的很難抽出足夠時間來陪孩子，在這種情況下，一個好父親，可能會是怎樣的呢？

我在蘇洵身上，找到了一些答案。

在蘇東坡的童年時光裡，蘇洵經常在外遊歷，早期幾乎不在家，從某種意義上來說，兒時的蘇東坡的確是有點缺乏父愛的。可是我還是覺得，蘇洵是個好父親。如果沒有蘇洵給蘇東坡打的底，蘇東坡不一定能成為後來的蘇東坡。

我認為，他給蘇東坡打得最好的底，就是告訴他：世界很大。

《三字經》裡有一個關於蘇洵的典故，叫「蘇老泉，二十七，始發憤，讀書籍」。我們可能會覺得，蘇洵是不是以前都不讀書，到二十七了才醒悟啊？

其實不是。他不是不讀書，而是不喜歡讀「聲律、屬對之學」，就是科舉考試需要讀的那些應試類書籍。他從小自命不凡，那個時候他的父親蘇序健在，家裡還有點資產，於是呢，他就像早年的李白一樣，任俠天下，遊歷名山大川。

蘇洵這一輩連他在內，家裡一共有三個男丁，他上面還有兩個哥哥。其中二哥蘇渙很厲害，在蘇洵十六歲的時候，蘇渙就考中了進士。那個時候可不得了，小地方走出了位「大學霸」，大家都覺得這是家鄉的驕傲啊！當蘇渙以進士的身分得到官位回到眉州的時候，眉州的老百姓們都跑出來爭相觀看，盛況空前，大家都很興奮！自那以後，眉州求學的人一天天增加。這件事，也帶動了蜀地治學之風。

蘇東坡在文章〈蘇廷評行狀〉中是這樣記錄的：

> 聞之，自五代崩亂，蜀之學者衰少，又皆懷慕親戚鄉黨，不肯出仕。公始命其子渙就學，所以勸導成就者，無所不至。及渙以進士得官西歸，父老縱觀以為榮，教其子孫者皆法蘇氏。自是眉之學者日益，至千餘人。

按道理說，哥哥這麼優秀，作為弟弟肯定多少有點壓力吧！但蘇洵還是不愛讀書。其實在蘇渙中進士三年後，他也去考了一次，沒中。我找了他兩個版本的年表，那幾年他除了娶老婆生女兒，女兒夭折以後又生了一個兒子，就沒什麼其他的記載。成家、立業，按道理這對那個時期的男子來說，應該是頭等大事，更何況像蘇洵這樣自視甚高的人。可是那個時候，他還是看起來一事無成。

他生命中有以下幾個重要的節點。

他在給歐陽修的第一封信裡說：我二十五歲時，始知讀書，才知道開始好好學習。而在歐陽修給蘇洵寫的墓誌銘中，提到蘇洵到了二十七歲時：始大發憤，開始刻苦讀書。接下來十幾年，他考了兩回，屢試不中。

一直到三十九歲那年，他悉焚舊稿，把自己以前寫的幾百篇文章都燒了，然後做了一個驚世駭俗的決定：放棄科舉，絕意功名，自托學術。

哥們兒都快四十了，那個時候的蘇東坡也已經十二歲了，作為父親，不僅沒有世俗上的功名，還長年不在家。如果從這個角度上看，蘇洵實在不算是傳統意義上的好父親。但為什麼我說蘇洵對蘇東坡而言，還是很重要的呢？

因為童年蘇東坡的初始格局和胸懷，主要是父親奠定的。蘇洵當年東出巫峽，西越秦嶺，登峨眉，遊荊州，訪京城好友，與士大夫交遊，每次回到家以後，總會給蘇軾、蘇轍兄弟倆講外出的見聞。

可想像一下，稚氣未脫的兩個小孩，在白牆黑瓦下聽父親講外出的故事，描述這個小城之外的風景……蘇洵有一首詩特別好，叫〈憶山送人〉，他講述自己外出所見所聞：

少年喜奇跡，落拓鞍馬間。
縱目視天下，愛此宇宙寬。

我每次看到這首詩開頭的這四句，就會想到蘇東坡〈赤壁賦〉裡的「寄蜉蝣於天地，渺滄海之一粟」，雖然人的肉身之於天地而言是非常渺小的，但我們心靈卻可以裝得下整個宇宙。

蘇東坡早年送別朋友去京師前，給他寫了一首詩〈送宋君用遊輦下〉，裡面也說：

賴爾溪中物，雖困有遠謀。
不似沼沚間，四合獄萬鰍。
縱知有江湖，綿綿隔山丘。
人生豈異此，窮達皆有由。

要超越小溪，去往大江大海，哪怕前路蜿蜒曲折，也可以盡享人生窮達。那種開闊自由的胸襟，那種對世界的熱愛和探索，是父親早年給他種下的一顆種子。我不相信一個視野狹隘的父親，能養出一個心胸遼闊的孩子。

蘇洵對蘇東坡的影響還不僅僅是讓他明白世界之大，更賦予他生命意義和精神層次上的雙重廣闊。

我們剛說到，蘇洵三十九歲那年做的一個非常重要的決定，就是燒掉自己之前寫的文章，然後不再參加科舉，關起門來潛心研究學問。這是非常大膽而有魄力的一個舉動。

你想，他都快四十歲了，蘇東坡四十歲時寫的詞，都已經是「老夫聊發少年狂」，在當時，四十歲已經是「老夫」了。

打個不太恰當的比喻，就相當於我高考考了很多年沒考上，一直到人過中年還沒找到工作，然後我決定，四十歲歸零，人生從頭再來，讀書人要過的這一關我不走了，我要自學成才。

這得有多大的魄力啊！

蘇洵用了五六年的時間，潛心研究六經和百家學說，考證古今太平與動亂、成功與失敗，以及聖賢們的出仕與入仕，吸收涵養，得其精華，所以看他後期的那些文章，包括課本裡學過的〈六國論〉，且不深究他的政見如何，在論兵、論戰、論人才、論治國方略上，單看他的那種胸襟和氣魄：以布衣之身，謀天下之事，從歐陽修到張方平到雷簡夫，都讚嘆不已，說他堪稱王佐之才、帝王之師。

我們知道蘇軾、蘇轍兄弟倆是科舉路上出來的，但他們的父親沒有走這條路，卻也在學術上獲得了同樣的成功。

他用自己的經歷，向孩子們展現了人生的另一種遼闊。

我每次看蘇東坡的文章，不得不說，他有很多的洞見。可能一部分來自他的天賦，但我認為還有相當一部分來自他的父親。蘇洵的很多文章，他的觀點之於那個時代而言，都是非常新穎超前的。

比如當時的主流思想認為，士大夫應該義在前，利在後，要重義輕利，但蘇洵不這麼想。他的文章〈利者義之和論〉就認為義和利都要保證，如果只有大義而不滿足個體的基本利益訴求，那就是衛道士，最後只會危害國家。所以既要有強烈的道德感，又要有對個體利益的維護，這才兼具了德性和人性。

這個思想深深影響了蘇東坡，包括後期他跟王安石政見不合，就是因為他認為，「義」和「利」不是對立的，而應該是融匯和諧的。

父親是他們的第一個英雄

蘇洵這種既有大局觀，又有對微觀個體的生命關懷的觀點，對蘇東坡的影響是很深遠的。在蘇東坡早年的文章裡，就已經透出了他對人性豐富的捕捉。

十歲時，父親讓他寫〈夏侯太初論〉，他說：「一個勇敢的人，有勇氣摔碎價值連城的美玉，卻很可能被瓦盆的破裂聲嚇一大跳；敢於和猛虎搏擊，卻可能在野蜂毒蠍面前慘然失色。」

人能碎千金之璧，不能無失聲於破釜；能搏猛虎，不能無變色於蜂蠆。

我們今天說蘇東坡可愛，就是因為他是一個真實的「人」，是「真人」而非「聖人」，他身上有「人」的特質，很豐富，很鮮活。而這個初始的個性，和他的父親是絕對分不開的。

在今天眉山的三蘇祠裡，有一個木假山堂，據說當年那個木假山是蘇洵用昂貴的貂裘從一位溪邊釣魚翁那裡換來的。天然的楠木形成了逼真的三座山峰，蘇洵很喜歡，把它擺在家裡，還寫了一篇〈木假山記〉。

它就跟《莊子》裡頭提到的大樹一樣，看起來沒用，但無用之用，方為大用。它的姿態，象徵著一種不卑不亢的人格，一種正直高潔的情操。

看蘇軾和蘇轍這一生在浮沉之中所體現出來的品格，真的一點都沒有辜負他們的父親。而他們的父親雖然只活了五十八歲，真正陪伴他們的時間也只有不到二十年的人生後半程，但，他把自己活成了一座山峰。

他給他年幼的孩子們種下了一顆對世界充滿好奇的種子。他帶著他們走出這座小城，從岷江出發，去擁抱更廣闊的天地。他也用自己的格局、眼界、胸懷、洞見，給予孩子心靈空間的豐富和精神世界的遼闊。

蘇洵只需要把自己活到極致，這兩個優秀的孩子便會永遠記得，父親是他們的第一個英雄。

母親程夫人：為什麼她叫程夫人，而不是蘇夫人

——一個家庭的精神支柱，是母親。

一門三父子，都是大文豪，蘇洵、蘇軾和蘇轍是怎麼做到的？除了前面說的家風，我覺得還有一個非常重要的原因，就是因為這三個男人的背後，站著同一個女人，一個特別了不起的女人。她是蘇洵的妻子，蘇軾和蘇轍的母親——程夫人。

如果你今天去四川眉山，會發現眉山有四大主題公園，蘇洵、蘇軾、蘇轍各自一個，第四個就是程夫人的。而且很有意思，你看人們叫她程夫人，而不是蘇夫人。

這些都證明了，即便在那個封建的時代裡，她也有著超乎丈夫和孩子的，能獨立被人銘記和讚頌的品格。

獨立的巨富之女程夫人

按照司馬光給程夫人寫的墓誌銘來看，程夫人家境是很好的。她是眉山巨富、大理寺丞程文應的女兒，十八歲嫁給蘇洵。當時程家很富有，蘇家很一般。至於程家到底是怎麼看上蘇家的，是不是像司馬相如和卓文君那樣，我查了很多資料，都沒找到確切記載。

我猜測可能是因為眉山蘇家的確有很好的家風，在當地非常有名望和影響力，要不然程家怎麼願意把女兒嫁給並不富裕的蘇家？沒道理啊，程家又不傻。其中一定有比財富更被人看重的東西，很有可能就是這個家的家風和名望。

程夫人嫁過來以後，因為娘家很有錢，很多人猜測她會不會因此傲慢。結果完全沒有，她不僅不傲慢，也不埋怨。有人問她：「你家裡這麼有錢，憑藉你爸媽對你的疼愛，假如你去找他們資助，應該不會不答應。為什麼你甘心跟著蘇家過苦日子呢？」

她說：「是的，如果我去請求父母，他們的確會答應。但我不想讓人覺得，我丈夫是個向別人求取財物來養活妻兒的人。」

這跟卓文君就完全是不一樣的境界了！

你還記得嗎？卓文君當年跟司馬相如結婚以後，兩個人也是窮得很，他們是怎麼做的呢？開一家酒店，卓文君當街賣酒，司馬相如則穿著大短褲在跑腿洗碗，而且還大張旗鼓地讓人知道。卓文君的「土豪」爹最後臉上掛不住了，只好分給他們家奴一百人，錢一百萬，還有其他嫁妝一大堆，讓他們實現了一夜暴富的願望。

相比之下，程夫人就顯得獨立很多。她嫁人後就幾乎沒從家裡拿過錢。

那麼問題來了，他們夫妻倆怎麼過生活呢？可能我們會想：啊，那就靠老公努力唄。

倒楣的是，程夫人遇到的這個老公蘇洵，在當時簡直是個「廢柴青年」。

看見蘇洵性格底色、並堅持相信的程夫人

來看看蘇洵的簡歷：

八歲，開始讀書，學習斷句和作詩文，還沒學會，就直接放棄了。

八歲到十九歲，立志當少年「旅行部落客」，拿著老爹給的錢，到處旅遊和交朋友。

十九歲，娶了老婆，就是程夫人。

二十歲，程夫人生了一個女兒，但孩子不久就夭折。這時候蘇洵還是「吊兒郎當」。

二十四歲，蘇洵的母親病故。蘇洵……還在「吊兒郎當」，不讀應試書，也沒工作。

二十五歲，程夫人生了第二個女兒。欸，蘇洵開始有點想要讀書的感覺了。

二十六歲，程夫人生了大兒子景先。蘇洵想要讀書的感覺似乎不太強烈。

二十七歲，程夫人又生了一個女兒，八娘。天哪，程夫人一直在生。

二十八歲，程夫人又生了一個兒子，就是蘇東坡。

也是這一年，蘇洵入京參加禮部貢舉科考，然後落榜了。

他開始痛自檢討，然後翻開自己的舊作，發現：天哪，我寫的都是什麼！一把火燒了！然後立志，從今以後，要閉門謝客，好好讀書！啊，你會說，蘇洵終於開化了！程夫人苦盡甘來了吧！

我們來看司馬光給程夫人寫的墓誌銘。

蘇洵慷慨激昂地跟她說：「老婆，我想通了！我覺得自己還是可以發奮讀書的！我決定要花好幾年去讀書了！但是全家依賴我生活，如果我去讀書，沒錢養家怎麼辦？」

設身處地地想一下：兩個人結婚快十年，我從嫁進門就沒過過一天好日子，我捨棄了我的富家生活，為你操持家務，為你生了一堆孩子，你啥也沒幹，不讀書，也沒個正經功名，十年後你覺醒了，說要讀書了，然後說你不養家了，問我怎麼辦?!

換作是我，我肯定說：「滾！」

可是你看程夫人怎麼說：「我很早就想說這件事了，只是不想讓你認為，你是因為我才去求學的。你如果有志向的話，那就讓我來養家吧！」

這兩句話裡太有大智慧和力量了。

她說的是：我很早就想和你說，但我沒說，我不希望你因為我才讀書。

如果是平常夫妻，一定是：你怎麼還不怎麼怎麼樣，我怎麼這麼倒楣嫁給你，你就算為了這個家，也應該怎麼怎麼樣！

但她沒有。即便她想說這句話很久了，也只是在等他開口，等他自己願意。她不希望強加自己的任何意願給對方。

看到這裡，我想你可能會覺得這個女人太傻、太隱忍、太軟弱了吧？

可就像前面說到的，蘇洵的爸爸，蘇序老爺子，也是這樣「縱而不問」的。

我相信，無論是蘇老爺子還是程夫人，他們一定是看見了蘇洵「吊兒郎當」的背後，那種性格的底色，那個宏大的志向。他們相信這塊頑石磨礪之後，會是一塊寶玉，所以他們願意等待，願意給出巨大的空間。

如果說，程夫人對丈夫一點怨言都沒有，我想，可能太過理想化了。但有一點至少是非常了不起的，那就是：

哪怕你這個時候才幡然醒悟，我到你人生的動力，我都願意給出我的接納、我的支持。並且，是行動上的支持。

沒人養家，我來養。

而且，程夫人絕對不傻，也絕對不軟弱。沒幾年，人家居然真靠做生意成了一個富裕的家庭。甚至，蘇家在紗縠行的宅子，還是程夫人賺錢買下來的。

此等女子，的確是天下難找。

當蘇洵幾年之後成了大儒，又去當「旅行部落客」，到處結交「大KOL」了，程夫人也沒有任何怨言，甚至承擔起了教子讀書的責任。

她跟蘇軾、蘇轍兄弟倆說：「你們讀書，不應該只是效仿同輩人，只知道自己是個讀書人。」

她希望他們能有更宏大的志向、更堅毅的內心。

她常拿一些有名節的古人來勉勵他們。

《宋史．蘇軾傳》裡講過一個故事，說程夫人有一次跟蘇東坡兄弟倆講《後漢書》裡的〈范滂傳〉。范滂為人正直，為百姓謀福，但因捲進東漢末年黨錮之禍，被人誣陷致死。臨刑前，他跟母親告別說：「兒子今天要離開您了，希望您老人家不要過於悲傷。」

范滂的母親擦乾眼淚說：「人都是要死的，名譽和長壽，二者不一定能兼得，你今天選擇了名譽，獲得了一個好名聲，我還有什麼好悲傷的呢？」

程夫人講完這個故事，闔上書本，不禁慨然嘆息。

這個時候，蘇東坡問了他母親一句話：「母親，我想成為范滂那樣的人，可以嗎？」

程夫人說：「你能做范滂那樣的人，我難道就不能做范滂母親那樣的人嗎？」

好一個俠肝義膽、有氣量有心胸，也有承載力的母親！

根植在家族裡的正直性格

之前在蘇序篇裡講到，這個家族身上，好像沒有匱乏感，不僅自己多餘的東西，可以隨手散出去，而且所有的便宜，一概不占。

說到蘇杲不占房子降價的便宜，其實蘇東坡母親也是一樣的。

當年，程夫人在紗縠行開布帛鋪子時，發生過一件事。兩個丫鬟熨燙布帛時，踩陷了地面，陷洞深數尺，往洞裡一看，有一個罐子，罐子上蓋著一塊烏木板。烏木是名貴木材，所以大家猜想，罐子裡多半有寶貝。丫鬟正要打開時，蘇東坡的母親程夫人及時喝止了她們。她讓人把東西重新埋回去，說：「這不是屬於蘇家的東西，誰都不准去挖。」

蘇東坡很好奇到底是什麼，想打開看，可想到母親不讓，就沒敢動手。

後來，他任鳳翔府簽判，遇到了同樣的事。他在自家院子裡發現一棵下雪天卻不積雪的大柳樹，懷疑樹底下是古人藏丹藥的地方，正想挖開證實一下，可是他的妻子王弗卻說：「如果婆婆還健在，一定不會挖開的。」

這輕描淡寫的一句話，就讓蘇東坡慚愧不已。

他把這個故事記錄了下來，警醒自己，勉勵後人。

一直到很多年以後，蘇東坡寫〈赤壁賦〉，裡面有一句非常經典的話：

且夫天地之間，物各有主，苟非吾之所有，雖一毫而莫取。

蘇東坡知道，天地之間，萬物各有主宰者，不是我們應該有的，即使一分一毫，也不能求取。這些根植在他內心的性格，其實是他的祖輩，他的原生家庭，以身作則流傳下來的品質。

家族裡的柔軟力量、承載力量

程夫人的故事講完了，說到這裡，可能會覺得這種識大體明大義的女人，幾乎不可能找得到，甚至會覺得，不說別的，先給我來個同款兒子，再來個潛力股老公，我也能活成程夫人這樣！

但這樣想的話，或許有些因果倒置。如果今天去深究三蘇為什麼能成為三蘇，除了他們本身就有極聰慧的頭腦，又繼承了很好的家風，其實還有一個很重要的原因，那就是他們背後站著一個極有承載力的女人。

這個女人從來不想：憑什麼該我承受這麼多？她也從來不說：你為什麼不能為了我怎樣怎樣？她這輩子只做了一件事，就是支持。支持她的丈夫，她的孩子，她的家。

我們今天講女性獨立，的確有一種方向是，女人應該要有事業，要變強，甚至要比男人還強，這是一種剛性的力量，有其好的一面。

但我在想，是不是也有另外一種選擇，是有人願意做那個柔軟的力量、承載的力量。就像是土壤承載大樹那樣，給大樹源源不斷生長的動力和養分。

即便她並不站在臺前，並不像大樹一樣耀眼，但人們依然會忍不住讚嘆，既讚嘆大樹偉岸的身軀，也讚嘆大樹腳下的土地。

我想，這才是她之所以叫程夫人，而不叫蘇夫人的緣故吧。

弟弟蘇轍：有這樣一個弟弟，一生都不會孤獨

——比血緣更親的，是心緣。

要講蘇轍了。

明明唐宋八大家蘇家有三位，但風頭好像都被蘇東坡一個人占了。實際上，蘇轍的光芒一點都不遜色於哥哥。

當年兄弟倆進京趕考的時候，父親蘇洵專門帶他們去拜訪了當時成都的主政官張方平，張方平出題考了兩兄弟，然後評價：

皆天才，長者明敏，尤可愛；然少者謹重，成就或過之。

他說中了，弟弟蘇轍最後在政治上取得的成就真的比哥哥要高。宋哲宗時期，蘇轍從一個小縣令當到尚書右丞、門下侍郎，相當於副宰相。南宋何萬在〈蘇轍覆謚議〉裡寫到，他為政期間，上能安邦定國，使朝廷有賢臣，邊境得太平；下能一心為民，使百姓安居樂業，君子交相稱讚。

其實蘇東坡也一直覺得弟弟的文采比自己好，只是弟弟較低調，所以世人總是誤解說弟弟不如他。這句話也得到蘇東坡的學生秦觀的認同，他說：「老師說得對。」**就是這樣一位才幹和文采都不輸給哥哥的蘇轍，卻甘願為了哥哥遮斂自己的鋒芒，做哥哥堅定的追隨者。**

你看他們的字：

下頁上方那張圖是蘇東坡的，下方那張是蘇轍的，像不像？連字都能看到哥哥的痕跡。網上總結蘇轍的一生，就兩個字：兄控。

其實挺準確的，形容得也很有趣。但如果把這兩個字展開來說，這對兄弟的情感其實是非常動人的。

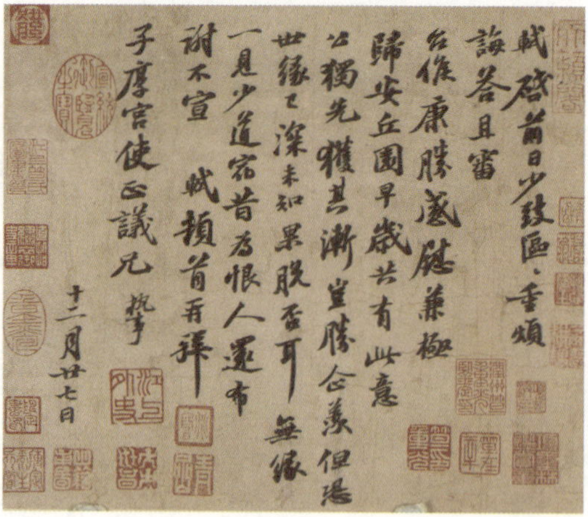

▲〈歸安丘園帖〉〔北宋〕蘇軾／臺北故宮博物院藏

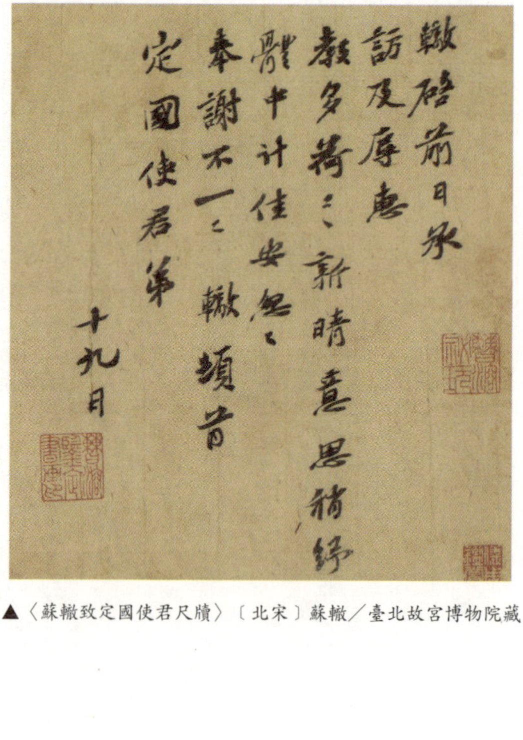

▲〈蘇轍致定國使君尺牘〉〔北宋〕蘇轍／臺北故宮博物院藏

一生相隨的兄弟情

從出生日期來看，蘇東坡是一〇三七年一月八日，蘇轍是一〇三九年三月十七日，他們真實的年齡差只相差兩歲多。

蘇轍從小就跟在蘇東坡屁股後面玩。他們和外婆家的表兄弟們一起爬到樹上摘橘子，到山上撿松果。他跟他哥讀同一個學堂，後來也跟他哥一起，在家接受父親蘇洵的教育。跟著父親出川進京，參加科舉，同榜登科，三年後又同樣參加制科考試，名動京城。

在人生前二十多年的時間裡，這對兄弟一直形影不離，直到制科考試之後，蘇東坡接到去陝西鳳翔赴任的詔令，這對兄弟才第一次經歷了別離。

明明是仕途的開始，蘇東坡卻怎麼也開心不起來。他騎著馬，視線跟著馬的行走高高低低搖晃，他回頭遠遠看著弟弟蘇轍，弟弟的帽子在他視線裡，好像也高高低低若隱若現著。他用一首詩非常深情地記錄這一次別離，這首詩也開啟他們兄弟間幾十年的通信。

他在詩裡對弟弟說：我惦記著你這麼冷的天還穿得這麼少，大晚上自己騎馬回去，不知道會不會凍著。我知道人生總有離別，只是害怕白駒過隙人世無常，不知道什麼時候我們才可以實現一盞寒燈、夜雨對床的承諾？君知此意不可忘，你千萬不要忘了呀。

辛丑十一月十九日，既與子由別於鄭州西門之外，馬上賦詩一篇寄之

不飲胡為醉兀兀，此心已逐歸鞍發。
歸人猶自念庭闈，今我何以慰寂寞。
登高回首坡壟隔，但見烏帽出復沒。
苦寒念爾衣裘薄，獨騎瘦馬踏殘月。
路人行歌居人樂，童僕怪我苦淒惻。
亦知人生要有別，但恐歲月去飄忽。
寒燈相對記疇昔，夜雨何時聽蕭瑟。
君知此意不可忘，慎勿苦愛高官職。
自注：嘗有夜雨對床之言，故云爾。

夜雨對床，這個典故出自唐朝詩人韋應物的詩句，說的是感情深厚的親人重新相聚，哪怕外面風雨交加，也能安心對床而眠。

這也是他們兄弟倆在制科考試之前，寓居在京城的懷遠驛時，在那個風雨大作的夜晚，在那個他們都還前途未卜的時刻，彼此許下的約定：**功成身退，夜雨對床**。**從此這個承諾貫穿了他們間幾十年的通信，宦海沉浮，人世滄桑，他們始終如一**。

如果翻開蘇東坡的人生軌跡，就會發現他仕途中大部分的時間都是被外放做官的，而每換一個地方，他總要繞道，擠出時間，去看望弟弟。

雖然聚少離多，但兄弟之間的通信卻一直沒有中斷過。

子由是蘇轍的字，蘇東坡一生光是以「子由」為題的詩詞，就超過了一百首，更不用說還有往來的文章、信札等。

這些文字裡，有直接的思念──〈潁州初別子由二首（其二）〉：

近別不改容，遠別涕沾胸。咫尺不相見，實與千里同。

有新發的感悟──〈論修養帖寄子由〉、〈與子由弟十首（其二）〉：

任性逍遙，隨緣放曠，但盡凡心，別無勝解。以我觀之，凡心盡處，勝解卓然。

如人飲水，冷暖自知。死生可以相代，禍福可以相共，惟此一事，對面相分付不得。

有很多瑣碎的事，比如我最近做了什麼菜——〈與子由弟十首（其七）〉：

骨間亦有微肉，熟煮熱漉出（不乘熱出，則抱水不乾）。漬酒中，點薄鹽炙微燋食之。終日抉剔，得銖兩於肯綮之間，意甚喜之。如食蟹螯，率數日輒一食，甚覺有補。

有什麼酒的配方，還有一服藥很管用我寫給你——〈寄子由三法・藏丹砂法〉：

草藥是覆盆子，亦神仙所餌。百日熬煉，草石之氣，且相乳入。每日五更，以井華水服三丸。服竟，以意送至下丹田，心火溫養，久之，意謂必有絲毫留者。積三百餘服，恐必有刀圭留丹田。致一之道，初若眇昧，久乃有不可量者。兄老大無見解，直欲以拙守而致神仙，此大可笑，亦可取也。

還有我什麼時候會去看你，你什麼時候要來看我……

甚至，當蘇東坡第一次外放杭州，當了杭州通判以後，三年都沒有調動，卻因為蘇轍任職濟南，他便上書朝廷，請求調任密州，原因僅僅是這樣可以離弟弟近一點。

剛到密州的時候，蘇東坡非常不習慣，因為各方面物質條件都比不上原來在杭州的時候。幾年後，他把一座廢棄的高臺重新修建了一下，要起名時，就寫信給弟弟，說：「這個名字你來起。」

蘇轍為此專門寫了一篇賦，在序言里引用了老子的話：「雖有榮觀，燕處超然。」就叫它「超然臺」吧。蘇東坡有一篇很有名的〈超然臺記〉，講的就是「超然」二字對他人生境界的昇華。不得不說，弟弟蘇轍，是懂他的。

對哥哥關照更多的蘇轍

密州的時光，是蘇東坡人生前半段文學創作的一個小高峰。「十年生死兩茫茫」、「老夫聊發少年狂」、「且將新火試新茶。詩酒趁年華」，包括我們都非常熟悉的，那首專門寫給弟弟蘇轍的千古名詞〈水調歌頭（明月幾時有）〉，都集中創作於密州時期。

可惜好景不長，蘇東坡調任湖州以後，烏臺詩案就發生了。那是蘇東坡第一次感覺自己離死亡這麼近。詬辱通宵，一百三十天暗無天日的牢獄之災，在那個最絕望的時刻，他想起的人，還是弟弟。

他托獄卒把自己寫的兩首詩帶出去給弟弟，第一首讀來真是字字泣血：

予以事繫御史臺獄，獄吏稍見侵，自度不能堪，死獄中，不得一別子由，故作二詩授獄卒梁成，以遺子由

其一

聖主如天萬物春，小臣愚暗自亡身。
百年未滿先償債，十口無歸更累人。
是處青山可埋骨，他時夜雨獨傷神。
與君今世為兄弟，又結來生未了因。

那一刻，他還記得夜雨對床的承諾。**他對弟弟說：「我可能得先走一步了，我怕你想起這個承諾會獨自傷神。今生我們有幸成為兄弟，希望來生能把這份緣再續下去。」**

蘇轍收到信後，心都要碎了。他上書哀求皇帝，說願意把自己的官職全部交還，當一個平民，只求能換回哥哥的一條命。

後來的故事我們也都熟悉了。蘇東坡大難不死，被貶黃州。但我們不一定知道的是，弟弟蘇轍也受到牽連，被貶江西。當蘇東坡被衙役押著一路往黃州走的時候，他的一家老小十幾口人，全都託付給了弟弟蘇轍。等蘇轍到了江西，安頓好家人，他都來不及喘口氣，又得護送哥哥一家老小去黃州。

輯二裡講到，蘇轍一行到達黃州的那一天，蘇東坡起了個大早，趕到離黃州二十多里地的巴河口去迎接他們。他寫了一首〈曉至巴河口迎子由〉，裡面有一句：「餘生復何幸，樂事有今日。」一劫後重生，親人復見，這是蘇東坡出獄以來最開心的一天。

這對兄弟非常難得的一個點，就是他們的仕途幾乎是同進退的。而且從某種程度上說，蘇轍對哥哥的關照，還要更多。

每當哥哥沒錢的時候，哪怕自己生活條件也不好，蘇轍都會拿出錢來資助哥哥。蘇東坡被貶惠州時，窮得路費都湊不出來，還是蘇轍傾其所有，資助了哥哥七千貫錢。

哥哥是個不拘小節的「熱心市民」，每次被貶到一個地方，都要為民辦好事，甚至不顧自己已經窮得不行的事實。

他當年在杭州修了個蘇堤，後來去惠州時，也幫惠州人民修建了個堤。修堤要很多錢啊，當地政府都拿不出來，於是蘇東坡就把當年皇帝賞賜的犀帶也捐了出來。這還不夠，於是他就寫信給當時被貶到江西筠州的蘇轍，希望弟弟也掏錢出來。不僅如此，他還動員弟媳婦把當時皇帝賞賜的黃金也拿出來。

要知道，蘇轍也是窮的，那些財產，幾乎就是蘇轍一家開銷的來源。但是蘇轍二話不說，全部捐了——哥哥要做什麼，我都支持。

有時候我會覺得，蘇轍更像一個哥哥。

一生兄弟情，至死仍相伴

在蘇東坡被貶海南，即將要過海之前，這兩兄弟見了人生中的最後一面。當時他們酒喝多了，蘇東坡的痔瘡舊病發作，怎麼都睡不著。蘇轍也是一夜未眠，他反覆吟誦陶淵明的〈止酒〉詩，勸哥哥戒酒。後來，蘇東坡真的戒酒了。

蘇東坡曾經在寫給友人的詩裡說：

我年二十無朋儔，當時四海一子由。

放眼四海，我就只有弟弟啊。

一直到臨終，他還在對身邊人說：

惟吾子由，自再貶及歸，不復一見而訣，此痛難堪。

我唯一的遺憾，就是沒見著弟弟，此痛難堪。

北歸途中，在寫給蘇轍的書信裡，他把自己的身後事交給了弟弟。他說：「我死以後，喪事從簡，不要破費。」他還在信的最後寫了一句話：

千萬勿相念，保愛保愛！

蘇東坡去世以後，蘇轍賣掉了自己的部分田產，不僅資助了哥哥的孩子，而且還把他們一大家人都接到身邊，宋人筆記記載「二蘇兩房大小近百餘口聚居」，都住在一起。

多年後蘇東坡生前在海南培養的第一個舉人姜唐佐來看望蘇轍。當年姜唐佐要去考試前，蘇東坡寫了一首詩送給他，詩沒寫完，蘇東坡說：「若你考上，我就把後面寫完。」

蘇轍看到哥哥留下的詩，放聲大哭，寫下〈補子瞻贈姜唐佐秀才〉。

我替我哥把這篇補上。

蘇轍為蘇東坡寫了好幾篇祭文，〈祭亡兄端明文〉、〈再祭亡兄端明文〉，他說：

昔始宦遊，誦韋氏詩。夜雨對床，後勿有違。

蘇轍死後，被葬在了哥哥身邊。

他們兄弟在此生結束之後，終於完成了「夜雨對床」的約定。

《宋史・蘇轍傳》裡是這麼評價這對兄弟的：

轍與兄進退出處，無不相同，患難之中，友愛彌篤，無少怨尤，近古罕見。

這個故事講完了。我很感動。

蘇東坡是幸運的，他擁有這樣一位骨肉至親，親的不只是血緣，還有心靈。

有這樣一個弟弟，一生都不會孤獨。

蘇氏家風：你相信這個世界是有限的，還是無限的

——為什麼我們現在很需要家風？

還是要有家風。

隨著年齡增大，我越來越有這樣強烈的感受。

當看到輯三要結束的時候，回顧蘇杲、蘇序、蘇洵、程夫人和蘇轍，這四代人身上似乎有一種共同的氣質，它們形成了蘇家的人格底色。

我想，這個本身很抽象，但是又真實可感的東西，也許就叫：家風。

你想留給孩子何種價值觀？

有一次，我在朋友中問了一輪：「你們對『家風』這兩個字感興趣嗎？」

結完婚的人說感興趣，覺得家風很重要。

沒結婚的人說沒感覺，而且覺得這兩個字聽起來有點老氣。

我說：「那換個說法，當我們有孩子，假設某一天要離開這個世界，在這個關鍵時刻，要留給孩子一句話，讓他以後能更好地活在這個世界上，你建議我跟他說什麼？」

有小夥伴跟我說：「你跟他說銀行卡密碼啊！」

是的，錢是很重要。但是錢，也會花光的呀。

就像前面講到蘇東坡的曾祖父蘇杲的故事，他把多餘錢財都施捨出去了，直到臨終時，留給兒子蘇序的，就是兩頃薄田和幾間沒有修葺過的破房子。

在他看來，如果孩子自己有出息，別人都會親近他，他也能自己養活自己；但如果沒有出息，錢財會花光，即便託付給自己的親兄弟，也會被扔下不管。

所以，我們到底能留給子女什麼呢？

我想，能留下的一定是某種信念感，某種價值觀。

其實所謂「家風」，說的就是這個信念感，這個價值觀。它應該是一種精神動力，是一個人活在這世上的立身之本。

家風就是看待這個世界的態度

那麼，培養出一門三大文豪的蘇家，他們的家風，到底是什麼？

我查過一些資料，甚至看到蘇氏有一脈後人，曾經寫過非常長的一段關於蘇家家風的論述，比如樂善好施啊，忠君愛國啊，用了很多這種具有共同價值的詞。但我總覺得，這些都還不夠深刻。

家風不僅僅是一種行為，而且是潛藏在這種行為背後的，一個更底層的價值理念，是他們看待這個世界的態度。

正因為他們內心根植這樣的價值觀，所以才會做出這樣的動作。

比如說「樂善好施」。這四個字看起來好像只是一個行為，似乎也並不難做，但是要從心裡認可這個動作，並且由心而發地去做，卻是極難極難的。

在蘇序那一節裡講到，蘇杲和蘇序對貧苦百姓的接濟。

蘇杲是贈予，並且做好事不圖名聲，這已經很了不起了；但蘇序，用了一種更加具有平等心的方式——他用很低的價格把田地賣給挨餓的窮苦人，並且拒絕別人的償還。他說：「我當時賣給你，不是為了接濟你，只是我有自己的考慮。」這就讓被接濟的人內心沒有愧疚感，維持了對方的體面。

所以，即便是「樂善好施」這四個字，不同的發心也會有不同的境界。到了蘇東坡這一代，就做得更灑脫了。老一輩們是把自己多餘的錢財散出去，而蘇東坡，是即便自己沒有錢財，都會想盡各種辦法來幫助別人。

蘇東坡被貶黃州那幾年裡，當地有一年暴發瘟疫。有個叫巢谷的老鄉，剛好來黃州看他。巢谷有一劑「聖散子」藥方，對治療這個傳染病很有用。巢谷本對藥方祕而不傳，只因與蘇東坡是至交，才把方子告訴他，並要他指著江水發誓，說不可透露給任何人。

蘇東坡發誓了。可是眼看著瘟疫越來越嚴重，蘇東坡耐不住了。他不顧自己曾經發過的誓言，把這個方子公布出來，救了很多人。後來蘇東坡主政杭州，在杭州發生瘟疫時再次拿出這個方子，他在文章裡寫：

聖散子主疾，功效非一。去年春，杭之民病，得此藥全活者，不可勝數。

包括被貶惠州的時候，他也發揮了自己治水大師的才能，幫惠州西湖修了兩橋一堤。他甚至還改進了廣州城的供水計劃，寫了一份非常完整的方案，包括修建方法、修建預算、初期經費來源、運營經費來源、維修方法等等。

他把這份完整的方案告訴了當時的廣州太守。

惟蒲澗山有滴水岩，水所從來高，可引入城，蓋二十里以下爾。若於岩下作大石槽，以五管大竹續處，以麻纏之，漆塗之，隨地高下，直入城中。又為一大石槽以受之，又以五管分引，散流城中，為小石槽以便汲者。不過用大竹萬餘竿，及二十里間，用葵茅苫蓋，大約不過費數百千可成。然須於循州置少良田，令歲可得租課五七千者，令歲買大筋竹萬竿，作筏下廣州，以備不住抽換。又須於廣州城中置少房錢，可以日掠二百，以備抽換之費。專差兵匠數人，巡覷修葺，則一城貧富同飲甘涼，其利便不在言也。

每竿上，須鑽一小眼，如綠豆大，以小竹針窒之，以驗通塞。道遠日久，無不塞之理。若無以驗之，則一竿之塞，輒累百竿矣。仍願公擘畫少錢，令歲入五十餘竿竹，不住抽換，永不廢。僭言，必不訏也。

有錢全出，沒錢出力，即便自己已經不在其位，依然是「熱心市民」。

開放的心態看待世間萬物

前幾篇可能只講到蘇東坡和他的家人做了很多好事，但為何他們都這麼熱衷於給予和奉獻呢？那個背後的信念是什麼？我後來發現，那是一種「打開」的能量。

這裡面其實涉及一個很關鍵的問題，就是你看待這個世界的角度：

你相信這個世界是有限的，還是無限的？

這是兩種不同的觀念。

如果你覺得這個世界是有限的，那相信的就是「叢林法則」。叢林意識，是比較，是爭奪，是弱肉強食的遊戲，你得藏著自己，保護自己的東西不被別人搶走。

但如果你相信這個世界是無限的，那就是「花園法則」。花園意識是開放，是自我欣賞與相互欣賞，是允許生命的多樣性。

而蘇東坡這一家，你會看見他們的能量閥門是敞開的，當你給予出去，那個能量自然流動起來，而這個時候散出去，也是為了騰挪出位置，讓別的好東西進來。

比如，這個世界的溫暖和善意。所以，蘇東坡才會覺得「嶺南萬戶皆春色，會有幽人客寓公」。他才會覺得「眼前見天下無一個不好人」。

於是，我們才會看見他在〈赤壁賦〉裡說：

且夫天地之間，物各有主，苟非吾之所有，雖一毫而莫取。

天地萬物各有主人，我們沒有擁有權，哪怕是我們的財富，也僅僅只是此刻屬於我們，不是我們永遠能擁有的。但是——

惟江上之清風，與山間之明月，耳得之而為聲，目遇之而成色，取之無禁，用之不竭，是造物者之無盡藏也，而吾與子之所共適。

這些都是造物者恩賜的無窮無盡的寶藏啊！我們雖然沒有擁有權，我們無法擁有，但此刻，我們可以盡情享用。

我想，正是因為相信這個世界是無限的、開放的，正是因為這個底層的信念，才讓蘇家人如此沒有匱乏感。多餘的錢財，散出去；能幫助這個世界的能力，用出來。

蘇家這幾代人，收穫了太多的尊敬、善意、友好、歡樂，這是比財富、田地、功名更珍貴的東西，是擁有它們都換不來的幸福感。

我想，這就是「人生緣何不快樂，只因未讀蘇東坡」的緣故。

他的快樂，是開放的，是靈活的。

我想，這才是他們家的家族信念，是根植在他們內心、發散到他們行為裡的東西。

所以說，家風可能真的不是某一種行動，或者束之高閣、寫在牆上的口號，而是一種底層的價值觀，這樣它才能成為一個家族代代傳承的立身之本。而隨著後代不斷地去踐行它，慢慢地，它會成為這個家族的魂，成為這個家族的血統，成為這個家族的精神圖騰。

在輯三結束之際，有個小問題想問你。其實，也是在問我自己——

如果今天，你要給你的下一代寫一句話，它能成為你們家的家風，能成為你的孩子在這個世界上的立身之本，那麼，你會寫什麼？

【輯三】資料出處

1 【北宋】蘇軾〈范文正公集敘〉、〈初發嘉州〉、〈南鄉子・和楊元素〉、〈夢南軒〉、〈和陶〈郭主簿〉其一〉、〈寄蔡子華〉、〈蘇廷評行狀〉、〈送宋君用遊輦下〉、〈夏侯太初論〉、〈記先夫人不發宿藏〉、〈赤壁賦〉、〈答張文潛縣丞書〉、〈辛丑十一月十九日，既與子由別於鄭州西門之外，馬上賦詩一篇寄之〉、〈潁州初別子由二首（其二）〉、〈論修養帖寄子由〉、〈與子由弟十首（其二）〉、〈與子由弟十首（其七）〉、〈寄子由三法・藏丹砂法〉、〈予以事繫御史臺獄，獄吏稍見侵，自度不能堪，死獄中，不得一別子由，故作二詩授獄卒梁成，以遺子由〉、〈與子由弟・北歸〉、〈聖散子後敘〉、〈與王敏仲〉

2 【北宋】蘇洵〈族譜後錄下篇〉、〈憶山送人〉、〈上歐陽內翰第一書〉

3 【北宋】蘇轍〈超然臺賦〉、〈祭亡兄端明文〉、〈再祭亡兄端明文〉

4 【北宋】歐陽修〈故霸州文安縣主簿蘇君墓誌銘並序〉

5 【北宋】張方平〈文安先生墓表〉

6 【北宋】雷簡夫〈上張文定書〉

7 【北宋】司馬光〈武陽縣君程氏墓誌銘〉

8 【北宋】何薳《春渚紀聞》

9 【北宋】秦觀〈答傅彬老簡〉

10 【南宋】何萬〈蘇轍覆謚議〉

11 【元代】脫脫等人《宋史・蘇軾傳》、《宋史・蘇轍傳》

輯四

感慨

三段情感，加起來就是
完美的親密關係

引子

愛情、生活、精神，在這三段親密關係裡你都得到了

蘇東坡的生命裡，有三個重要的女人。王弗、王閏之、王朝雲。

王弗是他的第一任妻子，十六歲時嫁給蘇東坡，二十七歲就去世了。她陪伴東坡度過那青春年少、意氣風發的時光，以至於她過世十年後，蘇東坡依舊難以忘懷，在密州的寒冬深夜裡，寫下那首感天動地的悼亡詞〈江城子・乙卯正月二十日夜記夢〉。

王弗去世以後，蘇東坡在家人安排下，娶了她的堂妹，同為青神人的王閏之。她陪伴蘇東坡的時間最長，從蘇東坡三十三歲到五十八歲——這也是他人生中經歷最多坎坷和繁華的歲月：從他回到京城，因反對王安石變法而被外放開始，她陪著他輾轉杭州、密州、徐州、湖州。在驚心動魄的烏臺詩案後，王閏之用母親一般的堅韌和溫情，支持著黃州低谷期的蘇東坡。而等到蘇東坡重回朝堂，迎來政治生涯最輝煌的時刻，王閏之卻撒手人寰了。

中年喪妻，他彷彿失去了人生的一大支柱。幸而，侍妾王朝雲的不離不棄，以及知心的關懷、安靜的守候，讓暮年蘇東坡有了精神依託。對一個人而言，年少時有愛情滋養，中年時有生活支撐，晚年時有精神陪伴，已是老天最大的眷顧。而這三段感情對他而言有何不同？她們又是如何成就他？

髮妻王弗：我不經常想起你，但從沒有一刻忘記

——刻骨銘心的愛情，其實很平淡。

江城子・乙卯正月二十日夜記夢

十年生死兩茫茫。不思量。自難忘。千里孤墳，無處話淒涼。縱使相逢應不識，塵滿面，鬢如霜。

夜來幽夢忽還鄉。小軒窗。正梳妝。相顧無言，惟有淚千行。料得年年腸斷處，明月夜，短松岡。

蘇東坡的這首詞是寫給結髮妻子王弗的。

她陪伴蘇東坡的時間其實很短，十六歲嫁給他，二十七歲就去世了。在她去世十年後，一個寒冷的冬夜裡，蘇東坡夢見了她。

我們要注意，這首詞的題目是〈江城子．乙卯正月二十日夜記夢〉。蘇東坡寫過很多關於記夢的詞，光「夢」這個字就在他的詩詞裡出現了上百次，但在題目上這麼清楚地記下是哪年哪月哪日夢的，卻很少見。

可見這個日子，對蘇東坡來說很重要。這是一〇七五年，他四十歲了，他對亡妻說：

十年生死兩茫茫。

生死兩別，我們之間隔著茫茫十年的悠長時光。

不思量。自難忘。

我不經常想起你，但我從來沒有忘記。

王弗被埋葬在蘇東坡的老家眉山。

她十年前死的時候，是在京城。那年蘇東坡剛外派回京，在當時的「國家信訪局[1]」（登聞鼓院）工作。王弗去世以後，靈柩一直停在京城西門外。沒想到第二年，蘇東坡的父親蘇洵也走了。於是，他就扶著父親和妻子的靈柩，回了眉山。

當我看到蘇東坡為王弗寫的墓誌銘的時候，有一種強烈的感受，就是他們之間的感情很平凡。

他們的感情平凡到，好像是因為父親也去世了，而父親生前又有交代「你媳婦和你同甘共苦，以後不能忘了她，要把她葬在你母親墓旁」，蘇東坡這才遵從了父親的指示，把妻子的靈柩也運回去。

整段墓誌銘裡，蘇東坡情感最悲痛的地方，描述的卻不是自己和王弗的感情，而是：「你能在九泉之下跟著咱們的母親，我卻沒有這種機會！嗚呼哀哉！」

所以我一度不能理解，如果情感這麼平凡，為什麼他能寫出如此情深義重的悼亡詩？抱著這樣的疑問，我去了一趟埋葬王弗的地方，以及她的老家眉山市青神縣。

關於他們的相識，史書上沒有明確的記載，但是民間還是留下了很多美好的傳說。

心有靈犀，天作之合：喚魚聯姻

我去青神時，當地人都說，這是蘇東坡初戀的地方。

中岩寺有個喚魚池，據說蘇東坡當年在中岩書院學習，他的老師叫王方，就是王弗的父親。那裡有個魚塘，說人只要拍一拍手，魚兒就會游過來。但是這個魚塘沒名字，老師就問同學們，說：「誰能給它起個名啊？」

大家就開始爭相發表高論：什麼藏魚池啊，引魚池啊等等。蘇東坡就說：「這魚啊，很瞭解主客之樂，喚之即來，揮之即去，就叫『喚魚池』吧。」

恰好王方的女兒王弗聽說了父親的這個考題，在閨中也派人送來了一張紙條，大家打開一看：喚魚池。

心有靈犀，天作之合。這段姻緣，就被後人稱為「喚魚聯姻」。

我們都喜歡這種劇本，上天好像在冥冥之中已經牽好了紅線。我不知道千年以前，這

❺ 國家信訪局：是中國負責處理民眾陳情、上訪、投訴與申訴的機構。

個故事是不是這麼浪漫，只是我看到蘇東坡為王弗寫的墓誌銘裡，有這麼一句話，說妻子嫁過來以後，他居然都不知道，妻子還會讀書。

「剛嫁來的時候，她沒有告訴我她識字。她看到我讀書的時候，就坐我身邊，我讀著讀著偶爾忘記的時候，她居然都能記得那些內容。我就試探著問了她一些其他的書，她都能答得上來。我這才知道，她是一個聰敏而文靜的女子啊。」

所以這到底是自由戀愛，還是先婚後愛，時光太久遠，沒有辦法判斷。

但有一點我很相信，就是那段時光應該是蘇東坡人生裡最熱烈、最燦爛，帶著詩意和陽光的一段歲月。

十九歲，蘇東坡進京趕考前，家裡給他辦了一場隆重的婚禮。那一年王弗十六歲，正值花季。兩個青春洋溢的少年，開啟他們新一段的人生。

據說，新婚之時，蘇東坡寫了一首詞〈南鄉子・集句〉，就是把古人的詩詞摘下來集結成詞。

雖然不算原創，但是結合得真的很好。那種初嘗溫柔鄉的感覺，再鮮衣怒馬的少年，都抵擋不了血氣方剛的衝動。

南鄉子・集句

寒玉細凝膚（吳融）。清歌一曲倒金壺（鄭谷）。冶葉倡條遍相識（李商隱），爭如。豆蔻花梢二月初（杜牧）。

年少即須臾（白居易）。芳時偷得醉工夫（白居易）。羅帳細垂銀燭背（韓偓），歡娛。豁得平生俊氣無（杜牧）。

青春啊，青春真的太美好了。

有一個可以執子之手、與子偕老的愛人，然後就是，走出眉山這個小地方，去京城，見最好的人，讓天下看到他的才華。

那個時候，蘇東坡波瀾壯闊的人生，才剛剛開始。

然後，就是科考卷子讓歐陽修等大學士讚嘆不已，就是制科入等讓皇帝激動地說「朕今日為子孫得兩宰相矣」的高度評價，就是一篇新文章出來必定全城傳頌的紅極一時，就是——一朝成名天下知。

古人說人生有四大喜，那時蘇東坡就占了兩樣：洞房花燭夜，金榜題名時。

所以當時的蘇東坡得有多狂啊，看不慣的人就直接寫文章去「問候」，看不慣的事就一次一次給皇帝上表說出來。

那幾年裡，王弗跟著蘇東坡，偶爾還會勸勸他。

蘇東坡在給妻子的墓誌銘裡說，她有時候會在屏風後面聽他們聊天，然後等蘇東坡回來以後，會複述他們的話，還會給出她的建議：這個人太有偏見，你的意見本來就是正確的，為什麼還要跟他們討論呢？這個人這麼快就跟你稱兄道弟了，明顯就是對你有所求，來找你套交情的，這種人不能成為長久的朋友。

蘇東坡說，妻子的話，很多都被證實了。

但可惜的是，王弗跟著蘇東坡從鳳翔回京沒多久，就去世了。在妻子去世後的第二年，蘇東坡的父親也走了。

蘇東坡扶著他們的靈柩回了眉山，一年半後離開，這輩子都沒能再回去。

於是，在妻子死後第十年，蘇東坡寫下這樣的句子：

千里孤墳，無處話淒涼。

回不去的不僅是故鄉，還有時光

這十年裡，他也經歷了很多。

王安石的新法一出，他就不斷上書給皇帝反對。皇帝終於召見了他，想要起用他，可是數次被王安石阻止。他一上書無門，二無法施展才華，只能被迫遠離朝廷，到杭州赴任。而他的老師歐陽修也早已在幾年前就離開朝廷，當個閒散官去了。

當年科舉，在京城彙集的那一幫才子人傑，早已四散天涯，那個文壇盛世，也早已一去不復返。

蘇東坡在杭州待了兩年多，又被調到了密州。從那以後，在一個又一個地方流轉，就成了他生命的主題。他在杭州的時候見到了妻弟王緘。當時王緘從眉山去往杭州看他，臨回去時，蘇東坡依依不捨，寫下了一首送別詞。

臨江仙・送王緘

忘卻成都來十載，因君未免思量。憑將清淚灑江陽。故山知好在，孤客自悲涼。

坐上別愁君未見，歸來欲斷無腸。殷勤且更盡離觴。此身如傳舍，何處是吾鄉。

王緘到來勾起了他對往昔無限的思念。那個時候父母還在，妻子也還在。他說：「我何嘗不知道故鄉的好啊，我在外飄零這麼久，也許永遠都回不去了。今日送上這離別的酒宴，請你把我的傷心之淚帶回家鄉，灑向江頭憑弔吧！」

蘇東坡知道，回不去了。回不去的不僅僅是故鄉，還有時光。

縱使相逢應不識，塵滿面，鬢如霜。

即便我現在和你相逢，你也應該不認得我了吧！你離去的時候還是青春年少，而我現在，卻兩鬢斑白，容顏蒼老。

這是整首詞裡最催人淚下的句子之一。

夜來幽夢忽還鄉。小軒窗。正梳妝。

我又見到了你，那時候的你還是那麼美好。多少生死相隔的人，再見面，就只能在夢裡。也只有在夢裡，才都是美好的記憶。

相顧無言，惟有淚千行。

這句之所以感動我們，是因為它講的不僅僅是蘇東坡的經歷，也是世世代代流傳的深沉的愛情。

寫出失去的遺憾

你還記得《歸來》這部電影嗎？陳道明扮演的陸焉識彈起妻子熟悉的旋律，想要喚醒她的記憶。鏡頭一點點推進，我們看見鞏俐扮演的妻子彷彿有所觸動。她伸手搭住了陸焉識的肩。陸焉識再也忍不住，開始抽泣起來。整段沒有一句臺詞。

它用了一段極長的留白，只講述了一個情景，就是「相顧無言，惟有淚千行」。

九百多年前的蘇東坡，和他們也是一樣的。蘇東坡在做完了與亡妻重逢的這場夢之後，醒來說：

料得年年腸斷處，明月夜，短松岡。

這個時候，再回過頭去看這首詞題目裡的日期：正月二十日。
童云揚教授曾把這首詞之後，蘇東坡每首有明確記載的正月二十日的詩歌列了出來。
元豐四年（一〇八一年）：

正月二十日，往岐亭，
郡人潘、古、郭三人送余於女王城東禪莊院

十日春寒不出門，不知江柳已搖村。
稍聞決決流冰穀，盡放青青沒燒痕。
數畝荒園留我住，半瓶濁酒待君溫。
去年今日關山路，細雨梅花正斷魂。

元豐五年（一〇八二年）：

正月二十日，與潘、郭二生出郊尋春，

忽記去年是日，同至女王城作詩，乃和前韻

東風未肯入東門，走馬還尋去歲村。
人似秋鴻來有信，事如春夢了無痕。
江城白酒三杯釅，野老蒼顏一笑溫。
已約年年為此會，故人不用賦招魂。

元豐六年（一〇八三年）：

六年正月二十日，復出東門，仍用前韻

亂山環合水侵門，身在淮南盡處村。
五畝漸成終老計，九重新埽舊巢痕。
豈惟見慣沙鷗熟，已覺來多釣石溫。
長與東風約今日，暗香先返玉梅魂。

梅花斷魂，故人招魂，暗香返魂。

他在思念誰？他沒有說。或許他也不打算說。

據說，當年王弗過世，他在妻子靈柩前燒香寫的詞，就是這首：

翻香令

金爐猶暖麝煤殘。惜香更把寶釵翻。重聞處，餘熏在，這一番、氣味勝從前。

背人偷蓋小蓬山。更將沉水暗同然。且圖得，氤氳久，為情深、嫌怕斷頭煙。

在這首詞裡，他沒有描寫任何撕心裂肺的情感，好像只是淡淡地說：「我趁著別人不知道，偷偷把沉香木加進了香爐裡，只希望香能燃得徹底一點，因為我害怕一個很俗的預言，那就是斷頭香。」

這句話隱藏的意思是什麼？

傳說，如果燒了斷頭香，來生會與親人離散。

這像是一個不明不白的規矩，或許蘇東坡也怕人知道，自己會被這樣的俗規所困，所以他只能背著人做，偷偷地做。

而這個傻傻的行為背後，是一腔莫大的深情：他想留下她。他固執地希望，下輩子，還能再遇見她。

從十九歲剛剛成親的春風得意，到三十歲事業啟航的豪情萬丈，那個可以被稱為「青春」的歲月裡，全都是她。她就像是他青春裡的一張書籤，他在懷念她，又何嘗不是在懷念那段再也回不來的時光呢？

回不去的她，回不去的愛情，回不去的青春，回不去的故鄉，而這竟還隔著生和死兩個世界之間一堵冰冷的牆。

韶華易逝已經讓人感傷，生死離別更讓人痛斷肝腸，那是怎樣一種追不回的遺憾啊！為什麼這首詞能穿越千古感動無數人？我覺得不僅僅是因為他們兩個人的愛。事實上，回看他們之間的情感，其實沒有轟轟烈烈，沒有感天動地，更多的，只是細水長流的溫馨和陪伴。

它之所以感動我們，是因為蘇東坡寫出了那種，全人類都共有的：失去的遺憾。

不一定是因為這段愛情的波瀾壯闊讓人刻骨銘心，而是這份永失我愛的遺憾，讓人刻骨銘心。

繼室王閏之：撐起蘇東坡生活，最重要的女人

——沒有生活的苟且，哪有詩和遠方的田野？

我曾經特地去眉山青神縣，為了找蘇東坡生命裡的一個女人。一個不那麼被大家重視，卻對蘇東坡而言，我認為最不可失去的人。

那就是他的第二任妻子——王閏之。

其實很多人來青神，是來看蘇東坡的第一任妻子王弗的，這裡被譽為蘇東坡的初戀地，有很多他和王弗的美麗傳說。

事實上，他的第二任妻子王閏之，正是王弗的堂妹，同樣是青神人。她陪伴蘇東坡的時間，其實比王弗要長很多。

但很奇怪的是，到青神問了半天，卻問不到一個明確記載的、有關王閏之的傳說和遺跡。以至於想找個跟她有關的地方坐下來說點什麼，都找不到。

蘇東坡的人生裡有過三個重要的女人，第一任妻子王弗，第二任妻子王閏之，還有他的侍妾王朝雲。

他為王弗寫下的那首千古第一悼亡詞〈江城子．乙卯正月二十日夜記夢〉，是最深情的文字，所以我們都記得王弗。

他曾說「惟有朝雲能識我」，王朝雲就像他的知己一樣，他寫給朝雲的文字也是最多的，所以，我們也都記得王朝雲。

唯獨王閏之，她陪伴蘇東坡二十五年，從家鄉到京城，再到外放的杭州、密州、徐州、湖州，陪他走了大半個中國，也陪他度過了那一段最慘最難的黃州歲月，然後又陪他東山再起。

可以說，蘇東坡人生最重要的幾個階段，都有她。

蘇東坡一生中最重要的女人

可是，她好像被湮沒在了歷史的塵埃裡。我去翻了很多蘇東坡文集裡的詩詞，就沒怎麼找到專門寫給王閏之的，說想她啊，愛她啊，很少很少。

他曾在杭州收到王閏之的信，很開心，於是寫了兩首詞。可是你看這兩首詞，明面上寫的主要還是：好開心啊收到你的信，好懷念啊我的家鄉……

減字木蘭花·得書

曉來風細。不會鵲聲來報喜。卻羨寒梅。先覺春風一夜來。

香箋一紙。寫盡回文機上意。欲卷重開。讀遍千回與萬回。

蝶戀花·送春

雨後春容清更麗。只有離人，幽恨終難洗。北固山前三面水。碧瓊梳擁青螺髻。

一紙鄉書來萬里。問我何年，真個成歸計。白首送春拚一醉。東風吹破千行淚。

好不容易找到一首直白一點的，寫思念王閏之的〈少年遊．潤州作〉，但是你看，他卻用的是老婆王閏之的口吻，全篇寫的是王閏之怎麼思念自己。

少年遊．潤州作

去年相送，餘杭門外，飛雪似楊花。今年春盡，楊花似雪，猶不見還家。
對酒捲簾邀明月，風露透窗紗。恰似姮娥憐雙燕，分明照、畫梁斜。

她好像被夾在了蘇東坡日常的文章和詩詞裡，偶爾提到，都顯得稀鬆平常。

我一直不明白，為什麼她的存在感那麼低？

後來，我專門去找了有關王閏之的資料，坦白地講，我有點意外。或許大多數人會覺得，作為北宋「文壇流量王」的另一半，要麼沉魚落雁，要麼飽讀詩書。可我在有限的資料裡，只看見蘇東坡在哀悼王閏之的父親，也就是寫給他岳父的〈祭王君錫丈人文〉裡，簡單提及了王閏之的身分。

雖然帶著一點自謙的意思，但基本可以判斷，王閏之和當時很多青神的其他女人一樣，只是一個擅長炊茶採桑的農婦。

惟公幼女，嗣執罍篚。恩厚義重，報宜有以。

張開翅膀，守護她的家

北宋女子基本十五六歲就出嫁，王閏之嫁給蘇東坡的時候，已二十一歲。可能在外人看來，一個鄉下的農婦，嫁給當時已經名滿天下，未來仕途看起來一片大好的北宋開國百年第一才子，這段婚姻多少有那麼一點不相稱。

但我卻認為，這個看起來似乎特別普通的女人，恰恰是蘇東坡一生最重要的女人。讓我們回過頭去，瞭解一下他們兩個人在生活中相處的點點滴滴。

蘇東坡第一任妻子王弗離世時，生下的孩子蘇邁只有七歲。幼子需要撫養，蘇東坡又是一個忙於大事的人，很需要一個賢妻來幫助他料理家事。而王閏之，就是這樣的人。蘇東坡曾經幾次在文章裡表達，王閏之無論對姐姐王弗生的孩子蘇邁，還是自己後來所生的蘇迨、蘇過，都是一視同仁，皆如己出。

包括他寫給王閏之的祭文〈祭亡妻同安郡君文〉中，也這樣寫道：

嗚呼！昔通義君，沒不待年。嗣為兄弟，莫如君賢。婦職既修，母儀甚敦。三子如一，愛出於天。

想一想，如果一代文豪家裡是雞飛狗跳的，哪裡還有閒情逸致，在事業上開疆拓土，在文學裡徜徉遊戲呢？

當然，照顧好孩子，只是王閏之作為賢妻，很小的一個面向。

我之所以說，她對蘇東坡很重要，很大一個原因就是，如果沒有她，蘇東坡人生最低谷的那一段歲月，還不知道要怎麼熬出來。

前面篇章中說到烏臺詩案對蘇東坡的影響，那個名滿天下的才子，那個民眾愛戴的「市長」，被人當眾像狗像雞一樣驅趕，被關到那個暗無天日的監牢裡，然後詬辱通宵。

那一次是皇帝要抓他。於是各個州郡的人聽聞風聲都來落井下石。他們把載著蘇東坡家屬的小船圍起來，開始搜查他的各種文字書籍，企圖從中找到隻言片語的「罪證」。

王閏之抱著孩子們，被嚇得半死。等那些人一走，她怒罵道：「這就是你喜歡寫書的下場，書讓你得到了什麼呢，把我們嚇成這樣！」於是，她把那些書籍文字都拿來燒掉。

「十亡其七八」，就是燒掉了七八成。

也許你聽起來會覺得很可惜，王閏之不懂那個文豪蘇東坡的情懷。

但是我們回過頭想想，那可是生死攸關的大事啊，但凡有一個字讓別人抓到了把柄，就是百口莫辯、百身難贖啊！

我看到這一段時，感受到的是一種天然的母性力量。

王閏之一直都隱在蘇東坡的後面，但當危難來臨，她就像一隻老母雞護著自己的孩子一樣，張開翅膀，去守護她的家。

蘇東坡被貶謫後，是她扛起了這個家

也要慶幸的是，王閏之不是一個飽讀詩書的人，否則她不可能這麼乾脆和果斷地處理那些丈夫引以為豪的，甚至視為生命的文字。

蘇東坡在牢裡被關了一百三十天，受盡折磨。從仲秋被關進去，放出來的時候，已經是蕭索的寒冬了。他最後得到的處罰是貶謫黃州，給個虛職，就地看管。

他是被衙役長途押解，從一個破敗的驛道，一路走到黃州去的。沒有家人，沒有朋友，甚至沒有住的地方。對從小不太需要考慮生活瑣事的蘇東坡來說，他必須長出一種自理能力，好讓自己在灰暗的歲月裡，能撐得下去。

還好，王閏之來了。

蘇東坡的親弟弟，也是他的人生知己——蘇轍，在王閏之死後，為她寫了兩篇祭文。這是絕無僅有的。這也證明瞭他對這個嫂子的敬佩和愛戴，以及作為一家主母，王閏之之於蘇東坡，甚至整個蘇家的重要性。

在其中一篇祭文裡，有這麼一段話：

> 兄坐語言，收畀叢棘。竄逐邾城，無以自食。賜環而來，歲未及期。飛集西垣，遂入北扉。貧富戚忻，觀者盡驚。嫂居其間，不改色聲。冠服肴蔬，率從其先。性固有之，非學而然。

他說當時的生活破敗、陰鬱，完全顛覆我們的想像，但是嫂子就像是一家之主一樣，扛起了這一切。

無論是吃穿住行，還是打理家務，她都遵循傳統的禮節和先例，以不變應萬變。

蘇轍感慨道：「她這種處變不驚、堅持原則的品性，似乎是天生的，不是後天學習所能達到的境界。」

蘇東坡這個人很好客，朋友也不跟他客氣，那個時候交通又不便利，大家遠道而來見他一面，有的時候就直接住在他家了，比如他好朋友參寥子，一住就快一年，也不管人家生活是不是拮据。

你是挺大方的，說讓人住就讓人住，但是這一切都得操持啊。背後任勞任怨的人，全是王閏之。

不可或缺的她，撐起實實在在的生活

來到黃州的第二年，依託好友馬夢得多番努力，他們終於申請到一塊地來耕種。有地種，就有糧食吃。

於是文人蘇軾成了農民蘇東坡，一家老小開始了農耕生活。蘇東坡揮汗如雨地在田間勞作，王閏之就提著瓦罐給他送飯。

有一次，他們家耕地的牛病了。那是他們家僅存的一頭牛啊，沒有牠，地怎麼辦呢？蘇東坡慌了，請了獸醫過來，但都醫治不了。

王閏之說：「沒事，我知道，它是發豆斑瘡了，給它喝點青蒿粥就好了。」果然奏效。

他們的生活是清苦的，田裡收了大麥，賣價很低都沒人要，只好自己煮。

孩子們說吃起來跟嚼蝨子一樣，怎麼辦呢？

於是蘇東坡只好發揮他美食研究的特殊技能，把大麥、小豆雜在一起，和著吃。王閏之不僅不嫌棄，而且還大笑著寬慰蘇東坡，說：「這就是新式樣的二紅飯啊！」

在蘇東坡那篇非常有名的〈後赤壁賦〉裡，他還說到了一個小細節。

蘇東坡帶著兩個朋友去赤壁遊玩，有菜卻沒有酒，他第一反應就是去找老婆王閏之。果不其然，王閏之說：

> 我有斗酒，藏之久矣，以待子不時之須。

這原本是一個稀鬆平常的細節，但是細細琢磨卻會發現，這背後其實是一份丈夫對妻子的信任，也是一份妻子對丈夫的懂得。

也許王閏之不一定能理解蘇東坡作為文人的那種生命思考，但她一定懂得，他在生活裡需要什麼樣的溫馨和潤澤。

蘇東坡其實是非常依賴王閏之的。

有一次，他的學生晁補之當了揚州通判，剛好蘇東坡也要去揚州當太守，晁補之想來迎接他，蘇東坡說：「這件事需要回家跟王閏之商量一下。」

且須還家與婦計，我本歸路連西南。

他在寫給友人的信裡，對王閏之稱贊有加，甚至引用古人的典故，就為了證明自己還好有這樣賢惠的老婆，能讓他沒有後顧之憂。

子還可責同元亮，妻卻差賢勝敬通。

在他的詩歌裡，對王閏之的稱呼，是「老妻」。

感受一下這個稱呼——老妻，這個稱呼，呈現的不是風花雪月的詩歌，而是實實在在的生活。

王闓之的故事講完了。

如果你問我，王闓之對蘇東坡來說，到底意味著什麼呢？

我覺得也許可以用一個比喻：糧食。

她是蘇東坡的糧食，很普通，但是不可或缺。

我們可以離開大魚大肉，離開有滋有味的菜餚，但無法離開糧食。人吃飽了才會有詩歌。沒有生活的苟且，哪有詩和遠方的田野呢？

我突然能理解為什麼青神幾乎找不到王闓之的遺跡了。因為我們都喜歡往上看，希望追求的是烈火，是頌歌，是濃烈的酒，是華麗的冒險。

可是我們生命裡一定會有這樣一個人，你以為他對你來說很平凡，你甚至會懷疑你對他的愛是不是足夠深刻，但是我們都知道，一定無法失去他。

因為他才是你的主食，他給了你根植大地的力量，同時也給了你向上生長的自由。你不會忘記的。

所以，青神雖然沒有王闓之的遺跡，但青神處處都是王闓之。

侍妾王朝雲：惟有朝雲能識我

——紅顏易得，知己難求。

人生有一種情感，並不是每個人都能幸運地遇到，那就是知己之情。

很多人說王朝雲是蘇東坡的知己。讀完他們的故事，我甚至覺得，我無法用任何一種情感去定義他們。只能說，我好感慨。

走入蘇家的那一年，王朝雲只有十二歲，蘇東坡三十九歲，兩個人相差了二十七歲。

朝雲是杭州人。有人說，她是蘇東坡在杭州任通判時，在一場宴會上認識的歌女。甚至有人說，朝雲托生青樓，是名妓，蘇東坡看了很喜歡，就將她收為侍女。

但是我找了宋人所撰的蘇東坡年譜，沒有這方面的記錄。只有在現代孔凡禮先生所編《蘇軾年譜》裡，找到了他收錄明朝人補充的這一段，後面跟了幾個字：乃好事者附會。

王朝雲來歸。據《文集》卷十五〈朝雲墓誌銘〉，時年十二歲，杭人。〈燕石齋補〉謂朝雲乃名妓，蘇軾愛幸之，納為常侍。乃好事者附會。

才子佳人的故事，總是大家愛聽的。但朝雲真的是眉目姣好，能歌善舞。甚至朝雲這個名字，都是蘇東坡給她起的。為什麼叫朝雲呢？因為蘇東坡把她比成巫山神女。這是一個神話中的女子，出現在據說是屈原的學生宋玉筆下的〈高唐賦〉裡，「旦為朝雲，暮為行雨」，像雲霧一樣令人神往而迷醉。

蘇東坡的學生兼好友秦觀，據說和東坡在一次宴會上，見過王朝雲的歌舞以後，為她寫下了一首〈南歌子（靄靄凝春態）〉。

他說她「靄靄凝春態，溶溶媚曉光」，婀娜的體態，明媚的眼神，就像初生的晨光一樣驚豔奪目，果然如同巫山神女的出場，讓人流連忘返啊。

南歌子

靄靄凝春態，溶溶媚曉光。何期容易下巫陽，只恐使君前世是襄王。
暫為清歌駐，還因暮雨忙。瞥然歸去斷人腸。空使蘭臺公子賦高唐。

其實蘇東坡在同一時期，不止有王朝雲一位侍女。他曾經在給鄂州太守朱壽昌的信裡，提到過他的另外兩位侍女，採菱和拾翠。他甚至給這兩個侍女寫過很香豔的詞。

皂羅特髻

採菱拾翠，算似此佳名，阿誰消得。採菱拾翠，稱使君知客。千金買、採菱拾翠，更羅裙、滿把珍珠結。採菱拾翠，正髻鬟初合。
真個、採菱拾翠，但深憐輕拍。一雙手、採菱拾翠，繡衾下、抱著俱香滑。採菱拾翠，待到京尋覓。

王朝雲早期，在家中的地位，甚至沒有這兩位侍女高。

所問菱翠，至今虛位，雲乃權發遣耳，何足掛齒牙！呵呵。

不合時宜，惟有朝雲能識蘇東坡

看到這裡，我們也許會覺得，東坡與朝雲，也許就是在那個封建男權社會下，常見的一種男女情愛關係。

但在南宋的《梁溪漫志》中，記載了一個千古流傳的故事，說的是王朝雲和蘇東坡精神上的契合。

有一天，蘇東坡退朝回來，酒足飯飽，摸著肚子問身旁的侍女們：「你們說，我這一肚子，都是什麼呀？」

有人說：「您這一肚子都是文章。」

蘇東坡不以為然。

另一個人接話，說：「您一肚子都是見識。」蘇東坡還是搖了搖頭。

直到王朝雲說：「學士啊，是一肚子的不合時宜！」

蘇東坡直接捧腹大笑。

那個時候的蘇東坡，經歷可以說是一言難盡。從科舉中走出來的文壇流量王，到一個城市一個城市地外放，最後因烏臺詩案被關監獄一百三十天，好不容易撿回一條命，又被貶謫黃州五年，整個人可說是脫了一層皮。不久之後，主張新法的皇帝駕崩了，支持舊法的大臣們開始掌握朝政，蘇東坡終於再次得到任用，結果他對舊法的一些做法又提出了異議，因此得罪了支持舊法的頭號大臣司馬光，後來重新陷於黨爭，於是他不得不再次提出：讓我離開朝廷，去杭州吧！

你看，不管國家主推是新法還是舊法，蘇東坡似乎都不是一個聽話的人。他有一句詩「自笑平生為口忙，老來事業轉荒唐」，他的這張嘴啊，真的是遇事則發，不吐不快，然後內心呢，又驕傲得要死，誰當主流，他總是不樂意，要牢騷兩句，可不就是「不合時宜」嗎？

當所有人都只看到一個光環裡的蘇東坡時，王朝雲卻能半帶微笑半帶調侃地回應他，就像他常常自嘲的一樣。

在他貶謫黃州期間，朝雲為他生下了一個孩子。

那年蘇東坡已經四十八歲了，老來得子，他特別開心。看著這個孩子的相貌，尤其是眉角，像極了自己，於是他作了一首很有名的洗兒詩：

洗兒戲作

人皆養子望聰明，我被聰明誤一生。
惟願孩兒愚且魯，無災無難到公卿。

後世的文人一直不解，這詩怎麼這麼奇怪？
在我看來，這首詩，也是他的「不合時宜」之一。
別人盼望著孩子能聰明，我卻希望他愚鈍魯莽一點。這是第一處不合時宜。
為什麼我不希望他聰明，人聰明一點不應該過得更好嗎？不是的，我被聰明誤了一生。這是第二處不合時宜。
好了，那你笨一點就笨一點吧，愚魯的人平安就好了呀。不，我的期望居然是，如此愚且魯，還可以無災無難到公卿。這是第三處不合時宜。

難怪紀曉嵐在《蘇文忠公詩集》裡發了一句牢騷，說：「這也能收到集子裡？」
美好的願望，巨大的反差，看似超脫，卻無法擺脫內心的掙扎。所以，「不合時宜」

這四個字，正是王朝雲對蘇東坡，真正的「看見」。

上天好像很喜歡開玩笑，總是讓美好停留的時間特別短。蘇東坡和王朝雲的這個孩子，還沒滿周歲，就因為舟船勞頓，得疫病夭折了。

十個月的孩子啊，還沒有斷奶，小娃娃穿的衣裳，還掛在衣架上，朝雲無法接受這樣的打擊，整日整夜伏在床上哭泣，說要與孩子同去。她失去了嬰兒吮吸的乳房脹滿了奶水，溢濕了床褥。

去歲九月二十七日，在黃州生子遁。小名幹兒，欣然穎異。
至今年七月二十八日，病亡於金陵。作二詩哭之

吾年四十九，羈旅失幼子。幼子真吾兒，眉角生已似。
未期觀所好，蹁躚逐書史。搖頭卻梨栗，似識非分恥。
吾老常鮮歡，賴此一笑喜。忽然遭奪去，惡業我累爾。
衣薪那免俗，變滅須臾耳。歸來懷抱空，老淚如瀉水。

我淚猶可拭，日遠當日忘。母哭不可聞，欲與汝俱亡。
故衣尚懸架，漲乳已流床。感此欲忘生，一臥終日僵。
中年忝聞道，夢幻講已詳。儲藥如丘山，臨病更求方。
仍將恩愛刃，割此衰老腸。知迷欲自反，一慟送余傷。

蘇東坡說：「這是我的罪孽嗎？連累了這個孩子。」

在那段時光裡，朝雲和東坡，更像是一對患難與共的親人。

成為蘇東坡精神路上的共修者

到了紹聖二年（一〇九五年），蘇東坡晚年被貶惠州時，他們的情感就更深刻了。當時去惠州需要翻山越嶺，而且當地瘴癘橫行，蘇東坡後來都說：「曾見南遷幾個回？」能不能活著都是未知數。家裡的侍女，四五年間都相繼辭去了，朝雲卻執意跟著他。

當時蘇東坡的第二任妻子王閏之已經過世，面對一個陌生而惡劣的環境，朝雲承擔起了主婦的責任，像當年的王閏之一樣，一分錢掰成兩半用，一半照顧暮年蘇東坡的飲食起居，一半招呼來來往往的客人。

而且朝雲有一點是當年的王閏之做不到的，那就是成為蘇東坡精神路上的共修者。

蘇東坡晚年親近佛法，王朝雲也跟著比丘尼義沖學佛。在寫給朝雲的那幾首詩詞裡，蘇東坡總是將她形容為《維摩詰經》裡散花的天女。

維摩詰是在家修行的菩薩，享盡人間的富貴，又得到了高深的佛法。在《維摩詰經》裡，眾多菩薩去看望他，居室中出現了一位天女在散花，有些花瓣落在菩薩腳下，有些花瓣落在弟子們身上。而後天女現身為大家講法，說：「花是外物，本身無所分別，如果心中斷除一切妄想，則便不會被外物所牽絆。」

天女想要告訴大家的是：心靜，則佛土淨，於是可處染而不染。

晚年的蘇東坡，已經經歷了人生的大起大落，一貶再貶，塵世的喧囂浮華散去了，那些個男女歡愛也淡去了。他看著一邊煎藥、一邊誦經的王朝雲，內心想必有很多感慨。

我很喜歡他這首〈殢人嬌・贈朝雲〉，初看時最喜歡這句：這些個，千生萬生只在。主流的翻譯是：我希望千生萬生，與你的情愛仍在。

但我覺得，蘇東坡想說的也許不只是男女情愛。

殢人嬌‧贈朝雲

白髮蒼顏，正是維摩境界。空方丈、散花何礙。朱唇箸點，更髻鬟生彩。這些個，千生萬生只在。

好事心腸，著人情態。閑窗下、斂雲凝黛。明朝端午，待學紉蘭為佩。尋一首好詩，要書裙帶。

他在〈朝雲詩〉裡有一句：不作巫陽雲雨仙。

朝雲詩

不似楊枝別樂天，恰如通德伴伶玄。
阿奴絡秀不同老，天女維摩總解禪。
經卷藥爐新活計，舞衫歌扇舊因緣。
丹成逐我三山去，不作巫陽雲雨仙。

二十年前，在他心裡她是巫山神女，明媚而神祕，男女歡愛也許是他們的主題；二十年後，她是維摩天女，平淡而寧靜，一樣的皎潔，卻已有不一樣的心境。

當時，蘇東坡年近六十，他在寫給友人張耒的信裡，說自己已不再親近女色，獨居一年半了。暮年蘇東坡，男女歡愉對他而言已是過眼雲煙，真正珍貴的，也許是更深層次的靈魂的相伴。所以我現在再看這首〈殢人嬌・贈朝雲〉，最愛的反而是最後一句：

> 明朝端午，待學紉蘭為佩。尋一首好詩，要書裙帶。

明天就是端午了，我要尋一首好詩，寫在你的裙帶上。

又過了一年，朝雲生日。蘇東坡破天荒地為她寫了一首口號詩。在那個年代，致語口號，一般是給大人物吟誦的。

王氏生日口號

羅浮山下已三春，松筍穿階晝掩門。
太白猶逃水仙洞，紫簫來問玉華君。

天容水色聊同夜，髮澤膚光自鑒人。
萬戶春風為子壽，坐看滄海起揚塵。

不知道是不是心有預感，朝雲的日子，真的不多了。朝雲生日在五月，之後一個月就得了病，健康急轉直下。到七月，已經不行了。

臨終那一刻，她對蘇東坡說的最後一句話，是《金剛經》的四句偈：

一切有為法，如夢幻泡影。
如露亦如電，應作如是觀。

我不知道朝雲在往生的一瞬間，究竟悟到了什麼。但我想，蘇東坡寫了一輩子的豁達與超脫，或許都不及朝雲那一刻所體驗到的：

這世間一切都是虛相，它們看起來真實卻又虛妄，恆定卻又無常，沒有什麼能留住，自然也就沒有什麼值得執著。

綿長思念，東坡為她寫了多首悼亡詩詞

這也許是朝雲的感同身受，也許是她對晚年蘇東坡的寬慰吧。王朝雲死後，蘇東坡為她寫了很多悼亡詩。

這些詩詞和那首痛徹心扉的「十年生死兩茫茫」，很不一樣。那年蘇東坡六十一歲了，他親身經歷了太多的生離死別，從父母乳娘，到兩任妻子，再到他和朝雲不滿十個月便夭折了的孩子。生死看遍之下，他的悼亡，充滿了對世間美好終將消逝的無奈和安之若素，也有了更多的禪理。他為朝雲寫下墓誌銘。朝雲下葬後三天，夜間風雨大作，隔天傳聞在墓地的不遠處，發現了五個巨人腳印。

於是蘇東坡又專門為朝雲辦了一場佛事，為她寫下給神明的薦疏：我蘇軾因為有罪遭到貶謫，流放到這炎荒之地。我有一個侍妾，名叫朝雲，她一生勤勤懇懇，跟著我漂流萬里，後來身染瘟疫，不治而亡。我感念她訣別時的話語，想起她的靈魂還寄託在棲禪寺中，故而修建了這個墳墓，讓她有所安頓。

伏願山中一草一木，皆被佛光；今夜少香少花，遍周法界。湖山安吉，

墳墓永堅。接引亡魂，早生淨土。

朝雲死後，蘇東坡也有痛苦，也有酒後眼淚迷離的想念：我衣袖上還殘留你的眉跡，只是香味越來越淡了。我喝醉彷彿把你忘了，奈何醒了還是會想起。終究是我負了你。

雨中花慢

嫩臉羞蛾，因甚化作行雲，卻返巫陽。但有寒燈孤枕，皓月空床。長記當初，乍諧雲雨，便學鸞凰。又豈料、正好三春桃李，一夜風霜。

丹青□畫，無言無笑，看了漫結愁腸。襟袖上，猶存殘黛，漸減餘香。一自醉中忘了，奈何酒後思量。算應負你，枕前珠淚，萬點千行。

一年後，蘇東坡已經被貶到海南了，暮色沉沉之際，他還在懷念她：老人不解飲，短句餘清悲。

和陶〈和胡西曹示顧賊曹〉韻

長春如稚女，飄颻倚輕颸。卯酒暈玉頰，紅綃卷生衣。
低顏香自斂，含睇意頗微。寧當娣黃菊，未肯姒戎葵。
誰言此弱質，閱世觀盛衰。頩然疑薄怒，沃盥未可揮。
瘴雨吹蠻風，凋零豈容遲。老人不解飲，短句餘清悲。

朝雲在的時候，他說：佳人相見一千年。我好像修行了一千年，才得以與你相見。

浣溪沙．端午

輕汗微微透碧紈。明朝端午浴芳蘭。流香漲膩滿晴川。
彩線輕纏紅玉臂，小符斜掛綠雲鬟。佳人相見一千年。

朝雲死後，他說：傷心一念償前債，彈指三生斷後緣。

悼朝雲

苗而不秀豈其天，不使童烏與我玄。

駐景恨無千歲藥，贈行惟有小乘禪。
傷心一念償前債，彈指三生斷後緣。
歸臥竹根無遠近，夜燈勤禮塔中仙。

也許世間一切相遇都是久別重逢，所以我一直覺得有種感人的關係，叫「認出」。

我知道我們相識了不止一世，今生你的離去帶走了我的情感。我希望下輩子再遇見你，卻也怕下輩子再遇見你。

蘇東坡在王朝雲的墓前建了六如亭。

又過了很多年，南宋時期有一夥流寇攻占了惠州，惠州城內無論官宅還是民房，幾乎全都被焚毀，但唯獨蘇東坡在惠州的故居和六如亭安然無恙。不僅如此，流寇頭子還帶人重建六如亭，並且在亭前祭奠了朝雲。

蝶戀花・春景

花褪殘紅青杏小。燕子飛時，綠水人家繞。枝上柳綿吹又少。天涯何處無芳草。
牆裡鞦韆牆外道。牆外行人，牆裡佳人笑。笑漸不聞聲漸悄。多情卻被無情惱。

這是蘇東坡很有名的一首婉約詞。

王朝雲生前，常唱這首詞。當唱到「枝上柳綿吹又少。天涯何處無芳草」的時候，她潸然淚下，泣不能歌。

她懂得蘇東坡的心，在他故作豁達的背後，是被困住的深情。

在人世情感的沉溺和超脫之間，蘇東坡才成了蘇東坡。

王朝雲死後，蘇東坡終生不再聽這首〈蝶戀花．春景〉。

他沒有再娶，此後的詞，再沒有寫給任何一個女人。

情愛歡愉是容易的，但心心相印，何其之難。他為朝雲寫下了一副紀念的楹聯：

不合時宜，惟有朝雲能識我。

獨彈古調，每逢暮雨倍思卿。

紅顏易得，知己難求。

【輯四】資料出處

1 【北宋】蘇軾〈江城子・乙卯正月二十日夜記夢〉、〈亡妻王氏墓誌銘〉、〈南鄉子・集句〉、〈臨江仙・送王緘〉、〈正月二十日，往岐亭，郡人潘、古、郭三人送余於女王城東禪莊院〉、〈六年正月二十日，復出東門，仍用前韻〉、〈翻香令（金爐猶暖麝煤殘）〉、〈減字木蘭花・得書〉、〈蝶戀花・送春〉、〈少年游・潤州作〉、〈祭王君錫丈人文〉、〈祭亡妻同安郡君文〉、〈黃州上文潞公書〉、〈與章子厚〉、《仇池筆記》、〈後赤壁賦〉、〈邑羅特髻（採菱拾翠）〉、〈洗兒戲作〉、〈去歲九月二十七日，在黃州生子遁。小名幹兒，欣然穎異。至今年七月二十八日，病亡於金陵。作二詩哭之〉、〈殢人嬌・贈朝雲〉、〈朝雲詩〉、〈答張文潛四首之一〉、〈王氏生日口號〉、〈惠州薦朝雲疏〉、〈雨中花慢（嫩臉羞蛾）〉、〈和陶〈和胡西曹示顧賊曹〉韻〉、〈浣溪沙・端午〉、〈悼朝雲〉、〈蝶戀花・春景〉

2 【北宋】蘇轍〈祭亡嫂王氏文〉

3 【北宋】秦觀〈南歌子（靄靄凝春態）〉

4 【南宋】費袞《梁溪漫志》

5 孔凡禮《蘇軾年譜》

輯五

羨慕

幸得有你這樣的
至交好友

引子　一段好的友誼，真的有治癒人心的力量

若要畫一張蘇東坡的社交網路圖，可能會發現畫不完，根本畫不完。他的朋友太多了。其中的故事，或讓人捧腹，或讓人溫暖，或讓人感動。

舉例，當年蘇東坡被貶海南，天涯海角之遠，身邊沒有熟人，書信往來也很慢，幾乎與世隔絕。眉山老鄉巢谷卻說：「我願意步行萬里去看他。」

他真的這麼做了。巢谷已七十三歲，瘦弱多病，貧困潦倒，走到蘇轍被貶謫的循州時，蘇轍勸他：「你年紀大，路途遙遠，且還得忍受海浪顛簸之苦，就不要去了吧。」巢谷說：「我還能走，你別攔我。」

後來，蘇轍聽說，巢谷沒有走到海南。他為了去見東坡，死在了路上。

蘇東坡究竟是一個怎樣的人，能讓朋友願意披肝瀝膽地對他？心理學上有個概念，叫「關係照見自己」，意思是人的自我意識和自我認同，很大程度上是透過社會互動形成的。他人就像是一面鏡子，讓我們認識和理解自己的內在特質。

其實本篇可以寫的人很多，限於篇幅，我選取了一些不同角色、不同關係的人。透過瞭解他們與東坡交往的故事，也許會更瞭解蘇東坡這個人。

與師長交：蘇東坡與歐陽修

——你有「亦師亦友」的朋友嗎？

你人生中有沒有過那種「亦師亦友」的朋友？

回顧我們一路成長的經歷，一定曾經有過，或者到現在也還有那麼一個或幾個人，他們好像是啟蒙老師，在我們剛起步的時候，或經歷低谷的時候，拉過我們一把。他們教我們知識，甚至為我們樹立了很好的榜樣，直到今天，在我們的人格底層，依然可以看見他們留下的痕跡。

人生中，有過這樣的人的扶助，是一件非常幸運的事。在蘇東坡的人生裡，就出現過這樣一位重要的老師。

可以說，沒有他，也就沒有日後閃耀文壇千年的「蘇子」。這個人就是歐陽修。

志趣相投，是亦師亦友的前提

有人統計過，在蘇東坡所有文章、信札和詩詞裡，共提到歐陽修一百七十多次，光是給歐陽修及其家人寫的祭文就有五篇。

我們知道蘇東坡所在時期的前後一百年，可以說是中華文化巔峰的一百年。這百年間出現了多少文豪、大家，其中和蘇東坡同期的就有王安石、司馬光等人。

但為什麼是歐陽修成了蘇東坡的貴人呢？

一開始，我只是試圖從歷史故事裡去理解，直到有一天，我把這些人寫的字拿出來對比了一下。

下一頁是王安石和司馬光的字：

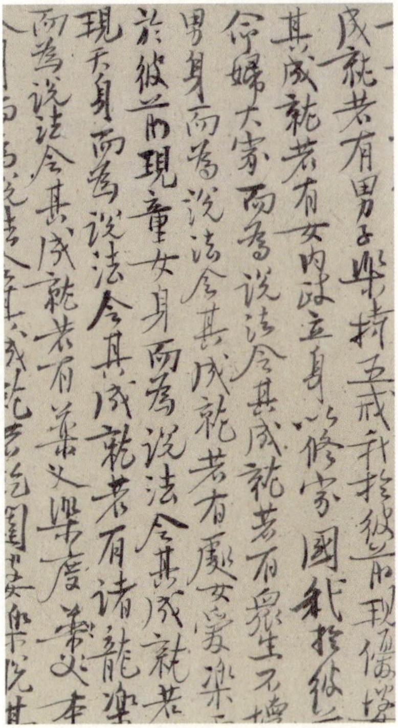

▲〈行書楞嚴經旨要卷〉局部。
〔北宋〕王安石／上海博物館藏

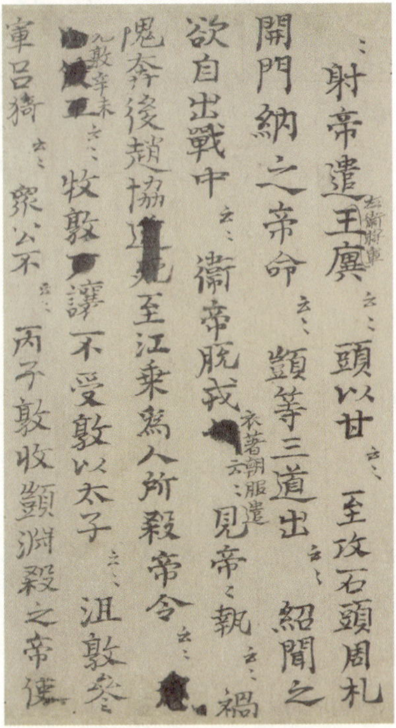

▲〈資治通鑒殘稿〉局部。
〔北宋〕司馬光／中國國家圖書館藏

這是歐陽修和蘇東坡的字：

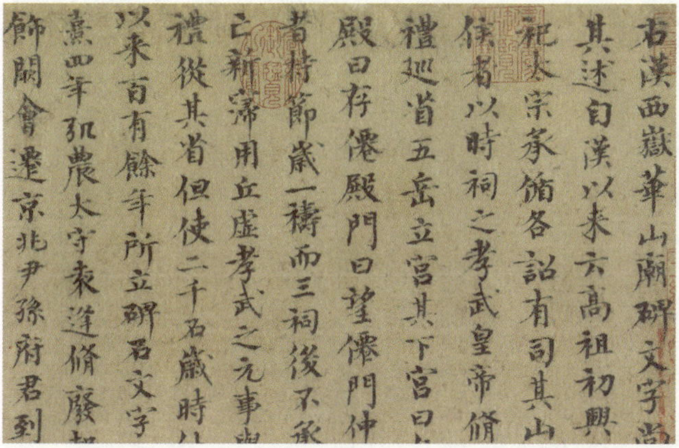

▲〈集古錄跋卷〉局部。〔北宋〕歐陽修／臺北故宮博物院藏

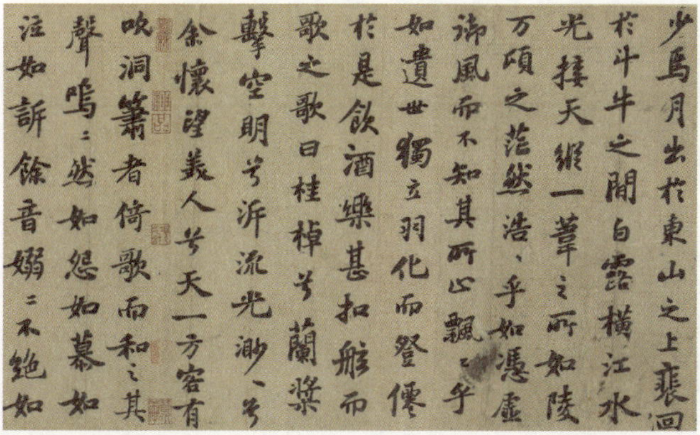

▲〈赤壁賦〉局部。〔北宋〕蘇軾／臺北故宮博物院藏

你看出什麼了嗎？

字如其人，他們恰巧是兩類人。

王安石被人叫「拗相公」，司馬光被蘇東坡叫「司馬牛」。這倆哥們兒都比較硬，你看他們的字，刀刻斧鑿，力是外露的、直接的。而歐陽修與蘇東坡則是另一類。他們的字整體更溫潤，筆墨沉厚。

這也能從側面看出，為什麼蘇東坡和王安石、司馬光兩人不那麼對盤。一個嚴苛的、堅硬的老師，很難培養出圓融的、隨性的徒弟。朋友也是同樣道理。

所以，亦師亦友的前提是志趣相投。

當然，光這樣是不夠的。他們之所以能成為我們的「貴人」，一定是在某個很重要的階段，曾經無私地幫助過我們。

其中又有一類人，我認為他們尤其偉大，就是他不嫉妒。哪怕有一天你超過他了，他也真心為你感到榮耀。

常說文人相輕，所以文壇上能出現這樣的人，那就更可貴了。這是我非常佩服歐陽修的原因。

當朝文壇領袖，對下一個希望之星的看見與託付

蘇東坡和歐陽修的初見，是在北宋嘉祐二年（一〇五七年）。

歐陽修當時正在推行詩文革新運動，他反對「西昆體」、「太學體」這種為了寫文章而「文章」的、充滿了艱澀典故和華麗句子的文章。他講究文道並重，寫文章是有感而發的，而且要說人話，文情並茂，能表達出自己的真性情才好。如果你讀過歐陽修本人的文章，就能對這個標準有更深的體會。

因此，他也希望能利用科舉，選拔出一些這樣的人才，共同推動文學革新。

其實他這樣做是有風險的。革新，就意味著要得罪原有的一批人。所以當時放榜之後，那些寫「太學體」的學生開始當街鬧事。他們把歐陽修圍起來，在他的馬前起鬨，巡街的士兵都無法制止。

即便頂著這麼大的壓力，歐陽修宣導詩文革新運動的步伐也並沒有停止。在本次科考中，他驚奇地發現了一個未來的人才，那就是眉山蘇軾。

要感謝當時的考試制度。歐陽修主持考試時，是四場綜合打分評定，雖然蘇東坡第一場考試失利了，但真正讓他聲名大噪，並得到歐陽修賞識的恰巧是第二場。之前講過蘇東

坡這一段經歷，這裡就不再重複了。

那篇讓歐陽修驚豔的文章，就是後來被收錄進《古文觀止》裡的〈刑賞忠厚之至論〉。因為考卷被重新謄寫過，並且把名字糊了起來，當時歐陽修以為是自己的門生曾鞏所寫，為了避嫌，就沒給第一，違心地給了個第二名。

後來第四場考《春秋》時，蘇東坡考了第一。四場成績綜合下來，他順利登科，成功進入殿試。當時宋朝的規則是「殿試不落黜」，若你獲得進入殿試的資格，一般不會落榜，都賜予進士出身。所以包括蘇東坡在內的三百八十八位人才，都成了當年的進士。而當年主考官歐陽修自然就成了他們的恩師。按照慣例，他們要到歐陽修府上去拜謝。

那一回，就是蘇東坡和歐陽修的初次見面。蘇東坡終於見到了他嚮往已久的偶像。

他童年還在讀書時，有個從京城來的人到了學校裡講石介寫的〈慶曆聖德詩〉，老師跟他說：「范仲淹、韓琦、富弼、歐陽修，你要記得他們。他們都是人中豪傑。」

後來，蘇東坡在給范仲淹的文集寫序的時候描述了這件事，說他第一次看見歐陽公，歐陽公就介紹了另外兩位大老韓琦和富弼給他認識。他們「皆以國士待軾」——用天下讀書人的最高禮節來對待蘇軾。

蘇東坡不僅記得他和歐陽修第一次見面時的大事，就連那些細節他也記得。

他在〈祭歐陽文忠公夫人文〉裡寫道：

先生開心地拍手鼓掌，說：「你是和我一樣的人，其他人都算不上同行者。我老了，要退休了。未來我希望能把文章之道傳授給你。」

此我輩人，餘子莫群。我老將休，付子斯文。

這一面，是一位當朝文壇領袖，對下一個希望之星深深的看見與託付。那一年歐陽修五十一歲，蘇東坡只有二十二歲。

我特別佩服歐陽修的一點，就是他的識人之明和他的氣度胸懷。

你看他在〈與梅聖俞書〉裡是怎麼評價蘇東坡的：

讀軾書，不覺汗出，快哉！快哉！老夫當避路，放他出一頭地也！

這就是成語「出人頭地」的由來。

看到比自己更好的人，他不僅不嫉妒，而且還要為他讓路。

知己相交，有幸得遇歐陽修

《三蘇年譜》裡記載，歐陽修喜得蘇東坡以後，就以培植他成長為己任。一開始一片譁然，許多人很不服氣。但後來看見蘇東坡的文章，就漸漸信服了。當時盛行的文風，也因此得到了改變。蘇東坡的文章風靡一時。

甚至可以大膽地說，蘇東坡是歐陽修「捧」出來的。後來，蘇東坡服母喪結束以後回到京城，歐陽修又推薦他去參加制科考試。這門考試非常嚴格，而且必須有人引薦，你才有資格考。歐陽修在當時的推薦信〈舉蘇軾應制科狀〉裡甚至寫了重話：

> 臣今保舉，堪應材識兼茂明於體用科。欲望聖慈召付有司，試其所對。如有繆舉，臣甘伏朝典。謹具狀奏聞，伏候敕旨。

意思就是，如果這個人我推薦錯了，我甘心接受朝廷法規的懲罰。

後來的結果我們也說過，蘇東坡的成績前無古人，可以說是北宋開國百年第一。一顆文壇之星，冉冉升起來了。

十年後，歐陽修也在一次又一次的申請中，退休了。

同一年因與王安石等變法派的意見不合，蘇東坡主動請求外放，到杭州任職。他先去看了弟弟蘇轍，然後兩人一起到潁川拜訪退休的歐陽修。是他和歐陽修的最後一次見面。

蘇東坡後來在〈祭歐陽文忠公夫人文〉中回憶到，恩師告訴他：「你能來我好開心。我所說的『文章』，必然要承載道義，否則就不是好文章。**你要把持住自己，如果早年就因為貪圖名利而改變了自己的志向，那麼，你就不是我的學生。**」

蘇東坡叩頭稱謝，然後告訴歐陽修：「老師，我記住了。我到死都不會改變。」

他說：「老師雖然已經過世了，但是他的話，還像太陽一樣照耀著我。」

歐陽修去世以後，很多人給他寫過祭文，但是如果你去對比一下，比如王安石寫的和蘇東坡寫的，情感的濃烈程度是完全不一樣的。

王安石是臨風感懷，感慨再無人追隨。

> 臨風想望不能忘情者，念公之不可復見，而其誰與歸？

蘇東坡直接是，上為天下蒼生而悲，下為我對先生的情感而痛哭。

蓋上以為天下慟，而下以哭其私。嗚呼哀哉！

十八年後，蘇東坡第二次外放杭州。

他專門又去找了老師當年推薦他認識的名僧惠勤和尚，可惜老和尚也過世了。老和尚的弟子告訴他，他們把歐陽修和惠勤兩人的畫像掛在廳堂祭拜，沒想到幾個月後突然冒出了一眼清泉。於是蘇東坡借歐陽修的號，將這口泉命名為「六一泉」。時隔近千年，這口泉現在還在，位於杭州西湖孤山南麓西泠印社的西面。

對中國文化史而言，有幸得遇蘇東坡。對蘇東坡個人而言，他有幸得遇歐陽修。

人生中能遇見一個懂你的人，太不容易了。

更不容易的是，他不僅懂你，還願意領你進門，不遺餘力地提攜你、幫助你。

其實，人生中有這樣一個你可以叫他「師父」的人，是一件很幸福的事。

就好像多了一個沒有血緣關係的父親，是心靈上的朋友。

高山流水，伯牙子期，知己相交，甘之如飴。

與學生交：蘇東坡與黃庭堅

——高級的友誼，是平淡如水的。

有些人，一生可能都沒見過幾次面，卻能夠亦師亦友亦知己，蘇東坡和黃庭堅就是這樣。黃庭堅名氣當然不比蘇東坡大，但就宋朝的文人團體而言，那也是一顆閃耀的明星。

完美示範，何謂君子之交淡如水

宋詩中兩位影響力巨大的人物是蘇黃，即蘇東坡和黃庭堅；北宋四大書法家是蘇黃米蔡，蘇後面就是黃；蘇門四學士裡，第一個也是黃庭堅。

所以大家普遍認為，黃庭堅是蘇東坡的學生。

其實他們之間的關係，與其說是師生，不如說亦師亦友亦知己。

而且在看完了他們的故事之後，我有一個感受，就是我不知道要羨慕蘇東坡，還是要羨慕黃庭堅。

他們的友誼，向世人展示了什麼叫「君子之交淡如水」，非常平淡，卻非常高級。

黃庭堅比蘇東坡小九歲，最開始蘇東坡並不認識他。

北宋熙寧五年（一〇七二年），蘇東坡在杭州任職，好友孫覺給蘇東坡介紹了自己的女婿，也就是黃庭堅。他給蘇東坡看了自家女婿寫的詩文，想請已經名揚天下的蘇子來替黃庭堅揚揚名。

《宋史．黃庭堅傳》裡是這麼描述蘇東坡看完了黃庭堅詩文之後的反應：

> 蘇軾嘗見其詩文，以為超軼絕塵，獨立萬物之表，世久無此作，由是聲名始震。

一騎絕塵，超凡脫俗，世間已很久沒有看到這樣的好作品了。然後後面六個字交代

「由是聲名始震」，從此以後，黃庭堅的名字在文壇聲名鵲起，開始漸漸被大眾所認知。

說到這裡，我們可能認為這兩個人會因為互相欣賞，就此結交了吧。

沒有。

對黃庭堅而言，蘇軾這個名字就是北宋文壇最耀眼的星星，他內心其實是非常傾慕和嚮往的，可是他們之間，也許是因為名氣、地位懸殊，所以一直到這件事發生了六年後，一〇七八年，我們才找到了他第一次寫給蘇東坡的信。

信件一來一回，開啟相交之路

黃庭堅就像一個粉絲給偶像寫信一樣。

他說：我年紀小又地位卑微，才華有限，只能在眾人之中遠遠望著您，無法侍您左右……如果不是因為您的才德，像我這樣身分低微的人，怎麼可能有機會和您通信呢！我所期待的，就是想把我的所思所想和一個心意相通的人交流。因為無法在當今找到這樣的人，於是以前我只能從古人中尋找。而今，與我同時代的人中就能找到這樣符合心意之人，那我這份渴望相見的心，該有多強烈啊！《詩經》裡說：「見到君子後，我的心才得以傾訴。」現在，我雖然還未見到您，但我的心已經在向您傾訴了！

然後，他還專門作了〈古風二首上蘇子瞻〉附在後面，作為送給偶像的文字禮認認真真，恭恭敬敬。

很多晚輩寫給這些名人大家或者長輩上級的信，因為同在政壇或同在文壇，大多數信裡除了讚美，都會說「我特別想要跟隨您啊」或「請您多提攜我啊」之類的話。但這封信讀下來，非常乾淨，非常真誠，沒有任何利益的部分，就是很純粹地想要表達：我對你的崇敬和傾慕。

這件事過去約莫半年後，沒想到，黃庭堅居然收到了蘇東坡的回信。

更沒想到的是，蘇東坡這封信是這樣寫的：收到你的信很開心。你太謙恭了，對我這麼畏懼，何必呢？我也很想和你交朋友啊。我從你的詩文推斷你的為人，必然藐視世間俗事，當權者不一定能用你。我在濟南拜會你舅舅，更覺得你超然物外，與天地同遊，不僅當權者不一定能用，我這樣一個放縱不受拘束、與世間疏闊放達的人，都擔心自己不夠資格成為你的朋友呢。我正要向你求交，沒想到先收到了你的信，這喜悅和慚愧的心情，幾乎克制不住啊！然而最近家裡人生病了，我回信比較晚，希望你別介意。你送給我的〈古風二首〉收到了，姑且和著你的韻也寫二首，博你一笑。秋熱季節，萬望珍重啊。

想像一下，你曾經仰慕的一位大家，你誠惶誠恐地給他寫信，沒想到他卻告訴你，他也很看好你，很想跟你交朋友，然後認認真真和了你的詩，你有什麼感覺？

這一來一回的信，從此拉開了蘇黃二人的相交之路。

烏臺詩案牽連黃庭堅，仍是筆友唱和

他們以文字互相唱和，但不幸的是，緊接著蘇東坡就迎來了他人生的第一大痛擊：烏臺詩案。所有和他有文字往來的人，都受到了牽連，包括黃庭堅。但當大部分人都選擇噤聲自保的時候，黃庭堅卻是少有的站出來替蘇東坡申冤的人。他也因為烏臺詩案的影響，而被罰二十斤銅，降職為縣令。

蘇東坡被貶黃州期間，黃庭堅依然繼續給他寫信，兩個人的唱和之作一來一往，很有默契。

蘇東坡寫〈薄薄酒〉，黃庭堅就寫〈薄薄酒二章〉。

黃庭堅寫〈食筍十韻〉，蘇東坡就寫〈和黃魯直食筍次韻〉。

兩個人從精神世界走向了生活樂趣，然而一直到這個時候，他們之間都還只是筆友。

直到元祐元年（一〇八六年），蘇東坡從黃州的低谷走回京城政壇，那一年的冬春之交，在距離他們第一次通信八年之後，黃庭堅終於見到了自己的偶像。

而此時，蘇東坡已經五十一歲，黃庭堅已經四十二歲。京城三年，是他們之間最為快意的三年。

蘇東坡擅長畫枯木竹石，黃庭堅就給他的畫題詩。

題子瞻枯木

折衝儒墨陣堂堂，書入顏楊鴻雁行。

胸中元自有丘壑，故作老木蟠風霜。

他們都是書法大家，彼此互相欣賞，互相切磋，也互相揶揄。蘇東坡說黃庭堅的字是「樹梢掛蛇」，黃庭堅說蘇東坡的字是「石壓蛤蟆」。

蘇東坡還寫過一篇文章，說自己搶了黃庭堅的墨。

他說：黃庭堅的書法，就是跟我學的，所以書法這麼有名，大家都拿著精美的紙和優質的墨來找他寫字。他有一個隨身攜帶的古舊的錦囊，裡面都是好墨。有一天他來找我，我就伸進去摸，摸出半塊承晏墨。天哪，這可是有人願意用王羲之的真跡去換一塊完整的承晏墨啊，非常珍貴的。啊不管了，這墨歸我了。

想像一下，兩個半百之人就跟小孩搶玩具一樣，互相挖苦嬉戲，玩的還是文人雅士的情趣，其實是挺美好的。

當時在蘇東坡周圍，圍繞著這樣一個以蘇東坡為中心的文人群體，他們志趣相投，以東坡為師，成為蘇門四學士，黃庭堅就是其中第一個。

可惜的是，他們這段美好時光，並沒有維持太久。隨著蘇東坡的再度貶謫，兩人又都天各一方了。

蘇東坡無緣見到的，兩大書法家合體

又過了幾年，黃庭堅輾轉見到了蘇東坡的〈寒食帖〉，這篇帖子後來成了書法史上的第三行書，上邊的跋文正是黃庭堅寫的。

他說：東坡這兩首〈寒食帖〉，就像李太白的詩，甚至在某些程度上超越了李太白。這篇書法兼有顏真卿、楊凝式、李建中的筆意，如果讓東坡再寫一次，可能都未必寫到這樣好。

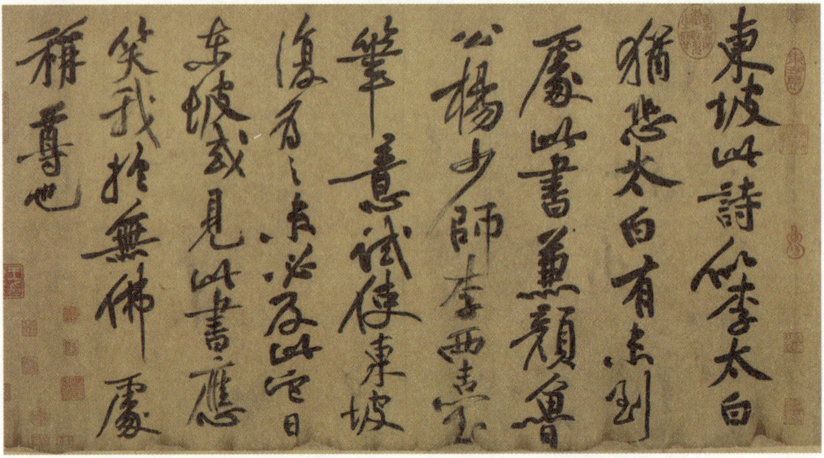

▲〈題蘇軾寒食帖跋〉〔北宋〕黃庭堅／臺北故宮博物院藏

他自嘲地說：如果有一天東坡看見我寫的這篇跋文，也許會笑我沒大沒小，在無佛處稱尊吧！

而當你在一幅字帖上看到這兩位大書法家合體的時候，那種心情是無以言表的。

一個隨意奔放，一個蒼勁有力，都是一氣呵成。可惜的是，蘇東坡並沒有看見這篇跋文。因為，他過世了。

又過了一年，黃庭堅跟朋友到湖北鄂城的樊山遊玩，途經松林間的一座亭閣，他想起蘇東坡在惠州，曾寫下過一篇〈記遊松風亭〉，說的是「此間有甚麼歇不得處」，人生有哪一刻不能放鬆一下呢？

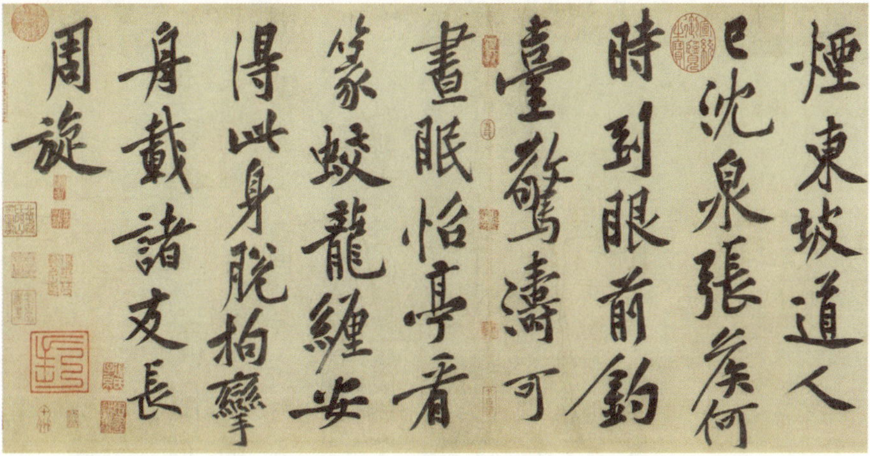

▲〈松風閣詩帖〉局部。〔北宋〕黃庭堅／臺北故宮博物院藏

黃庭堅觸景生情，提筆寫下了後來成為他書法代表作的〈松風閣詩帖〉，詩中有一句：東坡道人已沉泉。

再遇美景，可惜曾經的朋友，已經不在了。

「桃李春風一杯酒，江湖夜雨十年燈。」

一朝相識，一生知己

黃庭堅在自己的家裡掛上蘇東坡的畫像，每天清晨穿戴整齊，為老師獻香作揖，施禮致敬。

在東坡死後四年，六十一歲的黃庭堅也走到了生命的盡頭。陸游在他的

《老學庵筆記》裡描寫了黃庭堅臨終前的場景，真的就跟他與蘇東坡的友誼一樣，平淡且高級。

那天下著雨，黃庭堅喝了點酒，微醺，坐在胡床上，從欄杆之間伸出腳去淋雨。雨水拍打在他的腳上，他回頭對身邊的朋友說：「信中啊，我這輩子都沒有像現在這樣快意啊。」說完，就去世了。

古人常說，君子之交淡如水。

我以前不懂得，為什麼淡如水才是高級的友誼，但在蘇黃二人身上，我看到了：有些人，就是不需要經常見面，不需要經常問候，也沒有那麼多跌宕起伏的情節，但一朝相識，便可為一生知己。

黃庭堅寫過一篇〈品令．茶詞〉，最後一句話，就是君子之交的最好註解：

恰如燈下，故人萬里，歸來對影。口不能言，心下快活自省。

與方外之人交：蘇東坡與佛印

——交一個有智慧的朋友。

在蘇東坡的眾多友人中，他跟佛印的故事應該是最廣為流傳的。很多聽起來很有趣，也很有禪機。可惜絕大部分都不是真的，只是後人編的段子。

但為什麼今天還值得拿出來說一說呢？因為讀完這些故事以後，你會覺得，人生真的應該交一個有智慧的朋友。特別是當我們對人、事、物有所執念的時候，他的一句話，真的就如醍醐灌頂，直接點醒你。

先說說佛印這個人。

馮夢龍在《古今譚概》這本筆記小說裡，記載了一段關於佛印出家的趣事，說佛印博覽群書，原本是要考功名的，跟蘇東坡關係好。但有一年，他跟蘇東坡說想進宮見見皇帝，蘇東坡就給他出了個餿主意，說：「皇帝剛好要去神廟禱告，你呢，打扮成僧人的模樣進去裡面表演，就能遠遠見到皇帝了。」

結果皇帝一看，這「僧人」啊，「身長白面，狀貌魁梧」，就問：「咦，這人怎麼不剃光頭啊？」佛印沒辦法，就只好編了個理由說：「我家裡窮，沒錢剃度。」皇帝同情地說：「那行，我免費給你一個度牒，你安心去當和尚吧。」於是就讓人把他頭剃了。佛印從此奉旨出家。

這個故事聽起來挺逗的，可惜是假的。

那真實的故事是什麼呢？

佛印小時候就出家了，而且是個神童。

據記載，佛印禪師法名了元，俗家姓林，他在廬山開先寺，也就是現在的秀峰寺，跟隨善暹禪師，在此開悟，之後歷住廬山歸宗寺、鎮江金山寺等好幾個知名古剎。今天我們到廬山的秀峰寺，還能在觀音殿前看見當年佛印親手植下的古松。

他小時候就是個神童啊，三歲能誦《論語》，五歲能誦詩三千首，精通五經，是個飽讀詩書的僧人。《廬山山南二古寺志》裡說到，他「與東坡居士善」，就是跟蘇東坡關係好。我想，後人之所以喜歡編撰他和蘇東坡的種種頗有禪機的故事，可能也跟佛印本人的人設有關係，人家本就學識淵博、智慧通達。

兩人間趣味橫生的「屎尿」故事

那，他跟蘇東坡都有哪些有意思的故事呢？最有名的那幾個，都跟「屎尿屁」有關。

據說有一次，蘇東坡跟佛印出城遊玩，兩人騎著馬慢慢前行。佛印讚嘆說：「你在馬上的這個姿態，很好，像一尊佛。」蘇東坡就調侃說：「你在馬上看著也好啊，像一堆牛屎。」佛印說：「我口出佛，你口出屎。」

你覺得他們的境界誰高誰低呢？

現代有一句很流行的話，叫「你眼中的你不是你，別人眼中的你也不是你，你眼中的別人才是你」。佛印心中有佛，所以看別人都是佛。那蘇東坡看別人都是屎，就只能證明他心中……

這個故事很可能不是真的，但很多人都說是真的，還找到了出處——明代人所編寫的《東坡禪喜集》，真有這本書。但且不論明人寫的是不是真事，我翻遍了整部《東坡禪喜集》，也沒看到這個段子。

所以說，歷史真的很難有絕對的真相。但不影響我們聽有趣的故事啊。

還有一個故事。

據說蘇東坡中年以後喜歡參禪悟道，一日突然感覺自己修禪有成，於是寫下一首詩：

稽首天中天，毫光照大千。
八風吹不動，端坐紫金蓮。

多穩，無論外在得失，內心如如不動。

他寫完以後感覺很好，就讓人將這首詩送給對岸金山寺的佛印禪師。

禪師看了詩，寫了兩個字回他：放屁！

蘇東坡一看，大怒，乘船過江去找佛印理論。佛印看著他，笑著說了一句話：

八風吹不動，一屁過江來。

你不是不為外物所動嗎？我一句「放屁」，就讓你動了。

這個故事據說記載在《東坡志林》裡，可是我也沒找到。

但你不覺得他們兩個人之間的往來，充滿了禪機，有一種意猶未盡的感覺嗎？

而且這兩個故事，有一個共通點，就是每當你要愛現一下，或給你的朋友惡作劇一下時，他總能從你的小聰明裡跳脫出來，一句話，就讓你明白：啊，小丑竟是我自己。

但你又不會不開心，因這種高智商一來一回的交流博弈，是會讓人產生高階樂趣的。

互見機鋒的對話，展露智慧層次

我接下來說的這幾個故事很可能是真的，因它們都出現在蘇東坡詩集和文字裡。

這些故事比剛剛那兩個還要難懂一點，但是也很有禪意，需要反覆琢磨。

蘇東坡是在烏臺詩案發生前不久結識的佛印，後來他被貶黃州時，佛印曾寫信給他，請他給自己所在的雲居山寫一篇記。蘇東坡也很有意思，他不只回了信，還寄了一大堆石頭，同時附送了一篇文章，叫〈怪石供〉：

齊安小兒浴於江，時有得之者。戲以餅餌易之。既久，得二百九十有八枚。大者兼寸，小者如棗、栗、菱、芡，其一如虎豹，首有口、鼻、眼處，以為群石之長。又得古銅盆一枚，以盛石，挹水注之粲然。而廬山歸宗佛印禪師適有使至，遂以為供。禪師嘗以道眼觀一切，世間混淪空洞，了無一物，雖夜光尺壁與瓦礫等，而況此石？雖然，願受此供。灌以墨池水，強為一笑。使自今以往，山僧野人，欲供禪師，而力不能辦衣服飲食臥具者，皆得以淨水注石為供，蓋自蘇子瞻始。

他說：我在黃州看到一些小孩在江裡洗澡時，會到處撿石頭。我逗他們，就用餅跟他們換，一段時間下來，得到了兩百九十八枚。你別小看這些石頭啊，小的像棗，像栗子，還有一顆大的，特別像虎豹。禪師啊，你用佛家的眼光看待世間一切，我想你應該沒有分別心了吧。夜明珠、寶玉和這堆石頭在你看來，應該是一樣的吧。所以你別嫌棄我供奉石頭給你啊。以後別人要是也想供奉，也跟我一樣沒錢買這些吃的穿的，那是不是也可以供奉石頭啊。因為蘇子瞻我呢，已經開了這個先河了。

最後他在信裡還特別使壞地說了一句：相信以後寺裡的齋飯就不愁沒地方化緣了。

其實，供奉一堆石頭原本是蘇東坡想跟佛印開的一個玩笑，有點得了便宜還想賣乖的意思。

沒想到，佛印不僅把這些石頭照單全收，而且還認認真真、恭恭敬敬地讓人把蘇東坡的這篇〈怪石供〉刻到了石碑上。

還有一次，蘇東坡去拜訪佛印，滿屋子找不到一張椅子坐。佛印說：「此間無坐榻，居士來此做什麼呢？」

蘇東坡的嘴上不能輸啊，隨即打了一個機鋒❶，說：「我暫借禪師的地水火風四大為坐榻。」

這句話其實說白了，就是想要展露自己的智慧。

因為佛家認為組成世界的基本要素是地水火風這四大元素。

---

❶機鋒：佛教禪宗以含意深刻，不落跡象的言語彼此問答，互相啟發，有如弩箭觸機而發其鋒銳，稱為「機鋒」。

世間所有的物質，坐榻也好，人也好，甚至肉眼看不見的東西，都是由它們組成的。所以蘇東坡的潛臺詞是，椅子只是我們定義出來的一種物質而已，既然這世界底層的元素都是地水火風，那借你的地水火風來做我的坐榻不就行了嗎？

這麼一聽，覺得蘇東坡好像很有智慧，不執著於椅子的色相，好像已經悟到了物質和能量之間可以相互轉化一樣。

但佛印說：「你說要問我借四大，我有一個問題，你要答得上來，我借你四大，要答不上來，你腰上這條玉帶，留下。」

蘇東坡一想：我回答得這麼高級了，還能有啥問題？「好，那你問吧。」

佛印說：「你借我四大來當坐榻，可我四大本空，五蘊非有，你上哪裡坐？」

這句話是什麼意思呢？

就是，我修行到深處的時候，已經四大皆空了，可你還在追求這世間的四大啊。

這句話一出，境界高下立見。

蘇東坡無話可說，只能把玉帶留下。

這段故事被記載在佛教典籍《五燈會元》中。後來蘇東坡也寫詩記錄了這件事。

從詩裡看，佛印雖然留下了他的玉帶，但其實也就是開個玩笑而已，禮尚往來，佛印也把自己的衲衣留給了他。

以玉帶施元長老，元以衲裙相報，次韻二首

其一

病骨難堪玉帶圍，鈍根仍落箭鋒機。
欲教乞食歌姬院，故與雲山舊衲衣。

其二

此帶閱人如傳舍，流傳到我亦悠哉。
錦袍錯落差相稱，乞與佯狂老萬回。

雖然他們流傳於後世的，大多是這些互相惡作劇的，或者互見機鋒的對話，但這些對話所展現出來的智慧層次，總給人一種層層疊疊、餘韻悠長的感覺。

越是這樣有智慧的朋友，其實越能在你人生低谷處，拉你一把。

低谷時，一個用智慧點醒自己的至交

據《錢氏私志》記載，佛印有一封寫給蘇東坡的信，我看了很感動。

子瞻中大科，登金門，上玉堂，遠於寂寞之濱，權臣忌子瞻為宰相耳。人生一世間，如白駒之過隙。二三十年功名富貴，轉盼成空，何不一筆勾斷，尋取自家本來面目，萬劫常住，永無墮落。縱未得到如來地，亦可以驂駕鸞鶴，翱翔三島，為不死人。何乃膠柱守株，待入惡趣？

昔有問師，佛法在甚麼處？師云在行住坐臥處，著衣吃飯處，屙屎剌撒處，沒理沒會處，死活不得處。子瞻胸中有萬卷書，筆下無一點塵，到這地位，不知性命所在，一生聰明，要作甚麼？

三世諸佛，則是一個有血性的漢子。子瞻若能腳下承當，把一二十年富貴功名賤如泥土，努力向前，珍重，珍重。

蘇東坡晚年被貶惠州的時候，佛印在江浙，離得很遠。

有一個僧人叫卓契順，願意千里送信，佛印就把他的信託付給了這位僧人。

佛印擔心蘇東坡晚年遭遇這等大挫折，會內心絕望，因此這封信寫得情深義重，一字千鈞：

子瞻，人生一世，白駒過隙，二三十年功名富貴轉眼成空，何不將前塵往事一筆勾銷，去找尋自己的本性？就算去不了西方極樂世界，至少也可以仙山遨遊，不被萬物牽絆，再陷浩劫啊。

曾經有人問我，佛法在何處？我說：在你行住坐臥處，在你穿衣吃飯處，在你拉屎撒尿處，在你沒人理會處，在你求生不得、求死不能處。

道理，就在這個世界的每一處地方。子瞻，你胸中有萬卷書，筆下無一點塵，走到這樣的境界，如果還不知道人活著是為了什麼，那要這一生聰明有何用呢？

三世諸佛，都是有血性的漢子。**子瞻若有擔當，可把一二十年的富貴功名視如泥土般卑賤，努力向前，珍重，珍重！**

真好。

人生，還是要交這樣一個有智慧的朋友！

與鐵粉交：蘇東坡與馬夢得

——交一個能一直挺你的朋友。

能找到一個能一直挺你的朋友，有多幸福？

蘇東坡就有這麼一個朋友，而且誇張一點說，如果沒有他，歷史上甚至都不會有「蘇東坡」這個名字。這個人叫馬正卿，字夢得，跟蘇東坡同年同月生，而且只比他小八天。他們的友誼從蘇東坡年輕的時候就開始了。

「馬夢得」這三個字，在東坡的文字裡橫跨了三十四年。

嘉祐五年（一〇六〇年），蘇東坡二十五歲，那時他因為和弟弟蘇轍同榜登科中了進士，被當時的文壇領袖歐陽修看重，名氣正盛。他和弟弟剛為母親程夫人守完三年孝回到京城，因為京城房子太貴，消費太高，他們一家人就搬到離京城六十幾公里開外的郊區，當時叫雍丘，也就是今天的河南杞縣，在那裡住下了。

那一年，他認識了馬夢得，他恰好就是杞縣人。馬夢得當時在幹什麼呢？在京城太學做太學正。太學是宋朝最高教育機構，相當於國家級大學，是為國家培養高級官員和學者的地方，從宋仁宗開始設置了「太學正」這麼一個職位，最早是從太學生裡選拔一些優秀學生來擔當。可以把他們理解為「學生幹部」。這些學生幹部平常要執行校規，抓違紀，考核別的學生等等。

馬夢得在當時就是這樣的角色。這角色有點像「訓導主任」，如果我是調皮搗蛋的學生，肯定很忌憚他。在《東坡志林》裡，蘇東坡這麼描述馬夢得，說他「清苦有氣節，學生既不喜，博士亦忌之」。

杞人馬正卿作太學正，清苦有氣節，學生既不喜，博士亦忌之。余少時偶至其齋中，書杜子美〈秋雨嘆〉一篇壁上，初無意也，而正卿即日辭歸，不復出。至今白首窮餓，守節如故。正卿，字夢得。

雖然只有短短不到一百字的描述，但是完全可以勾勒出這個人的基本形象。首先，清苦。窮啊。多窮呢？

蘇東坡曾經專門寫過一篇文章叫〈馬夢得窮〉，在裡面非常嘴毒地調侃過：從這個命盤上看啊，我們這個月分出生的人，都沒啥富貴相，全是窮人。而其中呢，又以我和馬夢得為窮人中的窮人。但是如果就我和馬夢得兩人單比，那對不起，還是他窮一點。

連蘇轍都忍不住寫詩感慨：老天爺啊，你怎麼能讓一個人這麼窮啊。

贈馬正卿秀才

男兒生可憐，赤手空腹無一錢。死喪三世委平地，骨肉不得歸黃泉。徒行乞丐買墳墓，冠幘破敗衣屨穿。矯然未肯妄求取，恥以不義藏其先。辛勤直使行路泣，六親不信相尤愆。問人何罪窮至此，人不敢尤其怨天。孝慈未省鬼神惡，兄弟寧有木石頑。善人自古有不遇，力行不廢良謂賢。

雖然馬夢得很窮，但他做事非常有傲骨。你想，又是抓「風紀」這種職位，還說一不二的，那肯定學生不喜歡，老師也忌憚啊。所以，馬夢得在職場上，幹得不是很開心。

還是你懂我！直接辭官不幹

孔凡禮先生在《蘇軾年譜》裡就記載了，這一年，蘇東坡去拜訪馬夢得，發生了一件事。就是前面提到的《東坡志林》裡說的——蘇東坡到馬夢得的書齋去等他，沒等到，於是就信手在牆壁上題寫了一篇杜甫的〈秋雨嘆〉。沒想到馬夢得回來看到這首詩，直接辭官不做了。而且是「不復出」，就是一輩子都不做官了，多大的決心和勇氣啊。

本來就窮，辭了工作就更窮了，「至今白首窮餓，守節如故」，頭髮都白了，還窮著，而且是非常有氣節地窮著。活成了一個又清苦又倔強的老頭。

蘇東坡當年隨意題寫的那首杜甫的〈秋雨嘆〉，竟然對一個人產生了一輩子的影響，為什麼？

這就是天生氣場相投的好朋友啊，我都不一定見過你，但我如此懂你。

因為這一首詩，寫的其實就是馬夢得的心聲。

〈秋雨嘆〉一共有三首，根據南宋胡仔在《苕溪漁隱叢話》裡的猜測，蘇東坡題寫的應該是第一首。

秋雨嘆

雨中百草秋爛死，階下決明顏色鮮。
著葉滿枝翠羽蓋，開花無數黃金錢。
涼風蕭蕭吹汝急，恐汝後時難獨立。
堂上書生空白頭，臨風三嗅馨香泣。

秋雨連綿百草爛死，臺階下的決明子依然顏色正鮮。可是小植物畢竟是小植物，秋天是肅殺的，蕭蕭秋風下它何以自立呢？它這麼小，又怎麼能改變這個世界的悲涼呢？

馬夢得看見這首詩，也許就明白了，他的正直和剛硬，在官場永遠都不會被人喜歡，況且他小小一株決明子，又如何能改變這世界的肅殺之氣呢？算了，窮則獨善其身，陶淵明曾說「不為五斗米折腰」，他馬夢得可能米都沒有五斗，但，他依然不願折腰。

東坡居士的誕生——你最落魄時，我在！

從此以後，馬夢得就決心追隨蘇東坡，成了他的頭號「捧場王」。當蘇東坡以北宋開國百年第一的成績名滿天下，簽書陝西鳳翔府判官的時候，跟隨他一起去的，據說就有馬夢得。

馬夢得對蘇東坡最堅定的支持，發生在蘇東坡最落寞的時候。

他們相識二十年之後，蘇東坡因為烏臺詩案被貶黃州，「平生親友，無一字見及」，那些曾經的好朋友都不知道去哪裡了，連個書信也沒有。蘇東坡寫信過去，他們也不回，不知道是不是怕被連累。

但是，在這個時候，有一個人義無反顧、不畏千里而來。那便是故人馬夢得。

在〈東坡八首〉裡有這麼一句序言：

余在黃州二年，日以困匱，故人馬正卿哀余乏食，為於郡中請故營地數十畝，使得躬耕其中。地既久荒，為茨棘瓦礫之場，而歲又大旱，墾闢之勞，筋力殆盡。

我在黃州第二年，日子窮困潦倒。老朋友馬夢得看我連吃都吃不飽，專門忙前忙後，幫我向太守申請了一塊廢棄的營地，讓我來耕種，以求自給自足。

這個地方在黃州城東邊的山坡上，恰好唐代詩人白居易也曾經在貶謫的時候做過類似的事，並且把自己開墾的那片土地命名為「東坡」。

不知道是湊巧還是命中注定，總之，馬夢得幫蘇東坡做的這件事，成了「東坡居士」這個稱號的由來。所以誇張一點地說，如果沒有馬夢得申請下來的城東這片山坡，歷史上就不會有「蘇東坡」了。

馬夢得不僅幫他弄來了一塊地，還幫他一起種田。

蘇東坡哪裡拿過什麼鋤頭，一介書生，體力還不怎麼樣，關鍵是，這還是塊荒草叢生、荊棘密布、瓦礫遍地的地，環境太惡劣了。而且那年又逢大旱，「墾闢之勞，筋力殆盡」，種田種得他們筋疲力盡。

不知道在勞作的時候，蘇東坡看著旁邊這個跟自己一樣已經四十多歲的男人，心中有何感受。當年他的一首詩讓這個男人從此改變了自己的人生軌跡，而今他又不離不棄千里而來，幹著最粗重的活兒，幫他解決衣食之憂。

他在感動中不忘調侃，說：這位窮苦的馬夢得呀，我們認識了二十年。我估計他之前以為我是個「績優股」，天天盼著我富貴，好從我身上撈點好處。可惜我現在潦倒至此，反而連累了他。他這麼幫我，就像在龜背上刮毛一樣，什麼時候才能織成一條毛毯呢？

這個蠢蛋痴人馬夢得，我都這樣了，可他到現在都還這麼看好我。

東坡八首

其八

馬生本窮士，從我二十年。
日夜望我貴，求分買山錢。
我今反累君，借耕輟茲田。
刮毛龜背上，何時得成氈。
可憐馬生痴，至今誇我賢。
眾笑終不悔，施一當獲千。

這就是挺你的朋友啊！

無論貧富貴賤，交友貴在相知。我看好你，一輩子都看好你。

「可憐馬生痴，至今誇我賢」，這句話太好了。

士之相知，溫不增華，寒不改葉

在黃州過了四年多，蘇東坡在職場上又「行」了。他回到朝堂，成了小皇帝的老師，登上政治生涯巔峰。那時候的馬夢得在哪裡呢？現在已經找不到記載。從蘇東坡寫給米芾的信裡可以猜測，馬夢得大概是回到故鄉杞縣，繼續做他清苦農夫去了。朋友落魄時，第一時間出來相挺。朋友富貴時，默默隱退身後。

又過了幾年，蘇東坡再度遭遇大貶。五十九歲的他，正要從定州趕往英州，也就是正要從河北趕往廣東這個貶謫地的時候，經過了杞縣。

相知三十四年，蘇東坡再度為馬夢得留下了一首意味深長的小詩：

初貶英州過杞贈馬夢得

萬古仇池穴，歸心負雪堂。
殷勤竹里夢，猶自數山王。

你歸隱的地方，就像世外桃源一樣，令我羨慕。想想我們曾經在黃州一起種田，建了一個小房子名叫「雪堂」。曾經想要歸園田居，可惜我貪戀世間名利，還是回到官場中奔波。想想雪堂，真是內心慚愧，深覺辜負。

宦海沉浮，命運作弄，我今又遭貶謫。當年竹林七賢是何等的高風亮節，卻也免不了有山濤、王戎等輩投靠朝廷，失了氣節。

我羨慕你一生堅守根本，固窮守節，也願勉勵自己，不辜負初心，不辜負你。

其實在我所說過的蘇東坡所有的朋友裡，馬夢得是至今唯一一個連網路搜尋資料都很少的人。關於他的資料，九成以上都來自蘇東坡的筆下。如果沒有他，我們也不知道千年前曾有過這麼一個人，給予過蘇東坡一場橫跨三十四年的相知相隨、相挺相助。

諸葛亮曾經用一句話來形容世間最高的友情。

他說：「士之相知，溫不增華，寒不改葉。」

我想，蘇東坡和馬夢得，就是這樣一對朋友。人生有這麼一個朋友多麼幸福啊！

不用客客氣氣地做什麼表面工夫，也無須用力地維護友誼，反而更多的是那種調侃、挖苦，甚至是惡作劇。並且，最重要的是，彼此有著共同的愛好、共同的志趣，雖然走的是不一樣的人生軌跡，卻也能有心心相印的珍惜。

快哉，遇見人生中的馬夢得！

【輯五】資料出處

1 【北宋】蘇軾〈祭歐陽文忠公夫人文〉、〈答黃魯直〉、〈記奪魯直墨〉、〈怪石供〉、〈以玉帶施元長老，元以衲裙相報，次韻二首〉、《東坡志林》、〈馬夢得窮〉、〈東坡八首並敘〉、〈初貶英州過杞贈馬夢得〉

2 【北宋】歐陽修〈與梅聖俞書〉、〈舉蘇軾應制科狀〉

3 【北宋】王安石〈祭歐陽文忠公文〉

4 【北宋】黃庭堅〈古風二首上蘇子瞻〉、〈題子瞻枯木〉、〈品令・茶詞〉

5 【北宋】蘇轍〈贈馬正卿秀才〉

6 【南宋】陸游《老學庵筆記》

7 【南宋】普濟《五燈會元》

8 【南宋】錢世昭《錢氏私志》

9 【元代】脫脫等人《宋史・黃庭堅傳》

10 【元代】釋覺岸《釋氏稽古略》

11 【明代】馮夢龍《古今譚概》

12 【明代】徐長孺《東坡禪喜集》

13 滑紅彬、熊超《廬山山南二古寺志》

14 孔凡禮《三蘇年譜》、《蘇軾年譜》

輯六

讚嘆

蘇東坡活出來了

引子 他在天地間找到了自由

我們在輯一、輯二裡，講了蘇東坡的前半生：無比絢爛的開局，鬱鬱寡歡的外放，急轉直下的挫折，廢墟重建的人生。

而要去探究他後來能站上中國文化史巔峰的原因，僅講述他個人的經歷是不夠的。

所以，我們在輯三、輯四、輯五裡，去追溯了他的原生家庭、童年經歷、親密關係，又在他與朋友的交往中，更深地瞭解了這個人，明白了他為什麼能讓朋友們願意為他披肝瀝膽、千里奔赴。

這所有的因緣聚在一起，才成就了「蘇東坡」。

現在，一起來看一看，那個我們從小在國文課本裡就很熟悉的蘇東坡，如今再次重讀，會有何不同？

一起來看一看，那個把自己置身於天地之間、享盡自由的「蘇東坡」，究竟是怎樣活出來的？

與誰同坐，明月清風我

——快樂是可以加倍的。

這世界有什麼東西，是越分享越多的呢？
我在蘇東坡的一首〈點絳唇（閒倚胡床）〉裡得到了答案。

一個人有一個人的清閒

點絳唇

閒倚胡床，庾公樓外峰千朵。與誰同坐。明月清風我。
別乘一來，有唱應須和。還知麼。自從添個。風月平分破。

這首詞描述的心境讓人羨慕，而且它上下闋寫的心境還是不一樣的。

我們先看上闋。

蘇東坡的詞是很有畫面感的。

閒倚胡床，庾公樓外峰千朵。

第一個鏡頭，你看不見主角是誰，就是一個閒靠在胡床上的背影。

然後鏡頭慢慢移動，過肩，透過庾公樓的窗戶向外望，我們看見了遠處的山峰，如同鮮花綻放。

緊接著，就是一個反拍鏡頭，主角出現了，他像是在問你，又像是在問自己：

與誰同坐。明月清風我。

這句話再怎麼翻譯成白話文，都會弱化其本身的意境。它就適合這樣說。

有人曾經把這句話和李白的「舉杯邀明月，對影成三人」拿來對比。

李白這首詩開頭是仙氣飄飄的，在一種微醺的半醉半醒之間，舉頭邀明月共飲，低頭看對影，像是有三個人一起在喝酒一樣。

都是與自然同在，但李白用的是「邀」。

邀請，是一個動作，你會發現這個畫面是動態的，主人公是瀟灑的。

但蘇東坡不是。整個畫面很安靜。

主角靜靜地坐在那裡，明月、清風，它們似乎也在靜靜地陪伴主角。

我們不需要做什麼動作，它們就一直都在。

所以，這個畫面所表述的心境是什麼呢？

其實就是上闋的第一個字：閒。

一個人有一個人的清閒。

即便無人作陪，也有明月清風伴我左右。

蘇州拙政園有一個亭子，就叫「與誰同坐軒」。我去過幾次，這個亭子的屋面、軒門、窗洞等，都是扇形的，你從哪一個角度看出去，都是與眾不同的風景。

想像一下，明月當空，我們靜靜地坐在亭子裡，一盞燈，一杯清茶，月光如水，照著澄澈的湖面。山水與我同在，美景與我共存。孤獨，也有孤獨的愜意。

兩個人有兩個人的快樂

「與誰同坐。明月清風我。」我們覺得這個意境已經很好了，對吧？但這還不是高潮。我們來看下闋。

別乘一來，有唱應須和。還知麼。自從添個。風月平分破。

「別乘」是個官職，蘇東坡在這裡說的是一個人，叫作袁轂，袁公濟。蘇東坡寫這首詞的時候，是他第二次外放到杭州，而在事業上跟他搭檔的，就是通判袁轂。袁轂也是一個詞人。袁轂來了，蘇東坡就有機會跟他一起在公務閒暇時遊山玩水，賦詩唱和。

所以他說：「你知道嗎？自從你來了之後，風月平分──清風明月，咱倆可以一人一半了。」

他在分享他的心境：我把我的這一份清閒恬淡給出去，雖然咱們是一人一半，但我的快樂是加倍的。因為，有你的應和和共鳴。

蘇東坡的〈赤壁賦〉裡也有一句話：

惟江上之清風，與山間之明月，耳得之而為聲，目遇之而成色，取之無禁，用之不竭，是造物者之無盡藏也，而吾與子之所共適。

清風明月，入了你的耳朵便有了聲音，入了你眼簾便有了形色，這是大自然恩賜的寶藏，我和你可以共同享受。

我後來在這首詞裡明白了，什麼東西越分享反而越多呢？幸福感。

這種在大自然裡收穫的恬淡心境在你我之間流動，又因為我們之間的同頻共振而讓這種感受加倍美好。

「風月平分破。」

這個「破」字，把上闋那種安靜的畫面一下子破開了，就像是湖面泛起了漣漪，你的心靈得到了震動。

上下闋，一靜一動，各有各的賞心悅目。

這首詞向我們描繪了兩種截然不同但卻一樣美妙的心境。

一個人有一個人的清閒自在，兩個人有兩個人的其樂無窮。

我在想，蘇東坡的詞之所以那麼有治癒性，就是因為他的內在永遠是豐盛的。

人生如白駒過隙，轉瞬即逝，又似白雲蒼狗，變幻無常。

何不閒庭信步，且行且賞？

天地有大美，其實美的不一定是天地，而是一顆和光同塵、道法自然的心。

懷民亦未寢嗎？

——珍惜大半夜能隨時陪你的朋友吧。

順著上一篇「與誰同坐」，來進一步聊聊，蘇東坡在大半夜裡拉著好友起來同行的悠閒和快樂。這就是被寫進國文課本裡的〈記承天寺夜遊〉。和蘇東坡一起夜遊的這位兄臺，叫張懷民。

不知道從什麼時候開始，比起紀念蘇東坡的誕辰，更為大家所稱道的反而是「蘇東坡大半夜去承天寺找張懷民×××周年」，就連「懷民亦未寢」在網上都成了被二度創作的一個流行梗。

我們為什麼喜歡〈記承天寺夜遊〉？

或許是因為我們太希望，人生能有張懷民這樣一個朋友了。

獨樂樂不如眾樂樂，找誰一起呢？

張懷民是誰？

三千年的史書太濃縮了，幾乎看不見這個名字。只知道，他是一位和蘇東坡一樣，被貶謫到黃州的北宋官員。他沒有東坡有名，也沒有東坡做過的官職高。據說，他當時被貶到黃州，擔任的是主簿這樣一個小官，也就是知縣下面的一個掌管文書的「祕書」。

現實一點來說，蘇東坡當年在京城大紅大紫的時候，張懷民應該是沒有機會認識他的。當年的蘇東坡正是意氣風發，看他文章裡所寫到的，往來的都是政壇要客、文豪大家。他後來說自己「上可以陪玉皇大帝，下可以陪卑田院乞兒」，其實要真正做到這一點，反而是在他人生最落魄的時候。

當花落到泥土間，才開始慢慢接了地氣。蘇東坡認識了張懷民，他們同病相憐，彼此又有共同的志趣和愛好，所以在黃州就常常結伴出行。

好朋友的特徵是什麼呢？

可能就是這篇文章前幾句所描寫的那樣：

元豐六年十月十二日夜，解衣欲睡，月色入戶，欣然起行。念無與為樂者，遂至承天寺尋張懷民。

這個晚上，我剛脫下衣服準備睡覺，恰好看到月光灑進了屋子。好美啊！我想出去看看月亮。獨樂樂不如眾樂樂，找誰和我一起呢？

於是我走到了承天寺，來找張懷民。然後，就是這句頗有深意的：

懷民亦未寢。

可能人家真的還沒睡，可是近千年後的我們不一定這麼想。

我們腦補了很多畫面，比如蘇東坡可能是溫柔地敲門：「懷民，懷民，睡了嗎？」

也可能是粗魯地敲門：「懷民，懷民，開門哪，我知道你在家！」

但不管是怎樣，我覺得重點不在於蘇東坡是怎麼把人喊起來的，也不在於張懷民到底是否已睡，關鍵在於——不管他睡沒睡，他都願意起來，大半夜，陪著這個朋友一起。**真正的好朋友，是不會去計較自己是不是被打擾了的。**

於是他們信步在庭院中。那一定是個很美好的夜晚。月光照進庭院裡，灑了一地，就像清水一樣澄澈透明。水中的水藻、水草縱橫交錯，其實那是竹子和柏樹的影子。

庭下如積水空明，水中藻荇交橫，蓋竹柏影也。

蘇東坡真的是一個寫景高手。他要寫月光，卻沒有一個字是月光，他寫的是水面的澄澈；他要寫竹柏，卻不抬頭看，他低頭看的是水中縱橫交錯的影子。月光如水，藻荇交橫，在這個清冷的深夜裡，孰幻孰真，若醒若夢。

於是蘇東坡感慨：哪個夜晚沒有月光？哪個地方沒有竹子和柏樹呢？只是缺少像我們兩個這樣清閒的人罷了。

何夜無月，何處無竹柏，但少閒人如吾兩人者耳。

最美好的是，身邊有你一起

閒人，才能有閒情。

或者先讓自己有一顆閒心，才能看見這清閒、悠閒之景。

而最美好的是什麼呢？

是全天下不只有我一個閒人，還有你。

就像上一節我們講到的那首〈點絳唇（閒倚胡床）〉：

與誰同坐。明月清風我……自從添個。風月平分破。

明月清風，咱倆一人一半。

也因為有你的應和共鳴，這份快樂，就加倍了。蘇轍還曾經在〈黃州快哉亭記〉裡寫到張懷民。

今張君不以謫為患，竊會計之餘功，而自放山水之間，此其中宜有以過人者。

他說：張君不把貶官當成憂愁，處理公務之餘，也在大自然中釋放自己的身心，即使用舊蓬草編門，用破瓦罐做窗，也不覺得不快樂，這就是他超脫於常人的地方啊！**對史書裡那些王侯將相而言，也許張懷民很渺小，很平凡，但是他的性情和志趣，卻遠遠超過了大多數在宦海浮沉中患得患失的人。**所以同樣胸中有天地的蘇東坡才會和張懷民成為好友，才會專門寫文章記錄他，寫詞致敬他。

以前讀國文課本裡的這篇短文，最早賞析的是良辰美景，是蘇東坡行雲流水、返璞歸真的文筆，可是長大以後才發現，這篇文章裡最珍貴的，是張懷民；是我們渴望這樣的友誼，看到美好就想分享給你，並且不介意是否會打擾到你；是我們共同能欣賞這平凡景色中的浪漫；是踏著月色尋你而來，哪怕沒有互訴衷腸，僅僅是靜靜地待著的自在與信任。

我想，這也許就是我們願意為九百多年前，這段樸素又神仙的友情，每年都過一個紀念日的原因吧。

一點浩然氣，千里快哉風

——人生，要的就是一個「快哉」！

蘇東坡有兩首寫到張懷民的詞。兩首都非常有名。

上一篇我們講到〈記承天寺夜遊〉，它說的是，月光、竹柏，這些最稀鬆平常的事物，可當擁有了欣賞它們的心境時，它們，便成了我們的養分。

而這一篇的境界，我覺得比上一篇要更開闊。

全篇最重要的一個詞，就是「快哉」。要如何才能活得痛快呢？

蘇東坡在這首〈水調歌頭．快哉亭作〉裡，給出了答案。

上闋，寫的是歐陽修的「快哉」

這首詞的創作背景，是張懷民建了一座亭子。這座亭子靠近他的住所，臨亭眺望，可以看見長江，縱覽江流之勝，視野非常開闊。張懷民請好朋友蘇東坡為亭子命名，東坡名之曰：快哉亭。蘇東坡還專門寫了這首詞，說到了自己如何能活得「快哉」。

水調歌頭．快哉亭作

落日繡簾卷，亭下水連空。知君為我，新作窗戶濕青紅。長記平山堂上，攲枕江南煙雨，渺渺沒孤鴻。認得醉翁語，山色有無中。一千頃，都鏡淨，倒碧峰。忽然浪起，掀舞一葉白頭翁。堪笑蘭臺公子，未解莊生天籟，剛道有雌雄。一點浩然氣，千里快哉風。

夕陽西下，落日餘暉，在亭中卷起繡簾往外望去，江水與碧空相連，秋水共長天一色。為了我的到來，你還專門把窗戶的朱漆又新塗了一遍。這讓我不禁想起在揚州平山堂，我也是半倚著靠枕，欣賞江南煙雨，欣賞孤鴻從天際飛過。看到今天這個景象，我突然明白了當年恩師歐陽修在平山堂寫下的詞：山色有無中。

我認為這首詞的上闋，其實寫的是歐陽修的「快哉」。

歐陽修是怎麼快哉的呢？

他當年任揚州知府，在揚州西北蜀岡蓋了一座堂，坐在堂中往外看，江南這些山歷歷在目，好像就跟這座堂一樣高。所以他命名為「平山堂」。那個景色，當時被宋人稱為「壯麗為淮南第一」，登高所見，曠闊遼遠。景色本來就好，再加上歐陽修當時「文壇領頭羊」的名號，他經常在這裡召集名流雅士飲酒賦詩，人傑地靈，所以平山堂是當年北宋文化人心中嚮往的一座高峰。

歐陽修在平山堂寫下過一篇千古名詞，其中「平山欄檻倚晴空，山色有無中」的後半句，蘇東坡就拿來用了。其實這句也不是歐陽修的原創，它最早出自王維的「江流天地外，山色有無中」一句。

我們來看一下歐陽修這首〈朝中措．送劉仲原甫出守維揚〉。

朝中措．送劉仲原甫出守維揚

平山欄檻倚晴空，山色有無中。手種堂前垂柳，別來幾度春風。

文章太守，揮毫萬字，一飲千鍾。行樂直須年少，尊前看取衰翁。

如果細品這首詞，其實是有邏輯問題的。

你看，「平山欄檻倚晴空」，平山堂的欄杆外是晴空。都已經天朗氣清了，怎麼還會「山色有無中」呢？遠山似有若無，是雲霧繚繞的緣故吧。在晴天寫霧天的景色，不是很奇怪嗎？

而且，蘇東坡居然沿用了老師的這個邏輯漏洞。

他在快哉亭裡所看到的景色是「亭下水連空」——碧綠的江水連著朗朗晴空，這也是晴天哪。可是他居然說，這個景色讓他想起了恩師歐陽修所寫的：山色有無中。

他們為什麼會這樣寫呢？

其實，歐陽修是酒喝了很多以後寫的。

文章太守，揮毫萬字，一飲千鍾。行樂直須年少，尊前看取衰翁。

劉原甫揮毫潑墨，痛快啊，一飲千鍾。趁現在年輕趕快行樂吧，你看那坐在酒樽前的老頭兒，已經不行了。

他說的是他自己。韶華已逝，生命漸漸走向落寞和蒼涼。**醉意之下，他甚至不知道人生這一路所見的風景、跌跌撞撞的經歷，是不是皆為虛妄的大夢一場。**

蘇東坡是懂得老師的，所以他在第三次經過平山堂時，為老師寫下一首紀念的詞。

西江月・平山堂

三過平山堂下，半生彈指聲中。十年不見老仙翁。壁上龍蛇飛動。
欲弔文章太守，仍歌楊柳春風。休言萬事轉頭空。未轉頭時皆夢。

老師已去世七年，都說死後萬事皆空，其實即便活在這世上，也不過是一場大夢啊！**既然人生就是一場夢，你怎麼知道自己的真相，是莊子，還是蝴蝶呢？**

所以，晴天、霧天，一切景色皆在須臾轉換中，你怎麼知道你看見的，是真實的場景，還是心中的想像呢？

生命的巨浪來襲時，遊刃有餘

為什麼我們前面要鋪墊那麼多？

因為蘇東坡接下來這一句，就是這樣的邏輯。

一千頃，都鏡淨，倒碧峰。忽然浪起，掀舞一葉白頭翁。

平靜得都能倒映出群山的水面上忽然掀起巨浪，一位老漁翁駕小船在風中與浪共舞。

這是真實的場景嗎？這是蘇東坡本人的經歷啊！

曾經平靜的生活被烏臺詩案打破，他被巨浪捲起，人生從此不再安寧。

他渴望的是什麼？

是當生命的巨浪來襲時，他可以像這位漁翁一樣，反客為主，駕馭風浪，在水中遊刃有餘。

那怎麼做到呢？看後面兩句。

堪笑蘭臺公子，未解莊生天籟，剛道有雌雄。

這是一個典故。蘇東坡笑的是誰？

宋玉，據說是屈原的學生。

宋玉當年見楚襄王，楚襄王說：「快哉此風！」

——這風吹得痛快啊！

宋玉就拍馬屁說：「大王您吹的風是雄風，而平頭老百姓吹的是雌風。」

風還有雄雌之分嗎？所以蘇東坡就笑宋玉：你這個水準，還沒有理解莊子所說的天籟是什麼意思啊。上天吹的風，是自然而純粹的，是沒有偏見的。無論有沒有名望，得到多少財富，是什麼身分地位，大家吹到的風，都是一樣的啊！

只要我心中有這股浩然正氣，任何境遇之下我都能處之泰然，如同享受到無窮快意的千里雄風！

一點浩然氣，千里快哉風。

奔放灑脫，豁然遼闊。

明代文學家楊慎，就是《三國演義》開篇詞引用的那首〈臨江仙（滾滾長江東逝水）〉的作者，他與這句詞應該也有著強烈的共鳴，稱讚道：

「結句雄奇，無人敢道。」

誰能超越得了，誰能評價得了呢？

真正的好句子，是沒有辦法用語言再翻譯一遍的，任何翻譯都會破壞這個意境。

在低谷中活出灑脫，在一身汙泥裡活出坦蕩

活出「千里快哉風」，要的是「一點浩然氣」。

若你問我，到底什麼是浩然之氣，坦白講，我很難用語言描述出來。但從戰國時期的孟子第一次提出「我善養吾浩然之氣」開始，兩千多年以來的中國人，就從來沒有斷過這股氣——從唐代李白「長風破浪會有時，直掛雲帆濟滄海」，到宋末文天祥「人生自古誰無死，留取丹心照汗青」；從明代于謙「粉骨碎身渾不怕，要留清白在人間」，到清代鄭板橋「千磨萬擊還堅勁，任爾東西南北風」；還有林則徐的「苟利

國家生死以，豈因禍福避趨之」，譚嗣同的「我自橫刀向天笑，去留肝膽兩崑崙」……

當然，還有王陽明臨死之前的最後一句：此心光明，亦復何言？

這是一種卓越的精神力量，它能讓人在壓抑中活出開闊，在低谷中活出瀟脫，在一身汙泥中活出坦蕩，在滔天巨浪中活出大丈夫生於天地之間的——快哉風！

赤壁詞賦裡三種不同的人生境界（上）

——從〈赤壁懷古〉到〈赤壁賦〉。

在今天，提起寫赤壁懷古的詩人，你想到的一定是蘇東坡。蘇東坡關於赤壁的一詞兩賦，好像封死了後來文學家懷古的路。因為他寫完了，別人就沒什麼好寫的了。

那這三篇被收錄到國文課本裡的〈念奴嬌．赤壁懷古〉和前後〈赤壁賦〉，到底好在哪裡，為什麼能成為懷古名篇呢？

以前讀書的時候我不懂，後來人生遇到低谷，重讀蘇東坡的時候，我才發現：**這三篇文章，其實有著層層遞進的關係，隱喻著人生的三重境界。**

第一重：人生如夢，那些無從抵達的夢想

這三篇文章是同一年寫的，都是一〇八二年，有先後關係，七月寫的〈念奴嬌．赤壁懷古〉，七月中旬寫了〈赤壁賦〉，到十月寫的〈後赤壁賦〉。

那是蘇東坡貶謫到黃州的第三年。雖然烏臺詩案的陰霾已經漸漸散去，但是曾經被寄予厚望的科考學霸，那個從太后到百姓都熟知乃至喜愛的文壇流量王，那個當了三地「市長」的政府要員，現在，正在湖北黃州的一個犄角旮旯，種田。

他在〈寒食帖〉裡寫：

> 君門深九重，墳墓在萬里。

想要忠君報國，可是前途渺茫；想要拜祭父母，可是家鄉遠在萬里。

在黃州的時光是清閒的，也是平凡的。蘇東坡脫下了職場的官袍，脫下了文人的衣衫，變成了一個道地的農民。

有的時候，他會跟兩三個朋友結伴出遊。這一天，就來到了黃州城外的赤壁。

他也不管這個赤壁到底是不是當年的周郎赤壁，但看見江水滾滾東流，亂石穿空，驚濤拍岸，歷史長河裡淘盡的那些千古風流人物，仿佛都在向他走來。

念奴嬌．赤壁懷古

大江東去，浪淘盡，千古風流人物。故壘西邊，人道是，三國周郎赤壁。亂石穿空，驚濤拍岸，捲起千堆雪。江山如畫，一時多少豪傑。

遙想公瑾當年，小喬初嫁了，雄姿英發。羽扇綸巾，談笑間，檣櫓灰飛煙滅。故國神遊，多情應笑我，早生華髮。人生如夢，一樽還酹江月。

兩個時空好像在冥冥之中重疊了，那是一個名將輩出的年代，橫槊賦詩的曹操、騎馬射虎的孫權、聯吳抗曹的諸葛亮、足智多謀的周公瑾……多好啊，歷史的塵埃不會掩蓋他們閃耀的光芒，大丈夫馳騁疆場，為的不就是千古留名嗎？

赤壁一戰，歷史將會永遠記住周瑜周公瑾。蘇東坡似乎看見了他，一九九年，周瑜隨孫策平定江東，為孫策帶去船糧器械，給予他大力支持。而後孫策授予他「建威中郎將」，在齊心協力攻克皖城後，孫策迎娶大喬，周瑜迎娶小喬。那一年他們二十五歲。

郎才女貌，英雄美人，這兩樁婚姻從此成了東吳佳話。

蘇東坡遙想當年周郎風貌，臨陣的從容瀟灑，禦敵的成竹在胸。《三國志》裡描述，當時周瑜命黃蓋準備幾十艘輕便的艨艟鬥艦，滿載薪草膏油，外用赤幔偽裝，上插牙旗，並去信給曹操詐降。趁曹軍不備，黃蓋點燃柴草，幾十艘火船衝向曹營。正好北軍不善水戰，把大艘戰艦首尾相連，只要點燃一艘，另一艘必遭牽連。《三國志》對當時場景的描述是「時風盛猛，悉延燒岸上營落。頃之，煙炎張天，人馬燒溺死者甚眾」。

「談笑間，檣櫓灰飛煙滅」，面對不可一世的、歷經無數戰役的軍事家曹操，以及他鼎盛時期的幾十萬大軍，三十四歲的青年將領周瑜瀟灑自如、運籌帷幄，從容談笑間，強敵灰飛煙滅。而「遙想」，正是蘇東坡對八百多年前那位名將的嚮往，對他年紀輕輕就有如此卓絕的功業的讚賞。

遠去了那些硝煙戰火，遠去了那些英雄美人。蘇東坡從「故國神遊」中回到現實世界，他恍若隔世，不禁自嘲多情。他已經四十七歲了，烏臺詩案後，幾乎翻身無望，只能看著自己早生的白髮，感慨虛度了光陰。

他要回去了，家裡還有田要種，還有家人要養。

罷了，人生如夢，江水長流，不如舉起酒杯，祭奠這萬古的明月！

如果我們把這一詞兩賦三篇連起來看，就會發現，它們都有「酒」，也都有「月」。**這裡的「酒」不僅是「酒」，還是他的遣興之物；這裡的「月」也不僅是「月」，還是他無從抵達的夢想**。

那個時候的蘇東坡，依然停留在被貶謫的陰影裡，他不知道自己是不是還能再有翻身的機會。古今對照，內心不禁悲從中來：人生如夢啊！

這是他的第一重境界：**從失落到自嘲，最後自我寬慰——算了，人生只是一場夢！**

第二重：享受夢境，此刻即是永恆

蘇東坡寫完這首詞以後，沒多久又來到赤壁。這一天是七月十六。

這一次他不在岸上，而是直接和朋友坐船在江上遊玩。清風徐來，水波不興。一輪滿月掛在天上，他們一邊飲酒一邊唱歌，有朋友吹起了洞簫，如泣如訴，餘音嫋嫋。

我們讀〈赤壁賦〉，可能更記得的是後面那兩段主客對話，但當我再讀，才發現前面兩段，他們見的景、唱的歌，都有深刻的含義。

舉酒屬客，誦明月之詩，歌窈窕之章。少焉，月出於東山之上，徘徊於鬥牛之間。白露橫江，水光接天。縱一葦之所如，凌萬頃之茫然。

蘇東坡吟誦的，是《詩經．陳風．月出》這一章。

月出皎兮，佼人僚兮。舒窈糾兮，勞心悄兮。
月出皓兮，佼人懰兮。舒懮受兮，勞心慅兮。
月出照兮，佼人燎兮。舒夭紹兮，勞心慘兮。

這是一首單相思的情詩，全詩充滿了淡淡的哀怨、纏綿與憂傷。它描寫的是月光下一位美麗的女子。詩人看見她姣好的容顏，久久不能忘懷。他思念她，但女子卻不知情。放到現代的話，大概可以這麼想像：你和朋友們一起去戶外郊遊，坐船看著月亮，你唱起了傷感的情歌。

慢慢地，明月漸漸從東山後升起，徘徊在斗宿與牛宿這兩個星座之間。水光連著天際，白霧橫貫江面。小船就像一片葦葉，在水中漂浮，我們也不操控它，漂到哪就算哪，任由清風和水流帶著它，越過茫茫的江面。

浩浩乎如馮虛御風，而不知其所止；飄飄乎如遺世獨立，羽化而登仙。

這是道家的境界。馮虛御風出自《莊子．逍遙遊》，講的是列子御風而行，憑藉風力在空中自由翱翔，無拘無束；遺世獨立更是形容一個潔白無瑕的君子飄然於塵世間；「羽化成仙」則是道教修行中追求的目標，它是一種身心的高度淨化和超越，通過長期的修煉，成為能擺脫生死束縛的仙人。

蘇東坡這兩句體現了道家的境界，配合著茫茫月色和皚皚雲霧，讓人有一種逍遙解脫，天地與我同在的自由。

但，他真的自由嗎？

於是飲酒樂甚，扣舷而歌之。歌曰：「桂棹兮蘭槳，擊空明兮泝流光。渺渺兮予懷，望美人兮天一方。」客有吹洞簫者，倚歌而和之。其聲嗚嗚然，如怨如慕，如泣如訴，餘音嫋嫋，不絕如縷。舞幽壑之潛蛟，泣孤舟之嫠婦。

酒越喝越酣暢，歌也越唱越哀傷。

他唱的是《楚辭》裡的〈湘君〉和〈少司命〉：

桂樹的船棹啊，木蘭的船槳，擊打著月光下的清波；嫋嫋的美人啊，悠悠的情思，遙遠地在天的另一方。

朋友伴著蘇東坡的歌聲，吹起了洞簫。聲音悲涼幽怨，如泣如訴，哀哀低回。這聲音在江上迴蕩，纏綿如細絲，餘音嫋嫋。即便是深谷中的蛟龍也能為之起舞，即便是孤舟上的寡婦也會聽來啜泣。

以上兩段，有景有聲，有情有喻。

當時的景讓人感覺有天地任我遨遊的瀟灑，可他唱的歌卻是如此哀傷與無奈。

我們以前學國文，但凡看到詩詞中，男性角色寫美人不可及的，通常總有一些暗喻，指向他的政治理想。

我想，蘇東坡亦然。

所以，才有了以下的對話：

客曰：「『月明星稀，烏鵲南飛』，此非曹孟德之詩乎？西望夏口，東望武昌，山川相繆，鬱乎蒼蒼，此非孟德之困於周郎者乎？方其破荊州，下江陵，順流而東也，舳艫千里，旌旗蔽空，釃酒臨江，橫槊賦詩，固一世之雄也，而今安在哉？況吾與子漁樵於江渚之上，侶魚蝦而友麋鹿，駕一葉之扁舟，舉匏樽以相屬。寄蜉蝣於天地，渺滄海之一粟。哀吾生之須臾，羨長江之無窮。挾飛仙以遨遊，抱明月而長終。知不可乎驟得，托遺響於悲風。」

朋友說：你看，八百年前的曹操，率領八十萬大軍沿長江東下，攻荊州奪江陵，橫槊賦詩，臨江斟酒，戰船延綿千里，旌旗遮住了長空，然後……然後不也死了嗎？吾生須臾，你我最終也將化為灰燼。時間就像這江水流逝一樣，你擋都擋不住。月亮從圓到缺，你攔也攔不了。人生太渺小，我們又能怎麼樣呢？

蘇子曰：「客亦知夫水與月乎？逝者如斯，而未嘗往也；盈虛者如彼，而卒莫消長也。蓋將自其變者而觀之，則天地曾不能以一瞬；自其不變者而觀之，則物與我皆無盡也，而又何羨乎！且夫天地之間，物各有主，苟非吾之所有，雖一毫而莫取。惟江上之清風，與山間之明月，耳得之而為聲，目遇之而成色，取之無禁，用之不竭，是造物者之無盡藏也，而吾與子之所共識。」

蘇東坡說：你看時間流逝就像這江水，流逝的始終是一小段，而它流逝的那個狀態是不變的。月亮有陰晴圓缺，你看起來好像在變化，但它億萬年來始終在這裡，其實也從未增減。所以，如果你只看到事物易變的一面，那麼天地之間所有的一切都在變化，你的確留不住任何東西；但如果你換一個角度，從它們不變的一面來看，萬物也都是永恆存在的。所以你有什麼可羨慕的，又有什麼可悲傷的呢？

況且天地之間，萬物皆有主宰者，那些不屬於我們的，我們一絲一毫都無法求取。但我們有什麼呢？這江上的清風，這山間的明月，它入了你的耳朵便有了聲音，進入你的眼簾便有了形色。這是大自然恩賜給你的寶藏，我和你可以盡情享受。

這是一段非常精彩的主客對話。

一個說的是，人生只有一次，死後萬事皆空，再大的功績都會歸於塵土虛無，那麼，一切還有什麼意義呢？

另一個說的是，正是因為只有一次，什麼都留不住，所以才要珍惜此刻。

你擁有了此刻，便擁有了永恆。此刻，即是永恆。

我一直覺得，在〈赤壁賦〉裡跟蘇東坡對話的那個「客」，很像是以前的他自己。

他在〈念奴嬌．赤壁懷古〉裡感慨的是大江東去，故國神遊，自己虛度了光陰，早生了白髮，說的是時光不由人。但在這一篇〈赤壁賦〉裡，他像是來到了第二重境界，用一個更高維度的答案，來回應曾經的自己。

他說的是，你不要因為吾生須臾而羨長江無窮，你應該要把無窮的天地萬物拿來為吾生所享受！

你會發現，他在這個階段，已經從自我寬慰走向了更加曠達的人生。

時光流逝，吾生須臾，又怎麼樣呢，何必強求於不變？

只要江水無窮，天地長存，清風有聲，明月有色，打開你的身心，盡情享受大自然的恩賜，不就好了嗎？

這就從第一重境界「人生如夢」，來到了第二重境界的「享受夢境」。

而到了〈後赤壁賦〉，蘇東坡更有神來之筆。

下一篇，我們將展開來說說，這篇我認為在文學史上被低估的，到達了第三重境界的名作〈後赤壁賦〉。

赤壁詞賦裡三種不同的人生境界（下）

——被低估的〈後赤壁賦〉。

今天提到〈赤壁賦〉，可能大家默認的，都是前〈赤壁賦〉。從名氣上說，「前」的確遠遠高於「後」，但隨著年紀越來越大，我慢慢發現，〈後赤壁賦〉所呈現的境界，或許更為深刻，也更為高遠。

「前」還在向我們說道理，但「後」一句道理也沒有，它只是雲淡風輕地講述了一個故事，可這個故事裡所有的細節，都指向了「生命的本質」。

本篇我們來講講，被低估的〈後赤壁賦〉。

〈赤壁賦〉所記錄的那一次遊覽，發生在七月十六。而〈後赤壁賦〉那晚，已經是十月十五了。又是一個月圓夜，但這兩次遊覽，目的不一樣。

〈赤壁賦〉並沒有交代遊覽前發生了什麼，開頭就是時間、地點、人物、事件。

壬戌之秋，七月既望，蘇子與客泛舟遊於赤壁之下。

〈後赤壁賦〉不一樣，本來字數就比前者少很多，最前面還專門花了一段來描述他們是怎麼來的。

是歲十月之望，步自雪堂，將歸於臨臯。二客從予，過黃泥之坂。霜露既降，木葉盡脫。人影在地，仰見明月。顧而樂之，行歌相答。已而歎曰：「有客無酒，有酒無肴，月白風清，如此良夜何？」客曰：「今者薄暮，舉網得魚，巨口細鱗，狀似松江之鱸，顧安所得酒乎？」歸而謀諸婦。婦曰：「我有斗酒，藏之久矣，以待子不時之須。」於是攜酒與魚，復遊於赤壁之下。

蘇東坡說：我正要從雪堂回臨皋（從「工作室」回家），兩個朋友跟我一起。我們經過黃泥坂時，看到霜露已降下，葉子都脫落了，我們的身影倒映在地上。一抬頭見明月高懸，環顧四周，感覺心裡很舒暢，就一面走一面唱著歌，我的朋友們也一起應和著。

走著走著，蘇東坡感慨道：「有客卻沒有酒，有酒卻沒有菜，你看這月色皎潔，清風吹拂，如此美好的夜晚，不來點節目，有些浪費啊！」一個朋友說：「我今天傍晚剛好捕到一條魚，大嘴巴細鱗片，就跟吳淞江鱸魚似的（剛好拿來下酒）。不過——去哪兒弄酒呢？」蘇東坡想了想，回家跟老婆商量。

老妻（王閏之）說：「我有一斗酒，保藏了很久，正是為了應付你的不時之需。」

於是，蘇東坡跟兩個朋友拿著美酒和鮮魚，再次來到赤壁之下。

生命的本質：未知、變化

我曾經很不能理解，為什麼〈後赤壁賦〉要在遊覽之前絮絮叨叨講這麼多瑣事？

直到我對比了「前」、「後」之別，我才發現：**如果說〈赤壁賦〉是有計劃的、事先安排好的「有心之遊」，那〈後赤壁賦〉就屬於即興的、未知的「無心之遊」。**

生命的本質，不就是一場無心之遊，一場未知之旅，一場無法被精密計劃的旅行嗎？可能也正是因為「未知」，所以他們這次的「節目」也沒有提前固定，我們會發現，接下來他們的遊覽，有很多行為是非常即興的。

江流有聲，斷岸千尺。山高月小，水落石出。

這幅畫面，和〈赤壁賦〉所見，很不一樣。你還記得之前的風景嗎？

清風徐來，水波不興……月出於東山之上，徘徊于鬥牛之間。白露橫江，水光接天。

從「水波不興」到「江流有聲」，從「水光接天」到「水落石出」，從七月十六的月亮慢慢從東邊的山上升起來，到十月十五的月亮幾乎要埋沒在聳然屹立的山石之後，你感受到什麼？

從縹緲到肅殺，從柔和到冷峻，從延綿到陡峭。於是蘇東坡感慨：

曾日月之幾何，而江山不可復識矣。

才隔了多少日子，同樣的地點，這景色早已不復當時，我甚至都有點認不出了！這不就是他在〈赤壁賦〉裡說，「蓋將自其變者而觀之，則天地曾不能以一瞬」嗎？變化，就是他在這個故事裡寫到的生命的第二個本質。一切都在變化中，須臾即變，如果說他在之前只是「知道」這個道理，那麼此次的遊覽，他是親身「感受」到了！

生命的旅程是孤獨的

於是，他再一次做出了一個即興的行為——爬山。

予乃攝衣而上，履巉岩，披蒙茸，踞虎豹，登虬龍，攀棲鶻之危巢，俯馮夷之幽宮。蓋二客不能從焉。劃然長嘯，草木震動。山鳴谷應，風起水湧。予亦悄然而悲，肅然而恐，凜乎其不可留也。

與其說這是一次爬山，不如說這是一次驚心動魄的「恐怖之旅」。

蘇東坡撩起衣襟上岸，踏著險峻的山岩，撥開紛亂的雜草，蹲在虎豹形狀的怪石上，不時拉住虯龍一樣的樹枝，攀上如猛禽做窩的懸崖，下望如水神馮夷的深潭。兩個朋友被他遠遠地甩在身後。

他獨自一人走到了這個極高處。

高處不勝寒，蘇東坡發出了大聲的長嘯，草木為之震動，山川與他共鳴。風起雲湧，這景象令他產生了無限的憂愁和肅穆、恐懼與哀傷。讓我們代入一下，如果我們獨自一人，在只有月色照亮的山中行走，在陡峭的亂岩中攀爬，十月的風吹得草木嗚嗚作響，江水不斷拍打著礁石，往上看山高月小，往下看深不見底，我們冷不冷、哀不哀、愁不愁、怕不怕？

可能，蘇東坡也怕了。

他感到此地不可久留，於是趕緊回到船上。值得留意的是，這一路他都是一個人。**一個人去體驗路途中的艱難險阻，一個人面對夜色下的恐懼哀傷。**

他再一次向我們揭示了生命的本質——生命的底色是蒼涼的，生命的旅程是孤獨的。

在〈赤壁賦〉裡，他和朋友們舉起酒杯，在平緩的江面上遊覽，我們可以想像，那應該是個漲潮的夜晚，所以才會「水光接天」。

但在〈後赤壁賦〉中，潮水退去，「水落石出」，更本質的東西出來了。這本質是如此蒼涼，令人蕭索，令人惆悵。並且，你必須自己一個人，去體驗那種蕭索和惆悵。

反而登舟，放乎中流，聽其所止而休焉。

如果說前後〈赤壁賦〉裡有什麼類似的節目，可能就是這一句——把船划到江心，任憑它漂流到哪裡就是哪裡。

「身如不繫之舟」，人的命運，不就是一艘沒有繫著繩索的小船嗎？

究竟在現實，還是在夢境？

他們遊覽到了半夜，這一次沒有通宵。

〈赤壁賦〉裡，是「相與枕藉乎舟中」，直接東倒西歪睡在船上，然後等到了天色將亮的「東方既白」；而〈後赤壁賦〉則到半夜就直接打道回府了，我想，可能是因為冷。

也不知道他們酒喝完了沒有，魚吃完了沒有。

〈赤壁賦〉裡還有交代「杯盤狼藉」，也就是說，他們是喝嗨了，盡興了；而〈後赤壁賦〉，準備了一條魚還有一斗酒，我還特別換算了一下，宋代一斗酒，大約等於現代的六七升，但宋代的米酒不太能確定度數，只有做個大致估算——六七升米酒是十多斤。

這個量級的酒，蘇東坡是不是本來也奔著盡興而去？也許是。

但這一次，他們顯然沒有如意。

時夜將半，四顧寂寥，適有孤鶴，橫江東來，翅如車輪，玄裳縞衣，戛然長鳴，掠予舟而西也。

臨半夜時，環顧四周，淒清寂寥。

然後他們看到了一幕清奇的場景——有一隻鶴，橫穿江面從東邊飛來，白羽黑尾，翅膀像車輪一樣大。它戛然長鳴，擦過他們的船，向西飛去。我一直在想，這鶴是真的嗎？

我們再往下看——

> 須臾客去，予亦就睡。夢一道士，羽衣翩躚，過臨皋之下，揖予而言曰：「赤壁之遊樂乎？」問其姓名，俯而不答。「嗚呼！噫嘻！我知之矣！疇昔之夜，飛鳴而過我者，非子也邪？」道士顧笑，予亦驚寤。開戶視之，不見其處。

蘇東坡回家睡覺，夢見了這隻仙鶴。

它穿著羽毛編織的衣裳，變成了道士的模樣，拱手問他：「赤壁之行還快樂嗎？」

蘇東坡問：「你，就是那隻仙鶴嗎？」道士不答，含笑而去。

蘇東坡驚醒，舉目四顧，開門尋找，卻看不見任何蹤影。

像不像莊周夢蝶？

這個世界的真相，究竟是莊子，還是蝴蝶？

我們究竟是在現實，還是在夢境？

蘇東坡沒有給出答案，但他的文字裡，有兩個非常巧妙的語氣詞：「嗚呼！噫嘻！」

這四個字單獨拆開，都是感嘆詞，把這四個字連在一起，他要形容的是自己那一瞬間的恍然大悟。

哦呀！哎呀！我知道啦！那晚飛過我的仙鶴，難道不就是你嗎？

禪宗有一個法門，叫「頓悟」。

突然的醒悟，像是量變積累到質變的那一瞬間。蘇東坡的醒悟在於，仙鶴即道士，道士即仙鶴。他們既是現實也是夢，既是夢也是現實。

然後整個故事的最高潮，結束在——

打開門窗，四下尋找，一切皆無。

《金剛經》裡說：

凡所有相，皆是虛妄。若見諸相非相，即見如來。

我們在蘇東坡的詩詞裡，也可以看到很多類似的思想，比如下一篇要講到的，那首氣度超越傳統文人的〈定風波（莫聽穿林打葉聲）〉：

回首向來蕭瑟處，歸去，也無風雨也無晴。

最妙的，就是這個「無」字。

你看見了風雨，看見了晴天，你看見了無論是風雨還是晴天，一切都會過去；你看見了道士，看見了仙鶴，你看見了無論是道士還是仙鶴，一切都是虛相。

第三重：看見虛妄時，才見生命實相

當我們陷入逆境之中，最差是寬慰自己，反正人生是一場夢，所以我們看見了〈念奴嬌．赤壁懷古〉的最後，蘇東坡所感嘆的「人生如夢」；再上一個臺階，是豁達超脫，所以到了〈赤壁賦〉中，蘇東坡用主客問答的形式，回覆過往的自己：何不享受夢境；而比這個更高的境界，就是他〈後赤壁賦〉裡告訴我們的，夢醒之後是什麼——是「無」，是「空」，是「虛相」，是了悟虛相之後，才明白的生命的本質。

所以在《古文觀止》裡，吳楚材、吳調侯才會這麼評價〈後赤壁賦〉：

豈惟無鶴無道士，並無魚，並無酒，並無客，並無赤壁，只有一片光明空闊。

這就是這一詞兩賦的第三重境界：

看見夢，也看見在這個夢中行走的你。看見夢境的背後，是生命的光明空闊，而道士和仙鶴，只不過是夢裡的一個故事而已。

看見虛妄時，才見生命實相。

至此，這三篇曠世奇文終於講完了。

一〇八二年對蘇東坡來說，絕對是一個文學創作的最高峰。

他不僅寫出了〈念奴嬌．赤壁懷古〉、〈赤壁賦〉、〈後赤壁賦〉，還有「小舟從此逝，江海寄餘生」的〈臨江仙（夜飲東坡醒復醉）〉，還有「也無風雨也無晴」的〈定風波（莫聽穿林打葉聲）〉。

多少我們熟悉的詩詞，都誕生在這一年。

蘇東坡已死，他的名字跟當年赤壁的曹操和周瑜一樣，已經是一個遙遠的記憶。

但我們為什麼還在懷念他？

因為，當我們看遍了傳統文人滿是傷春悲秋的詩詞，或者只是哀嘆自己報國無門的文章，然後再看見蘇東坡的時候，那種和光同塵、與宇宙同在的胸襟，幫我們完全打開了自己的人生格局，讓我們在逆境之時，也有機會跟著他一起見自己、見天地、見眾生。

回首向來蕭瑟處，也無風雨也無晴

——〈定風波〉裡從假豁達到真豁達的跨越。

如果要票選蘇東坡所有詩詞中最豁達的一首，也許很多人會選擇這首〈定風波（莫聽穿林打葉聲）〉。

定風波

三月七日，沙湖道中遇雨。雨具先去，同行皆狼狽，余獨不覺。

已而遂晴，故作此詞。

莫聽穿林打葉聲，何妨吟嘯且徐行。竹杖芒鞋輕勝馬，誰怕？一蓑煙雨任平生。

料峭春風吹酒醒，微冷，山頭斜照卻相迎。回首向來蕭瑟處，歸去，也無風雨也無晴。

我以前也曾認為，這是蘇東坡已經到了豁達超脫的境界。

但某天，發生了一件我到現在都解釋不清的事。

那天，我剛好寫到〈定風波〉這篇稿子，思緒卡住了，怎麼寫都寫不出那個味道。午休時，半夢半醒之間，我迷迷糊糊背起這首詞：「莫聽穿林打葉聲……莫聽、莫聽……」彷彿一直有一個聲音，不斷地提醒我：莫聽。

不對呀，如果他真的享受這一場大雨，為什麼要告訴自己「莫聽」？

這首詞是一〇八二年春天寫的，那個時候，蘇東坡被貶謫到黃州已經有兩年多了。在輯一、二裡詳細描述了他從「文壇流量王」跌落成階下之囚的經歷，以及在低谷中一步步熬出來的艱難和勇氣。

很多人喜歡蘇東坡的豁達——你把我貶了，卻擋不住我快活。試問怎麼可能呢？**當名聲沒有了，官職沒有了，政治理想沒有了，人生在一剎那失去了意義的時候，他怎麼可能豁達得起來呢？**

在他的快活背後，我們看到的是他一點一滴重建的生活。

他在黃州的安國寺裡焚香靜坐，沐浴塵垢，深自省察，這個時候拯救他的是佛，是道，是回歸身體和心靈的行動，回歸到那種「什麼也不是」的平凡日子。

他在黃州城東一片高坡之上，成了一個日出而作、日落而息的農民。這時候他開始覺得生活可愛了起來，因有耕耘就有收穫，即便吃得很糙，也能找到研究美食的樂趣。

在寫下〈定風波（莫聽穿林打葉聲）〉的前一個月，蘇東坡更是在自己種田的地方，建了一所房子，起名「雪堂」。

從此以後，這裡變成蘇東坡和好友相聚的地方。談笑有鴻儒，往來有白丁。他的這幫上自州府官員、文化名流，下到小店老闆、農民漁夫的朋友，讓雪堂成了黃州城的文化沙龍。因此在一〇八二年春天，被貶謫黃州兩年多後，我們看見了一個重生的蘇東坡。

而〈定風波（莫聽穿林打葉聲）〉就是在此時寫下的。

我們有過的矛盾和掙扎，他都有

這首詞開頭有一段引文，說的是蘇東坡一行人在去沙湖的路上遇到大雨，雨具已由僕人先行拿走，他們只能淋雨前行。同行的人狼狽不堪，而蘇東坡自己卻別有一番滋味。

於是他開頭便說：

莫聽穿林打葉聲，何妨吟嘯且徐行。竹杖芒鞋輕勝馬，誰怕？一蓑煙雨任平生。

下雨又何妨？我一邊放聲吟唱，一邊緩步徐行。竹杖芒鞋走起來呀，誰怕？老夫我披著蓑衣在風雨裡一樣處之泰然。

可能很多人會覺得蘇東坡很豁達——下雨，也擋不住我的快活。可是，我想起那天迷迷糊糊背誦時重複的那聲「莫聽」，仔細琢磨的話，倘若他真的在享受這場大雨，為什麼要「莫聽」？倘若他真的不怕這場大雨，為什麼要對自己說「誰怕」？

我們都知道，這場大雨在這首詞裡，隱喻的是人生的苦難。遇到苦難，我們本能的反應是什麼？自我寬慰：沒關係，別怕！

就好像給自己壯膽，告訴自己：沒事，苦難不算什麼，放聲歌唱吧，輕裝上陣吧！

這是真的豁達嗎？

我覺得恰恰相反，他此刻的豁達，是假的。

但是這個「假豁達」，卻是我覺得蘇東坡最迷人的地方。

佛家一上來就跟你說「色即是空」，要「心無罣礙」、「應無所住而生其心」。

試問幾人能做到？

我也知道不應該有分別心，苦難和幸福都是人生的禮物，可是，苦難它真的讓你難受啊！當苦難來臨之時，我們常常措手不及，那種煎熬和痛苦，除了不斷給自己壯膽，說「沒事的，不怕，別聽別看」，常常沒有別的辦法。

蘇東坡也是一樣的。

我之所以覺得蘇東坡讓人親近，是因為他也不是一開始就站在豁達的高處，俯瞰眾生。我們有過的矛盾和掙扎他都有，我們試圖抗拒苦難的本能反應，那種「別聽、別怕」，他也都有。

從「假豁達」跨越至「真豁達」

但倘若他只是這樣，又如何能照耀我們呢？

於是，我們來到這首詞的後半段——苦難之後。

料峭春風吹酒醒，微冷，山頭斜照卻相迎。

微冷的春風吹醒我的酒意，抬眼一看，雨後初晴，山頭的斜陽灑下來，這是一幅多麼美的風景。

大雨終究會停息，苦難終究會過去，我們都會迎來山頭斜照、撥雲見日的那一天。

關關難過關關過。

苦難將我們打倒了嗎？並沒有啊。

回望來時風雨走過的地方，蘇東坡發出一聲長長的感慨——

回首向來蕭瑟處，歸去，也無風雨也無晴。

如果沒有最後這一句，整首詞的境界至少掉一個層次。

「也無風雨也無晴」，大部分人的解釋是「無所謂風雨，也無所謂晴」。

這也正好呼應了「一蓑煙雨任平生」，不管是風雨還是晴，我都懷抱平常心。苦難也好，幸福也好，所有的一切都是中性的。你不評判好壞，自然就不會有得失心。

從風雨中的「別聽、別怕」，到風雨之後的「不過如此」，就像回首曾經經歷的挫折和磨難，當年那些似乎邁不過去的「苦」，現在再看，不過就是一個噴嚏的事。

到這裡，蘇東坡似乎已經完成了從「假豁達」到「真豁達」的跨越。

但我還想再多說幾句。

這幾句可能會被認為是過度解讀，也許不是蘇東坡本意，可我覺得藝術就是這樣，藝術家賦予作品第一次生命，而每一個喜歡它的解讀者，則讓它有了第二次生命。

因此我一直覺得，你的解讀，也是藝術的一部分。

「也無風雨也無晴。」我會怎麼看這句話？

我覺得最棒的，就是這個「無」字。

你可以把它理解成「無所謂」，也可以把它理解成佛家所講的「無」。

無，不一定是沒有，它更大的含義，也許說的是「虛妄」。

風雨也好，晴也好，「凡所有相，皆是虛妄」。

蘇東坡經常拿「夢」來比喻人生，比如：

世事一場大夢，人生幾度秋涼。

——〈西江月（世事一場大夢）〉

人生如夢，一尊還酹江月。

——〈念奴嬌．赤壁懷古〉

休言萬事轉頭空，未轉頭時皆夢。

——〈西江月．平山堂〉

嘆隙中駒，石中火，夢中身。

——〈行香子．述懷〉

莊周夢蝶，蝶夢莊周，這個世界的真相，究竟是蝴蝶，還是莊周？

蘇東坡沒有答案，我們也未必有答案。

曾經看過這樣一段話，說：也許跌宕一生之後，我們會在某一個時空醒來，發現自己只是趴在小學課桌上，做了一個長長的夢。

若如此，風雨也好，晴也好，還重要嗎？

它們的出現，只是帶給了我們一種感受。我們這輩子都是在玩「感受的遊戲」，但感受是剎那間的，每個當下都會有新的感受產生。

有無數的「風雨」，也有無數的「晴」。走過之後，不再執著。

所以，回首向來蕭瑟處，也無風雨也無晴。

蘇東坡在〈定風波（莫聽穿林打葉聲）〉裡完成了對於苦難的跨越，從自我寬慰跨越到更加通透曠達的境界。

為什麼我覺得這首詞的境界無人可比？

因為它不是純粹地展現自己的豁達，而是從泥濘裡長出來的，是所有人在經歷苦難的時候都會走過的境界。千百年來，我們也正走在他曾走過的路上。對我們而言，蘇東坡是同行者，也是領路人。

【輯六】資料出處

1 【北宋】蘇軾〈點絳唇（閒倚胡床）〉、〈記承天寺夜遊〉、〈水調歌頭·快哉亭作〉、〈西江月·平山堂〉、〈念奴嬌·赤壁懷古〉、〈赤壁賦〉、〈後赤壁賦〉、〈臨江仙（夜飲東坡醒復醉）〉、〈定風波（莫聽穿林打葉聲）〉、〈西江月（世事一場大夢）〉、〈行香子·述懷〉

2 【北宋】蘇轍〈黃州快哉亭記〉

3 【北宋】歐陽修〈朝中措·送劉仲原甫出守維揚〉

4 【清代】吳楚材、吳調侯《古文觀止》

輯七

了悟

你與自己的命運和解

引子 你渴望朝堂，朝堂卻令你受傷

大部分人熟悉的蘇東坡，是黃州時期的蘇東坡，更確切地說，是黃州時期的大文豪蘇東坡。

蘇轍在〈亡兄子瞻端明墓誌銘〉裡說，以前哥哥跟他講，當今學者，只有他們兄弟二人可以相提並論；但他認為，當哥哥貶謫到黃州之後，文風發生了很大的變化，如江河之水洶湧而至，自己「瞠然不能及」。

的確，如果從文學創作而言，毫不誇張地說，黃州時期就是蘇東坡一生的創作高峰期。

但，文學，只是他生命的一部分。此後的蘇東坡，雖難再現這樣密集的高峰之作，但他的人生境界，卻有了新的躍遷。

這個躍遷在於——與自己的命運和解。

和解是不容易的，要經歷許多來自生活的鞭打、磋磨，甚至要反覆體驗那種從身到心的、不致命但很受罪的痛。

那麼，他是怎麼和解的呢？

本章將講述黃州之後，蘇東坡人生的最後十八年。佛家有一句話，叫「悟後起修」。真正的人生修行，其實是在了悟之後開始的。

真正迎來了事業巔峰，你卻如此不快樂

——花了很長時間，才明白自己不適合做這一行。

宋哲宗元祐元年（一〇八六年）九月，蘇東坡在京城官拜翰林學士。而一年前這個時候，他還在赴任登州的路上。誰能想到，他剛到登州任所五天，就收到了進京的詔令。進京之後，他先是當上了禮部郎中，然後被提拔為起居舍人，此時已是天子近臣。沒過多久，他再度被提拔為中書舍人，負責起草詔令，參與國家機密事務，共同商議國家大事，相當於進入了國家最高決策層。

他在〈謝宣召入院狀〉裡說自己「曾未週歲，而閱三官」，不到一年的時間裡，就經歷了三次官職的升遷，可以說，是很多官員都不敢想像的晉升速度。

升遷的腳步並未就此停下——元祐元年（一〇八六年）九月，他升任翰林學士、知制誥；元祐二年（一〇八七年）八月，他兼任宋哲宗的侍讀，成為天子的老師。

真的擁有後，才發現它和你所想不同

三十年前，當青年蘇東坡和弟弟蘇轍，跟著父親坐船沿岷江出蜀的時候，不就夢想著能通過科舉步入仕途，在朝堂上被重用而有一番作為嗎？

但當他真的迎來了自己職業輝煌期的時候，竟寫下了這樣一首懷念黃州的詞。

如夢令・春思

手種堂前桃李，無限綠陰青子。簾外百舌兒，驚起五更春睡。居士，居士，莫忘小橋流水。

他說：我懷念黃州的雪堂，堂前有我親手所種的桃李。我想著它們如今應該綠葉成蔭，青果掛滿枝頭。窗外的鳥兒五更天就開始叫喚，天剛濛濛亮，我就從睡夢中被喚醒。

東坡呀東坡，別忘了這小橋流水的愜意，早日歸隱吧。

懷念過往，多半是因為現實失意。

可為什麼明明前途正當好，他卻如此沮喪？我們是否曾經也有過這樣的經歷：很想得到一個東西，可能是一個職位、一段關係、一件禮物，或是一個從小的夢想，這個期盼甚至累積了很多年。我們也幻想過，得到那個東西，也許自己就會快樂。但當它真的被你擁有了之後，你才發現，它和你所想的不一定一樣。

甚至，兜兜轉轉了一圈，我們才發現這個東西，不一定真的適合自己。

那個在五十一歲事業高峰期寫詞懷念黃州、意欲歸隱的蘇東坡，心情也許是一樣的。

抗洪修堤、西湖美景，奠於蘇東坡

蘇東坡是不是可以被稱為政治家，歷來學界還有一些爭議。

但不可否認的是，他為任一方時，的確是一位好的父母官。可以這麼說，作為「市政府一把手」，蘇東坡是勝任的。

《宋史．蘇軾傳》提到，他在徐州時，黃河決口，洪水泛濫，眼看著就要沖垮徐州城牆，蘇東坡親臨一線，身先士卒，召集士兵，鼓勵大家。士兵們一看，「市長」都這麼拚命，深受感動，紛紛拿著畚箕和鐵鍬，從軍營中衝出來，修築東南長堤。抗洪期間，「蘇市長」二十四小時堅守崗位，不僅路過家門而不入，甚至直接住在城樓上，一方面指揮救災工作，一方面安定軍心民心。

堤壩建好以後，洪水被擋在堤外，但是大雨依然在下，警報還是沒有解除，蘇市長又讓各級官吏分段防守，最終成功保住了城池。洪水退去之後，他還請求朝廷調派明年的民夫前來增築舊城牆，並在城牆外修築木岸，以防洪水再次來襲。

整個工程結束，朝廷下詔表彰了蘇東坡。

蘇東坡對水利的研究和治理的能力是非常突出的。

他第一次外放杭州的時候，就協助當時的知州疏通了錢塘六井，解決了市民的飲水問題；而等到他第二次來到杭州任知州以後，更是重點疏濬了西湖，並且建了蘇堤。

當時的西湖已經嚴重淤塞，甚至有人提議，不如直接把西湖變成農田好了。但蘇東坡堅決反對。他在〈乞開杭州西湖狀〉裡說：杭州有西湖，就像人有眉目一樣。如果一個人沒有了眉眼，心靈的窗戶都沒了，怎麼能稱得上是人呢？

他在朝廷經費還沒有到位的時候，就宣布開工。前後歷時五個月，九月竣工，其中最難，也是最妙的一個地方，就是他對西湖淤泥的處理。

西湖之所以堵塞，就是因為淤泥無法排出。原本每一次疏濬，淤泥都直接被堆在邊上，雨水一沖，又流回去了，沒過多久還得再次疏濬。

蘇東坡厲害就厲害在，他不僅僅是一個官員、一個「水利專家」，還是一個「城市藝術家」。

藝術家最擅長的事，就是——變廢為寶。他從杭州赤山運來了含鐵量比較高的土，拌上這些淤泥，橫跨西湖南北兩岸，建了一座長堤。

一方面解決了淤泥的去處，另一方面方便了西湖南北的交通，最重要的是，走在這條堤上，我們獲得了一種之前從未有過的觀賞西湖的角度，那就是站在湖中央，縱覽西湖南北的風景。

這條堤保留到了今天，它就是「蘇堤」。蘇堤春曉，今天已經是西湖十景之首。

並且，為了觀測水位，避免西湖再度淤塞，蘇東坡又在湖的最深處設置三座石塔。塔腹中空，球面體上排列五個等距離圓洞。

據說月明之夜在塔內點上燈光，在洞口糊上薄紙，在湖面上就會看見許多月亮，真月假月同時倒映在湖面上，如夢幻泡影，非常迷人。

這個景點，後來演變成了今日的三潭印月。

這個景色，此刻也印在了中國一塊錢人民幣紙幣的背面，成了中國國家風景名勝中的重要標誌。

蘇東坡一個人，造就了西湖十大美景中的兩個。

可以說，從他開始，西湖的美學格局，就奠定了。

如果我們去看蘇東坡為官一方的成績，我們會說，這是一個心繫人民、做事積極負責的好官。他有膽識、有擔當，也有格局、有情懷。

更有魄力、更大刀闊斧的王安石

但當仕途更進一步的時候，尤其是進入中央以後，他的才能，卻未必可以發揮出來。

我們拿王安石與蘇東坡對比，就很能看出一二。

他們都在中央做過核心要員的官職，當然，王安石比蘇東坡更核心一些。從政治成就上看，即便王安石變法失敗了，依然不可否認，他是比蘇東坡優秀得多的政治家。

王安石變法，系統性提出了吏治、教育、科舉、農業、財政、軍事等各方面的改革，蘇東坡寫過七千五百多字的〈上神宗皇帝書〉，非常全面地駁斥王安石變法的各項內容，文章寫得洋洋灑灑、氣勢宏大，其中引經據典，從上古聖人到本朝先賢，百代興衰如數家珍，卻並沒有提出比王安石更為實用和有針對性的主張。

如果拿現代的公司來做類比的話——倘若你是老闆，你和高階主管正準備實施一個新戰略，突然有另一位高階主管潛力股跳出來全面駁斥這個戰略，但是又拿不出一個更好的方案，你會不會也挺糟心的？

於是你問這位潛力股：「你覺得公司要變好，你有什麼想法嗎？」

這位潛力股告訴你：「應該更加溫和，徐徐圖之，然後用對人，注重道德操守、人文關懷……」

作為公司老闆的你一細想：好像有點道理……但是哥們兒，國庫沒錢啦，軍隊要養啊，各級官員等著發工資啊，外敵虎視眈眈啊，百姓日子難過啊……我都急死了，你有沒有更具體點的方案啊？這要徐徐圖到什麼時候啊？

在更期待用大刀闊斧的改革為北宋帶來新活力的你看來，蘇東坡的政治主張，注定不會成為你的心頭所愛。

▲宋仁宗（左）與宋神宗（右）畫像，如果只看他們的眼睛，你覺得他們是什麼性格？

從某種意義上說，蘇東坡更像是個知識分子，而不是政治家。而知識分子與政治家的區別在於：一個擅長提出意見，一個擅長解決問題。

王安石變法雖然失敗了，但我們要看到，失敗的原因很大程度上，是死於「戰略落地」。北宋原本就有冗官現象，從中央到地方，層級太多，當變法速度推進太快時，各地方各層級難以適應，本身就缺乏廣泛的基層支持，再加上在新法實施過程中，由於監管不力，有些官員為了交差，為了中飽私囊，甚至加重了民眾的負擔，起了反作用。

心好累的蘇東坡：放我走吧！

蘇東坡之所以在地方更有政績，是因為他更接近第一線，層級少，主動權大；一旦進入朝中，即便他有想法，光是駁斥政敵就已消耗掉他的大部分精力，更別說推行下去了。

王安石身上，有著堅定的改革魄力和強悍的政治手腕，這使得他在面對朝堂中舊黨的抨擊、新黨內部的混亂、皇家的質疑，甚至面對自家人反對的時候，他依然表現出了很強的抗壓能力。他的身上，有著「雖千萬人吾往矣」的孤勇感。

但蘇東坡不是，他更加柔和，也更為超脫。當他在朝中一再被彈劾的時候，他並不是越挫越勇的。

他退縮了。他不斷地上書辯駁，然後請求外放。這個時候的請求，和年輕時的憤慨意氣有所不同——他是真的累了。

我們對比他早年和暮年兩次在朝的經歷，以及他寫給皇帝和上級的文字，就能窺見他心態的差別。

制科考試之後，他在〈謝制科啟二首〉中落落長地論述了制科選人有多難，自己又是多麼被偏愛，然後表態：我志氣卑微卻忝居高位，我德行不配卻受到厚寵，唯有用自己的微軀報效國家、報效君主。

他說：我雖然是朝廷的直臣，以諫言為主，但是我常常想著為國獻身。可能是因為我的地位卑微、力量單薄，對自己期望又太高，言語一出，就遭到了責難，這是在所難免的。我追隨策問題目的精深與微妙，實際上都是關乎國家安危的重大問題，如果讓我暢所欲言，我會不計後果。

而當二十幾年後，蘇東坡已經歷了多年外放，經歷了烏臺詩案，經歷了黃州躬耕，也經歷了從黃州離開後的「身行萬里半天下」，當朝廷再次對他拋出進京橄欖枝時，我們居然看見他寫出這些表狀：〈辭免起居舍人第一狀〉、〈辭免起居舍人第二狀〉、〈辭免中書舍人狀〉、〈辭免翰林學士第一狀〉、〈辭免翰林學士第二狀〉、〈辭免侍讀狀〉。

從杭州外放回京之後，朝廷本要任命他為吏部尚書，後因蘇轍在位執政，出於避嫌，改任翰林承旨，也就是翰林院的最高長官，負責起草詔書和參與機要，是皇帝的重要諮詢對象。然後我們又看到了：〈辭免翰林學士承旨第一狀〉、〈辭免翰林學士承旨第二狀〉、〈辭免翰林學士承旨第三狀〉。

當青年時的夢想唾手可得的時候，他為什麼一次次地推辭不受？

這時，我們再來看本篇開頭的〈如夢令．春思〉，就會更加明白了。

事實上，在朝堂那幾年，蘇東坡的創作也進入了瓶頸期。無論在數量上還是質量上，都不如之前。有名的幾篇，如〈如夢令·春思〉及下章節要講到的〈行香子·述懷〉，包括「此心安處是吾鄉」、「人生如逆旅，我亦是行人」，詞中多見的，都是他疲倦地想要歸隱的心情和內心不斷給自己的慰藉。

真正讓他得到權力，得到他想要的功名，他卻發現，和他幾十年前設想的全然不同。我想，此刻的蘇東坡也許明白了，二十幾年前的那個自己，還是太年輕了。從制科中脫穎而出，想要大顯身手，卻不得不承認，自己更願意的，其實是安於一方，造福百姓，好好做點事，寫點文章。

於是，他不斷地請求外放：去杭州、去潁州、去揚州、去定州……

但那時候的他已深陷朝局，難以掙脫。蘇東坡隱隱預感到——風暴，將要再次來臨。

十年朝廷地方來回顛簸，你已心力交瘁

——面對命運的無常，我們甚至無力招架。

今天，如果我們把蘇東坡的人生階段做一個分期，也許可以分為：烏臺詩案前、烏臺詩案時、烏臺詩案後。

而詩案之後，也許我們更記得的是黃州、惠州、儋州。

這是蘇東坡三個重要的貶謫地，分別待了四年多、兩年半、接近三年。

但從離開黃州到被貶惠州，中間還有十年之久。

這十年的時間，對蘇東坡而言，其實有點破碎而顛簸。

他先是得到了讓他移居汝州的詔令，於是歷經了一年多的「投老江湖」，從黃州出發，經江州，遊廬山，過金陵，到泗州的時候，給朝廷上表，希望能讓他在常州住下來。

她的賞識，開始飛速晉升的蘇東坡

沒想到，到常州沒待多久，就收到了讓他去登州任職的詔令。更沒想到的是，他剛上任五天，朝廷便讓他回京，從此開始了飛速提拔。

禮部郎中——起居舍人——中書舍人——翰林學士、知制誥，緊接著還讓他兼任侍讀，成了小皇帝宋哲宗的老師，並在隔年「權知禮部貢舉」，也就是代理禮部貢院，主持當年的科舉考試。如此飛速的晉升，是什麼原因呢？

其實和一個女人有關：當時的太皇太后高氏，也就是宋神宗的母親，小皇帝宋哲宗的祖母。她非常信賴蘇東坡。

《宋史・蘇軾傳》裡講過一個故事。

有一天，蘇東坡剛好值晚班，太皇太后和小皇帝召見了他。太皇太后告訴蘇東坡，先帝（宋神宗）在時，每次誦讀他的文章，都會感嘆說奇才、奇才，只可惜沒來得及用他。

蘇東坡聽到這樣的話，不禁失聲痛哭，說到動情處，奶奶和孫子也哭了。

他們還命人給蘇東坡賜座賜茶，並且撤去皇帝面前的金蓮燭，舉燭送他回翰林院繼續值班。這都是內臣才能享受到的信任和恩典。

宣仁太皇太后高氏，可以說是蘇東坡的大貴人。

神宗駕崩以後，年幼的哲宗只有九歲，高氏以太皇太后的身分攝政九年，其間起用了司馬光等保守派大臣，也就是舊黨。他們廢除了王安石新法，放逐了變法派人物，史稱「元祐更化」。

舊黨人物一上台，需要尋找有影響力和號召力的人來加入，當然想到了蘇東坡。

因此，蘇東坡的飛速晉升，就合情合理了。

真性情讓他非新非舊、心力交瘁

但，為什麼他還會如此顛簸？因為他真的太直接，太真性情了。

他認為，不應該全面廢除王安石新法，事實上他在任地方官的時候，看到新法中有一些有益的部分，他認為可以保留，於是和司馬光在朝堂上據理力爭。他們誰也不讓誰，蘇東坡下了朝回家以後，還憤憤不平地怒斥「司馬牛！司馬牛！」，以此來表達對倔強的司馬光的不滿。

很多人會將蘇東坡歸於「舊黨」，但事實上，蘇東坡在元祐年間所提出的許多政治主張，與舊黨不一定相合。新黨的人把他當成是舊黨，舊黨的人又覺得他怎麼老出來唱反調，於是這位性情中人，同時引起了新黨舊黨的不滿和攻擊。

那幾年裡，他時常被彈劾，然後需要出來解釋，一來一回，心力交瘁。於是他不停地請求外放，但朝廷沒過多久又把他召回重用，一直到五十七歲那年，他登上了自己職業生涯的巔峰：出任禮部尚書，兼端明殿學士、翰林侍讀學士。

風暴來臨，被剷除的他

但風暴，也很快來臨。

元祐八年（一〇九三年）九月，太皇太后高氏崩。

此前一個月，蘇東坡的老妻，王閏之也病逝了。

這似乎是一個預警。蘇東坡敏銳地察覺到，時局又要變了。太皇太后在的時候，小皇帝宋哲宗一直受到壓制，所有的執政大臣凡事都要奏請太皇太后批准，這讓皇帝很是不滿。這種不滿隨著年歲與日俱增，連帶著對祖母重用的人，內心也有所抗拒。

好不容易熬到了親政，哲宗便要自己拿主意了。他開始逐步清理「元祐更化」期的執政大臣，重新起用新法之臣，哪怕是曾經當過他老師的蘇東坡，他也不見。

蘇東坡眼看自己苦口婆心的勸阻沒有起到作用，再一次乞求皇帝將他外放。皇帝沒有挽留。

一〇九三年年，蘇東坡以兩學士的身分外放定州，本以為可以喘口氣，沒想到，這只是他晚年災難的一個開始。

一年時間不到，宋哲宗重新起用了新法大臣，以章惇為相，盡復王安石新法。新黨一得勢，就對元祐舊臣開始了清算。

當蘇東坡還在定州為北宋朝鞏固邊防時，朝廷詔令下來了：譏斥先朝，貶謫英州。

垂暮之年被貶海角天涯，你卻活得更自在了

——那些曾經以為過不去的，都會過去的。

大庾嶺，在北宋時期，就是中原和蠻荒的分界線，往南是貶謫，往北是回歸。

接到貶謫惠州詔令的那一年，蘇東坡都快六十歲了。

而這一次貶謫，也並不那麼順利，一改再改。

垂暮之年，一貶再貶

先是讓他去英州，也就是現在的廣東英德，千里迢迢從河北定州往廣東走，路途艱難，不可想像。走到一半的時候，蘇東坡實在撐不住了，就寫了〈赴英州乞舟行狀〉給皇帝，申請能不能走水路。

他說：老臣現在雙眼模糊，左手失去知覺，右臂也覺得無力。我已經快六十了，頭髮斑白，牙齒稀疏，病情越來越重，想來也不會活得太久。再加上我平常不擅長理財，所得俸祿和賞賜，隨手就花光了，現在路途所需費用，實在囊中已空。英州來接我的人，遲遲未到；定州送我的人，因為費用不夠又不肯走；我又沒錢雇人買馬，現在的困境，就像在水中抱著一塊浮木，連浮木都要沉了一樣。

他乞求：雖然我自知罪孽深重，但請陛下念及我作為八年經筵的舊臣，能讓我走水路，沿途拿到一點醫藥和食物，至少讓我在貶謫地哪怕感染瘟疫死去，也比被草草埋葬在路邊，成為流浪的鬼魂要好一點。請陛下開恩憐憫，臣無能。

還沒等走到英州，蘇東坡等來了皇帝的又一封詔令。不是開恩，是更大的懲罰——讓他去離中原更遠的地方，嶺南惠州。

垂暮之年，一貶再貶，翻過這座山，他要抵達的終點，是傳說中瘴癘橫行的不毛之地。能不能活下去，都是未知數。在這樣的狀況下，任誰都是深深的絕望。

安慰和鼓舞已絕望的自己

絕望之下，還能怎麼辦呢？

我們來看蘇東坡第一次過大庾嶺的時候，寫下的這首詩：

過大庾嶺

一念失垢汙，身心洞清淨。
浩然天地間，惟我獨也正。
今日嶺上行，身世永相忘。
仙人拊我頂，結髮授長生。

我們完全可以把它看成一首內心獨白：

一念之間，我好像擺脫了心中的汙垢和雜念，身體和心靈感到了無比的清淨與透徹。這浩渺的天地間，我雖獨行卻一身正氣。

走過這座山，就與過往那個塵世中的自己，徹底告別吧！

此刻，好像有仙人輕撫我的頭頂，告訴我長生不老的祕密。

「仙人拊我頂，結髮授長生」，最後這句不是蘇東坡的原創，他在致敬李白。原句出自李白一首自傳體長詩〈經亂離後天恩流夜郎憶舊遊書懷贈江夏韋太守良宰〉。

值得一提的是，這首詩是李白受到永王之敗的牽連，被流放到千里之外的夜郎，中途獲得赦免之後所作，也就是說，這是李白在人生最低谷的時候，迎來的曙光。

蘇東坡的引用，應該就是想借李白的經歷，來安慰和鼓舞那個已經絕望的自己吧。我們不就是靠著這一點點希望，活下去的嗎？

他活出了恬淡的生活味

所幸，天無絕人之路。他們的船行駛到清遠縣，遇見了一位秀才，姓顧。

顧秀才自然聽過蘇東坡的大名，能在偏遠之地見到如此人物，激動萬分。

聽說他們要去的目的地是惠州，顧秀才就向東坡介紹當地的自然風光和風土人情。

舟行至清遠縣，見顧秀才，極談惠州風物之美

到處聚觀香案吏，此邦宜著玉堂仙。
江雲漠漠桂花濕，海雨翛翛荔子然。
聞道黃柑常抵鵲，不容朱橘更論錢。
恰從神武來弘景，便向羅浮覓稚川。

「江上的雲霧打濕了桂花，海邊的雨輕輕灑落在荔枝上。聽說這裡的黃柑可以用來交換喜鵲，朱橘更是有錢都買不到。」

原來惠州是這樣的！原來恐懼源於未知。

當顧秀才向蘇東坡描繪起他所見的惠州時，東坡在絕望中似乎重新看見了一點曙光。

惠州對蘇東坡，是友好的。他在惠州待了兩年半，得到了很多人的善待。當地官員知州詹范聽說他來了，安排他住進了官員外出巡遊當地時所住的行衙合江樓，對一個放逐之臣來說，這明顯是超標了。

我們來看蘇東坡在惠州時期寫的詩，完全可以想像他的生活。他在惠州賞梅：

松風亭下荊棘裡，兩株玉蕊明朝暾。

在惠州種菊：

堂後種秋菊，碎金收辟寒。
草木如有情，慰此芳歲闌。

在惠州釀酒：

酒材已遣門生致，菜把仍叨地主恩。
爛煮葵羹斟桂醑，風流可惜在蠻村。

在惠州釣魚：

先生悅之，布席閒燕。
初日下照，潛鱗俯見。
意釣忘魚，樂此竿線。
優哉悠哉，玩物之變。

更為人所知的是，他在惠州「日啖荔枝三百顆」，美滋滋地啃著他的羊骨頭，寫了大量應和陶淵明的詩，過他清貧而恬淡的日子。

兩年後，他還在白鶴峰上建好了他的房子，長子蘇邁帶著他的孫子們來惠州看他，「子孫遠至，笑語紛如」，他樂呵呵地寫下「報道先生春睡美，道人輕打五更鐘」。

縱筆

白頭蕭散滿霜風，小閣藤床寄病容。
報道先生春睡美，道人輕打五更鐘。

當他已經決定要在這裡安度晚年的時候，沒想到，這首詩，據說又成了他的禍端。

絕望之後，竟然是更深的絕望

他曾經的好友，現在的政敵章惇聽說了他在惠州的快活，非常不滿，沒過多久，朝廷再下詔令：蘇軾，再貶儋州。

原本以為絕望之後，怎麼著也能迎來一點點曙光吧，沒想到，居然是更深的絕望。每到一個貶謫地，蘇東坡照例需要給皇帝寫一份謝表。

如果今天，我們把他幾個重要貶謫地的謝表對比著看的話，就能看到他的心境是如何一步步滑向暗無天日的深淵的。

在黃州謝表裡，哪怕他剛剛經歷過一場生死，你也能看見他還在跟皇帝說：期望我的晚年，不至於變成一個廢物。如果能在極力的鞭策下，我還將為國捐軀，奮不顧身，指天發誓，這種信念，至死不變。

庶幾餘生，未為棄物。若獲盡力鞭箠之下，必將捐軀矢石之間。指天誓心，有死無易。臣無任。

到了惠州謝表，他說：

陛下憐憫我，考慮到我辦事有點年歲，已經離死不遠，不足以殺戮，明確發下德音，許全我晚年之命。只是這地方瘴氣橫行，瘟疫遍地，我衰病交加，不再有歸葬家鄉的願望。但我精誠之心未有泯滅，只是空有結草報恩的忠心。

念臣奉事有年，少加憐愍。知臣老死無日，不足誅鋤。明降德音，許全餘息……但以瘴癘之地，魑魅為鄰。衰疾交攻，無復首丘之望；精誠未泯，空餘結草之忠。臣無任。

而到了海南，他說：

生無還期，死有餘責。子孫悲痛地哭於江邊，已經作了死的道別。鬼怪在海上等著我，怎麼會准許我生還？不知道什麼時候才能報答陛下的恩德，痛悼這顆心沒有機會再留於世間。叩頭流涕，不知所云。

生無還期，死有餘責……子孫慟哭於江邊，已為死別；魑魅逢迎於海外，寧許生還。念報德之何時，悼此心之永已。俯伏流涕，不知所云。臣無任。

老天爺不知道是對蘇東坡不好，還是對他太好。讓他歷盡磨難，卻總會在絕望中給他一線生機。蘇東坡在海南待了三年，沒想到，不僅沒有死，還把中原的文化帶到了海南。三年之後他離開，依依不捨地說：

我本海南民，寄生西蜀州。

關於蘇東坡在海南的經歷，之後還會講到，但這裡我想先分享一個小故事。

在儋州第三年的元宵節，月亮高高掛在天上。夜深了，有幾位老書生經過他家，敲門問：「如此美好的月夜，先生要不要一起出去遊玩？」

於是，蘇東坡高興地答應了他們。他們走到城西，經過小巷，看見各式各樣的熱鬧店鋪，等他回家時，已經三更天了。家裡人閉門熟睡，鼾聲響起。

蘇東坡放下拐杖，想起自己這些年的經歷，不禁慨然一笑：什麼是得，什麼是失呢？

書上元夜遊

己卯上元，余在儋州，有老書生數人來過，曰：「良月嘉夜，先生能一出乎？」余欣然從之。步城西，入僧舍，歷小巷，民夷雜揉，屠沽紛然。歸舍已三鼓矣。舍中掩關熟睡，已再鼾矣。放杖而笑，孰為得失？過問先生何笑，蓋自笑也。然亦笑韓退之釣魚無得，更欲遠去，不知走海者未必得大魚也。

以為過不去的，到最後才發現，都會過去的

元符三年（一一〇〇年），六十五歲的蘇東坡，在海南接到大赦的消息，他可以北歸中原了。

大庾嶺也許沒有想到，它會再度迎來蘇東坡。作為北宋第一個被貶到嶺外的官員，蘇東坡活出了一個奇跡。當蘇東坡再次經過大庾嶺，曹溪水波拍打著他的腳面，霧氣繚繞著他的衣裳，海外的流放，就像做了一場長長的夢，微醺中，他朦朦朧朧中感覺自己好像又回到了江南。

過嶺二首

其二

七年來往我何堪，又試曹溪一勺甘。
夢裡似曾遷海外，醉中不覺到江南。
波生濯足鳴空澗，霧繞征衣滴翠嵐。
誰遣山雞忽驚起，半岩花雨落毵毵。

再過大庾嶺，竟已經七年了。心潮難平。
在山嶺的一個小店歇腳時，有一個老翁走出來問道：「這為官者是誰？」
隨從說：「是蘇尚書。」
啊，就是蘇子瞻吧？
老翁上前拱手行禮說：「我聽說別人想盡辦法要加害您，沒想到您今日還能北歸，真是天佑善人啊！」
蘇東坡也很感慨，臨別時還贈予老翁一首詩，題於牆上：

贈嶺上老人

鶴骨霜髯心已灰，青松合抱手親栽。
問翁大庾嶺頭住，曾見南遷幾個回。

大庾嶺梅關古道上有棵「東坡樹」，據說是那年他親手種下，距今有近千年之久。

對一千年的時光而言，一個人的榮辱一生或許不算什麼。

而如果把一個人的榮辱一生排開來看，那一時的至暗時刻或許也不算什麼。

哪怕艱難，哪怕低谷之後還有低谷，這七年，蘇東坡也挺過來了。

那些我們曾以為過不去的，到最後才發現，都會過去的。

問汝平生功業，黃州惠州儋州

——在人生暮年回看：活著，到底為了什麼？

活著，到底為了什麼？

這是個很大的話題，聽起來好像也很沉重。

但在蘇東坡晚年評述自己一生的這首詩裡，我們似乎可以得到一點領悟。

建中靖國元年（一一〇一年），在蘇東坡去世前的兩個月，北宋已經進入徽宗時代。蘇東坡在海南收到消息，他因為大赦而獲准北還，那時的他還不知道自己的生命即將走到盡頭。

他路過金山寺，看見好友李公麟留下的〈東坡畫像〉，望著畫中的自己，提筆寫下了對自己這一生的注腳：

自題金山畫像

心似已灰之木，身如不繫之舟。
問汝平生功業，黃州、惠州、儋州。

他說：如果要說我這一生的成就，就三個地方——黃州、惠州、儋州。

這是他被貶謫的三個地方，從世俗定義的成就來說，應該是他人生的低谷。但為什麼他卻說，這三個地方成就了他呢？

沒有黃州，就沒有中國文化史上的蘇東坡

在前面的章節中，我們已經瞭解了蘇東坡的人生軌跡。

從北宋開國百年第一，到一朝因言獲罪，獄中受盡通宵詬辱。等到重見天日的時候，

他又在新歲團圓中被衙役押送著，沿一條破敗的驛道，跌跌撞撞地走到了當時遙遠的黃州。劫後餘生，長夜漫漫，他無事可做，無友可會，只剩一句「揀盡寒枝不肯棲，寂寞沙洲冷」。

但誰都想不到的是，就在人生最狼狽的低谷裡，蘇軾成了蘇東坡，一座千年後歷代文人都無法企及的文學藝術高峰。

我們現在知道的蘇東坡最有名的那些作品：一詞兩賦〈念奴嬌．赤壁懷古〉、〈赤壁賦〉、〈後赤壁賦〉，天下第三行書〈寒食帖〉，包括現在已經是中國美術館鎮館之寶的〈瀟湘竹石圖卷〉，還有我們都很熟悉的詩詞「回首向來蕭瑟處，歸去，也無風雨也無晴」、「小舟從此逝，江海寄餘生」、「一點浩然氣，千里快哉風」……這些，全部都是他在貶謫黃州期間寫的。

可以說，沒有黃州，就沒有中國文化史上的蘇東坡。

蘇東坡在黃州待了四年多，好不容易重新回朝得到任用，開始了事業上真正的巔峰。

他出任兵部尚書、禮部尚書等官職，在當時僅次於宰相。

但命運就是這麼會開玩笑，以章惇為首的新黨再次把持朝政之後，身為舊黨的蘇東坡日子就特別不好過了。

紹聖元年（一〇九四年），已經五十九歲的蘇東坡再度被貶，這次他的目的地，是當時瘴癘橫行、蠻荒偏遠的惠州。這次的貶謫，基本上就宣告了他政治生涯的終結。

蘇東坡自己在詩裡寫「曾見南遷幾個回」，貶謫到嶺南的，有幾個能活著回來的呢？

在嶺南活出滋味的老頑童

但你不得不佩服，在嶺南那幾年，這個老頑童不僅活著，居然還能活出滋味來。

在去嶺南的路上，蘇東坡就創作了兩篇很有名的書法作品，一篇是〈洞庭春色賦〉。「洞庭春色」其實是一款酒，用黃柑釀的。他把這個酒喝出了氣壯山河的感覺。

他說：我感覺人世間的泡影，把千里江山都隱藏在這一瓣橘子的斑點之中。

悟此世之泡幻，藏千里於一斑。

他說：我洗淨酒杯品嘗，好像三江的大水都在這一口豪飲裡，足以氣吞魚龍和神鬼。

盡三江於一吸，吞魚龍之神姦。

與〈洞庭春色賦〉同時寫出的，還有一篇〈中山松醪賦〉，「中山松醪」也是一款酒。其實這兩篇賦文是之前創作的，前者創作於元祐六年（一〇九一年）冬，當時他以龍圖閣學士的身分外放潁州，後者創作於元祐八年（一〇九三年），當時他以端明殿學士兼翰林侍讀學士的身分外放定州。

而當他被貶嶺南，在路上遇到大雨，晚間留宿時，重寫這兩篇賦，是什麼心境呢？想像一下，外頭風雨交加，命運漂泊難測，他卻想起了這兩篇曾寫過的賦文，這兩種令他喝完之後身心舒暢的酒。

我們看他的字——蘇東坡晚年的書法已經非常老練。如果我們把這兩篇作品和他的〈赤壁賦〉放在一起觀賞的話，就會發現，〈赤壁賦〉因為是寫來送人的，所以更加端莊和工整，但這兩篇可能是寫給自己的，行筆更為流暢，瀟灑飄逸，兩個階段雖然相隔十來年，但是他的氣力依舊雄勁貫通。

按明代書法家張孝思的評價：此二賦經營下筆，結構嚴整，郁屈瑰麗之氣，回翔頓挫之姿，真如獅蹲虎踞。

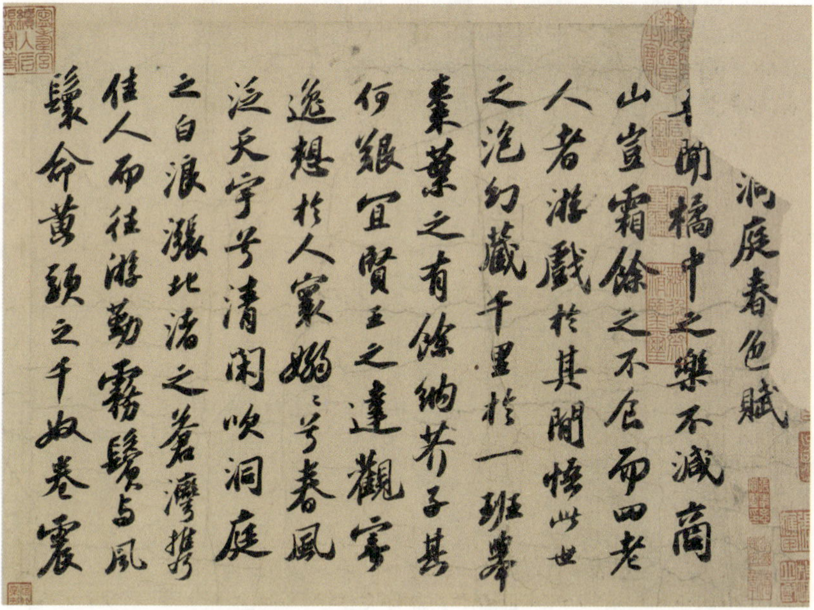

▲〈洞庭春色賦〉局部。〔北宋〕蘇軾／吉林省博物院藏

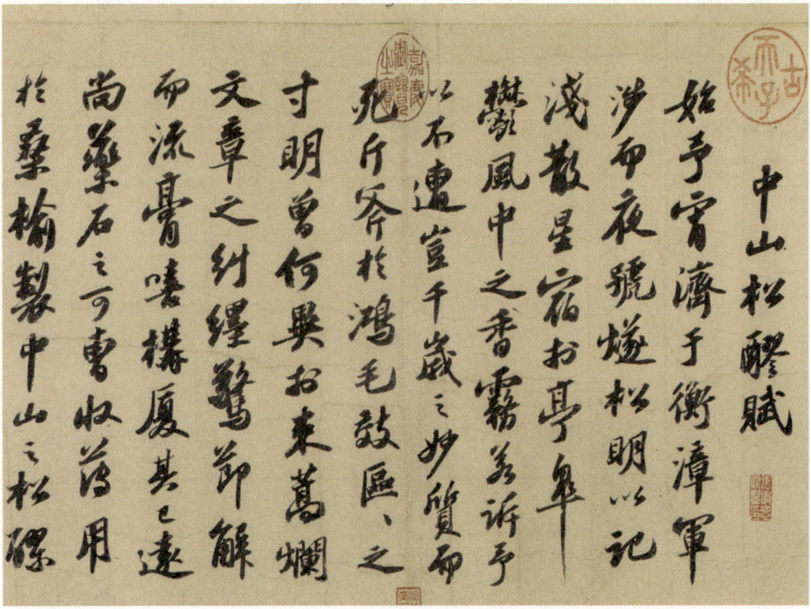

▲〈中山松醪賦〉局部。〔北宋〕蘇軾／吉林省博物院藏

如今，〈洞庭春色賦〉與〈中山松醪賦〉已是吉林省博物院的鎮館之寶。

到了嶺南以後，蘇東坡更開心了。他說自己剛從船艙裡走出來，就看見惠州的碼頭上站滿了人，大家都用奇異的眼光望著他，有些人還向他問好。

他「哎呀」一聲，說：「嶺南萬戶皆春色，會有幽人客寓公！」

十月二日初到惠州

彷彿曾遊豈夢中，欣然雞犬識新豐。
吏民驚怪坐何事，父老相攜迎此翁。
蘇武豈知還漠北，管寧自欲老遼東。
嶺南萬戶皆春色，會有幽人客寓公。

惠州這個地方，很熟悉，感覺曾經來過。不然的話，為什麼連雞犬都好像認識我一樣？不管未來怎麼樣，至少我知道，在這裡，肯定會有人對我好的！

是嘛，我見青山多嫵媚，料青山見我應如是。

我們看蘇東坡在惠州做了什麼。他雖然還是沒權，沒錢，甚至痔疾纏身，水土不服，但他依然樂呵呵地種他的菜，啃他的羊骨頭，饞他的荔枝——日啖荔枝三百顆，不辭長作嶺南人。

雖然誇張，但我們能看得到他的這個氣魄！

且「熱心市民」蘇東坡，還幫惠州西湖修了兩橋一堤，改進了廣州城供水計畫。他在嶺南待了兩年半，就像清代詩人江逢辰的詩：「一自坡公謫南海，天下不敢小惠州！」**一個人點亮了一座城，千年過去了，這座城市直到今天都因他而發光。**

東坡不幸海南幸，日子過得是有滋有味

而到了海南儋州，蘇東坡所面臨的環境就更加惡劣了。不僅缺衣少食，而且病無藥、居無室。

蘇東坡完全是抱著必死的心了，他在寫給友人王敏仲的信裡說：這次去，應該就回不來了，我去那裡第一件事就是做口棺材，第二就是選塊墓地。

某垂老投荒，無復生還之望，昨與長子邁訣，已處置後事矣。今到海

南，首當作棺，次便作墓，乃留手疏與諸子，死則葬於海外，庶幾延陵季子嬴博之義。父既可施之子，子獨不可施之父乎？生不挈家，死不扶柩，此亦東坡之家風也。

當時昌化的行政長官張中，還因為給蘇東坡提供了行衙居住，並想整修官舍為他提供更好住所而被罷官。蘇東坡無奈，只好在儋州城南買地蓋房。當地民風樸實，人們對這位北方來的儒者非常友好。他們不僅自發過來幫他蓋房子，還經常送吃送喝，祭祀的時候，還會把祭灶的烤肉拿過來送他。

我們在輯二裡曾經提到，他在海南怎麼用美食來治癒自己：他發現了烤生蠔，吃了自家兒子用山芋和碎米做的玉糝羹，還自釀天門冬酒。哪怕在最餓的時候，他也能寫出〈老饕賦〉，用對美食的想像來安慰自己。

雖然環境有諸多不足，但他依然找到了很多生活的樂趣。

旦起理髮

安眠海自運，浩浩朝黃宮。

日出露未晞，鬱鬱蒙霜松。
老櫛從我久，齒疏含清風。
一洗耳目明，習習萬竅通。
少年苦嗜睡，朝謁常匆匆。
爬搔未云足，已困冠巾重。
何異服轅馬，沙塵滿風鬃。
雕鞍響珂月，實與杻械同。
解放不可期，枯柳豈易逢。
誰能書此樂，獻與腰金公。

他說自己年輕的時候總是貪睡，上朝又匆忙，梳頭都沒梳夠，就已被沉重官帽壓得疲憊不堪。但現在爽了，可以享受睡眠自由。雖然老人家睡眠少，日出就醒了，但至少算是自然醒的。醒了以後可以慢慢梳頭，清洗後，耳目都變得明亮，全身毛孔都感到舒暢。

他還在詩的末尾說：誰能把這份快樂記錄下來喲，呈獻給朝中那些佩戴金腰帶，卻每天還得早起「上班打卡」的老翁啊？

不僅給自己找到了一些樂子，蘇東坡還充分發揮「資深前輩」的餘光餘熱，教大家怎麼挖井，怎麼治療瘧疾，怎麼種植水稻……他在海南講學，使原本的蠻荒之地漸漸「書聲琅琅、弦聲四起」，甚至帶出了海南歷史上的第一位舉人。

我看到一份資料，說受到蘇東坡的影響，今天的儋州人依然喜歡吟詩作對。二〇〇二年，儋州還獲得了「全國詩詞之鄉」、「中國楹聯之鄉」的榮譽稱號。

所以有人說，蘇東坡被貶儋州，是「東坡不幸海南幸」。海南到今天，依然還有東坡村、東坡井、東坡田、東坡路、東坡橋、東坡帽、東坡墨、東坡話……

其實想想是很感動的，這個世界有他真好啊。

蘇東坡在海南待了三年，離開的時候依依不捨地說：「我本海南民，寄生西蜀州。」

原本以為這是他的「死地」，沒想到，他卻活成了一個奇跡。

活著本身，就是最大的意義

這個時候，我們再回頭看看他對自己生命的注腳：

心似已灰之木，身如不繫之舟。
問汝平生功業，黃州、惠州、儋州。

我以前讀這首詩，以為這是他油盡燈枯的時候對自己這一生的自嘲，尤其是前面兩句，聽起來就特別「喪」。但後來我讀了《莊子》，才發現蘇東坡這兩句話，是化用了《莊子》的原文。「心似已灰之木」，這句話源自莊子的〈齊物論〉：

南郭子綦隱几而坐，仰天而噓，荅焉似喪其耦。顏成子遊立侍乎前，曰：「何居乎？形固可使如槁木，而心固可使如死灰乎？今之隱几者，非昔之隱几者也。」

莊子認為，人生要追求的境界是「形如槁木，心如死灰」，沒有歡喜與厭惡，沒有恐怖與哀懼，只有喪失了「我」，才能突破「我」，進入「無我」的境界，讓自己完全融入天地大道中。

「身如不繫之舟」，這句話源自莊子的〈列御寇〉：

巧者勞而智者憂，無能者無所求，飽食而遨遊，泛若不繫之舟，虛而遨遊者也。

不繫之舟，沒有繩子繫著的小船，看起來似乎很飄搖，沒有依靠，但從另外一方面來說，也是自由，是無限。

想一想，人生在世，真的有永恆的依靠嗎？真的有長青的基業嗎？真的有絕對穩定的關係嗎？真的有不死的肉身嗎？

「問汝平生功業」，如果把蘇東坡這句話拿來問我們——

假如明天就是我生命的終點，問吾平生功業，我會說什麼？

曾經有一部法律劇叫《底線》，裡面有個片段特別打動我：

男主角的老師告訴他，他也曾經有過中年危機，感覺生命好像就是這樣了，事業嘛，再爬也爬不到哪裡去；人生嘛，好像該看的風景也都看過了。

那麼，活著的意義是什麼？

他說他最後明白了，也許根本就沒有什麼終極意義。

活著本身，就是意義。

這些經歷就是活著的價值。

就像蘇東坡在人生的結尾，也許有自嘲，但生死看淡之下，問汝平生功業，他卻看見了那些超乎世俗成就的東西——

黃州、惠州、儋州，這些不可替代的生命體驗，塑造了他，完整了他。

這，就是他此生的意義。

那些曾傷害你的人，到最後都一一原諒

——人生最大的美德，是原諒。

蘇東坡一生遭遇過很多次傷害，大部分來自政敵。

他遇事則發的耿直性格，他太過耀眼的天才光芒，總是會引來一些背刺。當然，如果我們站在中立位來看，不一定是因為對方人品不好，很多情況下，是因為雙方立場不同。

但蘇東坡的偉大之處就在於，無論多大的仇恨，他到最後大多是化解和原諒。

字字誅心的李定，盡釋前嫌

烏臺詩案時，主要針對蘇東坡的人，是當時的御史中丞李定。其實蘇東坡和李定的過節，很早就種下了。當時李定因為隱匿了母喪這件事，而被人指摘，蘇東坡在詩句中亦有影射。對蘇東坡而言，他可能一開始真沒把這件事，甚至沒把這個人當回事，但李定心裡卻從此種下了傷痛和隱恨。

在蘇東坡寫下〈湖州謝上表〉之後，第一個站出來發難的人，就是李定。他在彈劾蘇東坡的奏章中，給蘇東坡羅列了四大罪狀，說他原本就沒什麼學術造詣，只是偶然的機會獲得了一點名氣，朝廷已經給了他迷途知返的機會，可是他居然還不悔改，他的文章雖不中理，但是有帶節奏的嫌疑，一旦讓他把輿論煽動起來，皇帝陛下的新法的推行很可能就會因此被摧毀。

這樣的奏章，真是字字誅心。

在烏臺詩案中蘇東坡所受到的迫害，我們在輯一裡已經有詳細的描述，一百三十天，高強度的精神折磨，詬辱通宵，三十年來的詩詞信札文章一一交代出處及文字含義，所有人際關係都或多或少受到了牽連……

當蘇東坡從那個伸手就能碰到牆壁，就像百尺高的深井一樣的監獄裡，走出來重見天日的時候，他說：「此災何必深追咎，竊祿從來豈有因。」那一刻，活著對他而言，已經是莫大的福報了，他已不想再追究誰是誰非。

因此，當元祐年間，舊黨重新回到權力核心的時候，身為新黨的李定被貶青州。那個時候，蘇東坡的仕途正要重見光明。他剛升任登州知州才五天，就以禮部郎中的身分奉命回朝。當經過青州的時候，他見到了知州李定。

蘇東坡在給好友滕達道的信裡寫道：青州資深，相見極歡。

曾經讓他在精神上備受折磨的政敵，再次相見，盡釋前嫌。

劉安世與章惇，蘇東坡也選擇原諒

還有在元祐黨爭中，他最強悍的政敵劉安世，多年以後，也是相逢一笑泯恩仇。他從大庾嶺北歸之後，在路上遇見了同樣貶謫嶺南的劉安世。因為劉安世對禪宗很有興趣，蘇東坡就主動邀請他說：「附近的山裡，有一位玉版禪師，我們一起去拜訪他。」

等到劉安世被蘇東坡引進了一片竹林之後，左右不見禪師蹤影，狐疑之下問道：「玉版禪師在哪裡?」

蘇東坡笑著指了指竹林裡新生的竹筍,說:「這就是玉版禪師。」於是,兩個人在竹林裡挖竹筍煮了吃,暢談暢飲,開懷大笑。

包括對把他貶到惠州、儋州的主使者之一,曾經的朋友、後來的政敵章惇,他也選擇了原諒。當章惇失勢,被貶到偏遠的雷州時,章惇的兒子害怕蘇東坡得勢之後對自己父親不利,於是寫了一封信給蘇東坡求救,蘇東坡鄭重地回覆了這封信。

他說:我和你父親是四十多年的好友,雖然中間出了一點小插曲,但是交情還是不影響的。過去的事就不要再說了,我們往前看吧。

他還在信裡附上了去瘴氣的方子,希望對章惇有用。

某與丞相定交四十餘年,雖中間出處稍異,交情固無所增損也。聞其高年,寄跡海隅,此懷可知……又丞相知養內外丹久矣,所以未成者,正坐大用故也。今茲閒放,正宜成此。然只可自內養丹,切不可服外物也。(舒州李惟熙丹,化鐵成金,可謂至矣,服之皆生胎髮,然卒為癰疽大患。皆耳目所接,戒之戒之!)

與王安石的世紀大和解！

而最為人樂道的，是他與王安石的世紀和解，真真體現出了兩大君子的坦蕩、寬闊的胸懷。

南宋朱弁的《曲洧舊聞》中只有寥寥數語，卻足以讓我們想像出當時的畫面：

> 東坡自黃徙汝，過金陵，荊公野服乘驢，謁於舟次，東坡不冠而迎揖，曰：「軾今日敢以野服見大丞相。」荊公笑曰：「禮豈為我輩設哉？」

蘇東坡從黃州前往汝州安置的途中，經過了金陵。王安石騎著毛驢（他晚年經常騎個毛驢出遊），已經等在岸邊。船一靠岸，蘇東坡立馬迎出來，深深作揖，說道：「軾今日敢以野服見大丞相。」

而王安石則笑著說了一句八百年前竹林七賢阮籍說過的話：「禮豈為我輩設哉？」

世間的繁文縟節豈是為我們這種人而設？

即便政見不同，但山高水長的君子之風，卻讓二人有了知音之感。

在金陵的那幾天，蘇東坡和王安石同遊鐘山，頌詩說佛，互相唱和。甚至在《邵氏聞見錄》裡，還記載過一個故事，說他們深談政事，彼此交心，並約定「出在安石口，入在子瞻耳」。

他們見面之後，蘇東坡還寫了一首〈次荊公韻四絕〉。

次荊公韻四絕其三

騎驢渺渺入荒陂，想見先生未病時。
勸我試求三畝宅，從公已覺十年遲。

王安石邀請蘇東坡過來這裡和自己做鄰居，而蘇東坡的感慨「從公已覺十年遲」，這句話依然頗有深意。

蘇東坡讚嘆王安石「卓絕之行，足以風動四方」，王安石讚歎蘇東坡「不知更幾百年，方有如此人物」。

王蘇相見的故事，不知令後世多少人神往。

回看蘇東坡的人生，他接觸過很多人，也得罪過一些人，很多人喜歡他，也有不少人對他有過傷害。

但面對傷害，他到最後，都一一選擇了原諒。

放過他人，其實就是放過自己。

也正是因為這樣的心態，他在風雨飄搖之時，才依然能保持一種自在感。

直到，去世的那一天……

生命的最後一瞬間，你悟道了

——著力即差。

你知道，蘇東坡留給這個世界的最後一句話是什麼嗎？
這句話給了我很大的啟發。

別哭，讓我坦然離開

蘇東坡病逝在常州。

從瘴癘橫行的嶺南北歸，他已經是一身傷病，再加上路途顛簸，又逢酷暑，這位六十六歲的老人，撐不住了。

建中靖國元年（一一〇一年）六月，他在長江上喝了冷水，半夜就染了痢疾，開始拉肚子。他起初沒太在意，沒想到幾天後病情轉重，反反覆覆。

他在寫給米芾的信裡說：吃了就胃脹，不吃身體更差，一晚上睡不著，天氣又熱，感覺自己只能端坐著喂蚊子。

> 某食則脹，不食則羸甚，昨夜通旦不交睫，端坐餔蚊子爾。不知今夕如何度。

「不知今夕如何度」——人在病痛時，意志力也漸漸消沉。

好不容易到了常州，他的忘年好友錢世雄幫他租了一所房子，當時是孫宅，後改名為藤花舊館。蘇東坡就在那裡休養，錢世雄每天都來看望他，陪他聊聊天。

到了七月十三日，蘇東坡病情開始惡化，發高燒，牙齒出血，他以為是熱症，所以給自己開了清涼的藥物，但沒想到治錯了。

也許是命中注定，逃不過這一劫了。

蘇東坡也知道自己時日已經無多，於是把一些著作託付給了錢世雄，又把孩子們叫到身邊，說道：「我這輩子沒做過壞事，死後也不會墜入地獄。我死的時候，你們都別哭，讓我坦然離開。」

吾生無惡，死必不墜，慎無哭泣以怛化。

杭州徑山寺長老維琳和尚也過來看望他，蘇東坡作了〈答徑山琳長老〉，這可以說是他的絕筆了：

答徑山琳長老

與君皆丙子，各已三萬日。
一日一千偈，電往那容詰。
大患緣有身，無身則無疾。
平生笑羅什，神咒真浪出。

我和你都出生在丙子年，人生在世已過三萬多天。如果每一天念一千句偈語，時間也就這麼閃電般地流走了。人生最大的憂患，來自我們有這具肉身，如果沒有肉身，則沒有疾病。鳩摩羅什用神咒延續生命，最後不也死了嗎？神咒其實沒有什麼用啊。

他其實是在告訴維琳長老，不需要再用神咒妙語來延續生命，既然大限將至，坦然接受這個死亡吧。

別走路，去感受路

七月二十八日，蘇東坡已入彌留之際。

宋代傅藻在《東坡紀年錄》中描寫了他生前最後的場景：他「聞觀先離」，就是聽覺開始喪失。

於是維琳就在他耳邊大聲地提醒他：「端明勿忘西方！」

您一輩子禮佛，可別忘了，要默念著到西方的極樂世界去啊！

蘇東坡微弱地說：「西方不無，但個裡著力不得。」

那個地方有沒有我不知道，但現在，使不上勁啊。

錢世雄在旁邊補道：「至此更須著力！」

這個關鍵的時候，更要努力啊！

蘇東坡最後說了一句：「著力即差。」

這個故事並沒寫在正史中，只記錄在宋人編蘇軾年譜裡，我們至今未知真假。

但這句話，的確是悟道的話。

「著力即差。」

執著於那個目標，便落了下乘。

著力，指的是過分努力，是對於要到達某地、得到某物、做成某事的執念。

為什麼它反而落入了下乘呢？

因為，它讓我們忘記了「當下」。

我們常常被教育，要努力。努力，似乎是一個特別正確的詞。但當我們努力過度，在目標中無法自拔，很多過程中的感受會被忽略，很多過程中的動作會變形。比如，努力地想要說服別人，努力地想要挽回一段關係……這些時候，它們就像我們手裡的沙子一樣，越是努力地攥緊拳頭，反而漏得越多。

當我們只關注結果而過分努力的時候，哪怕一個目標實現了，一個欲望被填滿了，還會有新的目標、新的欲望……我們永遠在追逐，永遠在渴望那些未曾擁有的東西，於是，我們的內心狀態，便會是永遠「缺失」。

著力即差。

別趕路，去感受路。

也許我們還在跑，但只是為了熱愛，為了體驗，為了有滋有味地感受生命。

人生，是一場體驗的遊戲。當蘇東坡走完他的旅途，走完黃州、惠州、儋州，當他回首平生功業的時候，那些曾經給他帶來榮耀的官職、名利，乃至他想都沒有想到的能流傳百世的文章，其實，對即將離開人世的他而言，都只是生命的片刻經歷而已。這些福與禍，構成了他這輩子的人生劇本，而現在，他要畫上句號了。

何必再執著於某一個目標？

回首向來蕭瑟處，歸去，也無風雨也無晴。

【輯七】資料出處

1 【北宋】蘇軾〈謝宣召入院狀〉、〈如夢令·春思〉、〈乞開杭州西湖狀〉、〈上神宗皇帝書〉、〈謝制科啟二首〉、〈赴英州乞舟行狀〉、〈過大庾嶺〉、〈舟行至清遠縣，見顧秀才，極談惠州風物之美〉、〈十一月二十六日松風亭下梅花盛開〉、〈次韻子由所居六詠〉、〈新釀桂酒〉、〈江郊〉、〈縱筆〉、〈到黃州謝表〉、〈到惠州謝表〉、〈到昌化軍謝表〉、〈別海南黎民表〉、〈書上元夜遊〉、〈過嶺二首（其二）〉、〈贈嶺上老人〉、〈自題金山畫像〉、〈洞庭春色賦〉、〈中山松醪賦〉、〈十月二日初到惠州〉、〈與王敏仲〉、〈旦起理髮〉、〈與章致平〉、〈次荊公韻四絕（其三）〉、〈答徑山琳長老〉

2 【戰國】莊子《齊物論》、《列禦寇》

3 【北宋】蘇洵〈自尤（並序）〉

4 【北宋】邵伯溫《邵氏聞見錄》

5 【北宋】蘇轍〈亡兄子瞻端明墓誌銘〉

6 【北宋】朱弁《曲洧舊聞》

7 【宋代】傅藻《東坡紀年錄》

8 【元代】脫脫等人《宋史·蘇軾傳》

輯八

內觀

你告訴我們的那些事

引子　智慧可以穿越千年

有些人的人生經歷，就像是一個又一個哲理小故事。

蘇東坡，就是這樣的。

倒不一定是他活得有多傳奇，主要是他喜歡記錄，喜歡自嘲，喜歡反思，喜歡在平淡的生活中給自己找一點樂趣。

於是，千年之後的我們，在看他的人生劇本時，就像是在看一個個有趣有料、有情有理、意味深長的故事。

而這些故事背後的人世悲歡、喜怒哀愁，彷彿跨越時空，總會在我們人生的某一個階段裡，成為我們的映照。

這些故事所透出的智慧，雖時光流轉，歲月變遷，但大道至簡，至今，依然在和我們的生命共振。

蘇東坡的天石硯

——找到你生命裡的那一塊石頭。

回看蘇東坡的人生，當試圖去感受這棵中國文化史上的參天大樹，是怎麼從小樹苗長起來的時候，就會發現這個祕密，似乎藏在了那一方隱喻了他人生命運的「天石硯」裡。

天石硯，蘇東坡一生的隱喻

這方硯臺是他十二歲的時候，從老宅裡挖出來的。當時，他和他的朋友們在玩鑿地的遊戲，鑿出了一塊奇異的石頭，形狀像魚，外表是淺綠色的，溫潤晶瑩，裡外都點綴著細小的銀星，擊打的時候，它會發出鏗鏘的聲音。

蘇東坡覺得它很適合拿來當硯臺，很容易發墨，就是沒有儲水的地方。父親蘇洵看到以後，驚嘆說：「這是一方天硯啊！它具有硯的品質，就是形狀不太完整而已。」

他把硯臺還給了蘇東坡，說：「這是你文章發達的祥瑞之兆。」蘇洵這句話，可能只是身為父親的一句隨口的鼓勵，但或許那時候，蘇東坡真的就覺得那是天命所歸。

他非常珍愛這方硯臺，後來還專門在上面刻上銘文說：

一受其成，而不可更。

我一旦接受了上天的造就，就永遠不再改變初衷。

我覺得這是人生特別幸福的一件事。彷彿在童年，你就已經聽到了命運的指示。那個聲音是那麼清晰，而你要做的，就是順著那個聲音，走下去。

蘇東坡曾經說，自己生平最快樂的事情，就是寫文章。那時候，不管是多麼複雜的思緒，只要拿起筆，都能流暢地傾瀉出來，再也沒有比這更快樂的事了。並且，他真的很擅長，好像天生就是吃這碗飯的。

像前面我們說的那樣，早在他十歲時寫下的〈夏侯太初論〉中，就有「人能碎千金之璧，不能無失聲於破釜；能搏猛虎，不能無變色於蜂蠆」這樣出色的句子。

有人說，這是現在我們能找到的蘇東坡最早寫的一篇文章了。其實這是父親蘇洵給他的命題作文，讓他寫一寫魏晉時期的大思想家夏侯玄。蘇洵很喜歡這篇習作，他認為兒子看問題，跟常人的視角不同。

你想啊，我們對聖人會有很多的人設預判，但是蘇東坡不是，他把人當人看。是個人，就會恐懼啊。為什麼我說蘇東坡是一千年來最可愛之人？就是因為，他真的是個「人」啊。他身上有「人」的特質，很豐富，很鮮活。

也不知道是不是命運的有意安排，那塊硯臺，給了蘇東坡一個「為文字而活」的使命，卻也讓他被文字連累，從北宋開國百年第一的巔峰，狠狠摔落低谷。

囑咐閱完即焚，卻還是想寫！

然後，像是一個諷刺的寓言，在去黃州的貶謫路上，蘇東坡找不到那方硯臺了。

元豐二年秋七月，予得罪下獄，家屬流離，書籍散亂。明年至黄州，求硯不復得，以為失之矣。

元豐二年（一〇七九年）秋七月，我因言獲罪，被關在獄中一百多天。親人離散，書籍散亂。隔年我被貶謫黃州，那塊硯臺怎麼都找不著，是丟了嗎？不僅丟了，他也怕了。寫給好友的信，夠私密保險了吧，蘇東坡往往會特別囑咐「看訖，便火之」。

看訖，便火之，不知者以為詬病也。

要麼說「勿以示人」，就怕「好事者巧以醞釀，便生出無窮事也」。

其中雖無所云，而好事者巧以醞釀，便生出無窮事也。

即便是到後面惠州時期了，他還在擔心，自己的文字會不會連累身邊的親朋好友。

不罪不罪！仍乞密之，勿云出於老弟也。

有人統計過蘇東坡留存下來的書信，發現他在黃州時寫的書信最多，有三百二十四篇，占據他所有尺牘的近二〇%，比排名第二的惠州還多了一百來篇。「不惟筆硯荒廢，實以多難畏人」，你發現沒有，嘴上雖然說著荒廢，但他還在寫啊。雖然寫的是相對詩文更為安全和隱蔽的書信，但他也還在寫。

蘇東坡刻在硯臺上的銘文，還有後半句。

或主於德，或全於形。均是二者，顧予安取。仰唇俯足，世固多有。

他說：人生或以品德為高，或要保全形體。如果兩者都有，那我取法什麼呢？仰人鼻息，跪人腳下嗎？這樣的人世間有很多。

蘇東坡依然記得他在硯臺上刻下的銘文，那像是他寫給自己的話：世事豈能兩全？只要是個人，當面對人生低谷，面對死亡，面對挫敗，面對離散時，痛不痛？當然痛！但痛苦和選擇是兩件事。

在痛苦中，他依然可以選擇在廢墟上重新構建他的生活。

於是在被貶黃州的五年裡，我們看見這雙寫字的手，一邊種田討生活研究美食，一邊寫詩寫詞寫文章自我安慰。蘇東坡最為我們熟知的作品，也大都誕生在被貶謫的路上。

對文字深沉的愛，讓蘇東坡初心不改

他用他最擅長的文字表達，把那些生命裡微小的觸動記錄下來，於是我們在〈卜算子．黃州定惠院寓居作〉裡看見了他無人訴說的孤獨，在〈寒食帖〉裡看見了他生命沉底的哀傷，在〈赤壁賦〉裡看見他的豪邁和遼闊，在〈定風波（莫聽穿林打葉聲）〉裡看見他的曠達和超脫……

儘管那方寫字的硯臺丟了，儘管他也曾深陷宿命的漩渦裡，但對文字深沉的愛，依然讓蘇東坡初心不改。

五年以後，奇跡發生了。

元豐七年七月，蘇東坡乘船到當塗，翻開書箱，忽然又看見了這方硯臺。

七年七月，舟行至當塗，發書笥，忽復見之。甚喜，以付迨、過。其匣雖不工，乃先君手刻其受硯處，而使工人就成之者，不可易也。

原來它一直都在！

我非常高興，於是把它交給兒子蘇迨和蘇過。

天石硯，這塊石頭的命運，似乎冥冥之中，也指向蘇東坡的人生。

你相信嗎？其實何止蘇東坡，我們每個人的一生中，也許都有一塊屬於自己的石頭？有些人幸運地撿到了，有些人只來得及聽見石頭落水的「撲通」一聲，有些人不小心弄丟了，就再也沒能找回來，還有些人撿了一堆石頭，卻不知道哪個是他想要的……

只是當命運的石頭落下，你是否有足夠的勇氣接住它，頭也不回，大步向前？

詩酒趁年華

——如何做一個超然之人？

有首詞是蘇東坡風格最特別的一首詞。以前學國文都知道蘇東坡是豪放派詞人，偶爾也會寫些婉約派的詞。但這首詞很特別，因它在一首詞裡做到了一半豪放、一半婉約。**這首詞對我最大的啟發，就是一個人在面對自己不太滿意的外部環境時，是怎麼調整自己的心境的。**

蘇東坡寫這首詞的地點，跟他寫〈水調歌頭（明月幾時有）〉的是同一個。

在密州，也就是今天的山東諸城。這個景點現在也還在，叫「超然臺」。

望江南．超然臺作

春未老，風細柳斜斜。試上超然臺上看，半壕春水一城花。煙雨暗千家。

寒食後，酒醒卻咨嗟。休對故人思故國，且將新火試新茶。詩酒趁年華。

「春未老」，春天還沒有過去。這個「老」字在這裡用得真好。他不說「春未去」、「春未逝」，而偏偏是「春未老」，為什麼？答案在最後。

我們先來看看「春未老」的時候是什麼風景。

「風細柳斜斜」，微風輕拂，柳枝隨風起舞。「試上超然臺上看」，登上超然臺遠遠眺望，看見什麼呢？「半壕春水一城花」，一半護城河的春水，滿城的春花。這是陽光下的春天。「煙雨暗千家」，煙雨朦朧中，掩映著星星點點的人家。這是細雨中的春天。

這是一種蒙太奇的手法，在同一個地點裡，把兩種不同的風光剪輯到了一起。也就是說，登上超然臺，春天的精華，就都在這裡了。面對這樣的美景，蘇東坡的心情如何？

「寒食後，酒醒卻咨嗟」，美景之下，他居然在嘆息。

為什麼？這就要講到他當時的境況了。

身處惡劣環境，蘇東坡卻快活起來！

蘇東坡是從杭州調任到密州的。

他當時給出的理由是，弟弟蘇轍在濟南，他想離弟弟近一點。但事實上，他在密州這兩年的時間里，連弟弟的面都沒見著。所以才有了那首千古中秋詞，「但願人長久，千里共嬋娟」，希望我們雖然相隔兩地，卻能共賞同一輪月亮。

他在密州待了兩年，情緒是先抑後揚的。一開始從人間美景代表的杭州，來到當時條件還不太好的密州，他自己心裡感覺落差很大。

他在〈超然臺記〉裡說：我（從杭州調移到密州任知州）放棄了乘船的舒適快樂，而承受坐車騎馬的勞累；放棄了雕刻華美的住宅，而棲息在粗木建造的房屋；遠離了杭州湖光山色的美景，而來到了桑麻叢生的荒野。我剛到時，這裡連年收成不好，盜賊猖獗，案件很多，工作量很大，但是呢，又吃不飽，廚房裡空蕩無物，每天都只能以野菜充飢。

> 余自錢塘移守膠西，釋舟楫之安，而服車馬之勞；去雕牆之美，而庇採椽之居；背湖山之觀，而行桑麻之野。始至之日，歲比不登，盜賊滿野，獄

訟充斥，而齋廚索然，日食杞菊。人固疑余之不樂也。

想一想，我們新換了一份工作，但是這份工作的環境，還沒有上一份好。的確啊，心情很難好得起來。但是待了一年以後，欸，蘇東坡的心境變了。

處之期年，而貌加豐，髮之白者，日以反黑。

他說：我現在是心寬體胖，原本頭髮白的地方，現在還黑了。返老還童。有意思。他做了什麼讓自己心情變好呢？

　　於是治其園圃，潔其庭宇，伐安丘、高密之木，以修補破敗，為苟完之計。而園之北，因城以為臺者，舊矣，稍葺而新之。時相與登覽，放意肆志焉……臺高而安，深而明，夏涼而冬溫。雨雪之朝，風月之夕，余未嘗不在，客未嘗不從。擷園蔬，取池魚，釀秫酒，瀹脫粟而食之，曰：樂哉遊乎！

我修整花園菜圃，打掃庭院房屋，在園子的北面，修葺了一座高臺，常常攜友交遊，登高懷古。大家都喜歡這裡，我一喊要聚，他們都來了。於是休息日的時候，我們就採摘園子裡的蔬菜，垂釣池塘裡的小魚，釀高粱酒，煮糙米飯，大家一邊吃一邊讚嘆：「這日子多麼快活呀！」

懂哥哥的蘇轍，起名「超然臺」

他還寫信給弟弟蘇轍，說：我建的這座高臺，名字，你來起。蘇轍很懂哥哥，給高臺起名為：超然臺。他還寫了一篇〈超然臺賦〉，講了自己起這個名字的由來。

「天下之士，奔走於是非之場，浮沉於榮辱之海，囂然盡力而忘返，亦莫自知也。而達者哀之，二者非以其超然不累於物故邪？《老子》曰：『雖有榮觀，燕處超然。』嘗試以『超然』命之，可乎？」

蘇轍說：天下之人，奔走在是非場上，浮沉於榮辱之間，他們輕狂浮躁，流連忘返，被名利所累，而自己卻並不知曉。《老子》說「雖有榮觀，燕處超然」，哪怕外界浮華滿眼，自己的內心卻可以寵辱不驚。

想做超然之人，就不能為外在的物質所困惑和牽累啊！

蘇東坡非常喜歡這個名字，在自己寫的〈超然臺記〉裡，也講述了這一段心路歷程。

> 夫所為求福而辭禍者，以福可喜而禍可悲也。人之所欲無窮，而物之可以足吾欲者有盡。美惡之辨戰乎中，而去取之擇交乎前，則可樂者常少，而可悲者常多。是謂求禍而辭福。夫求禍而辭福，豈人之情也哉！物有以蓋之矣。彼遊於物之內，而不遊於物之外。

他感慨地說：人的欲望是無窮的，但是滿足我們欲望的東西卻是有限的。如果我們一味追求美好奢靡，求福避禍，那心中便有了這個是好的、那個是不好的二元性評價。當「好的」出現，我們開心；當「不好的」出現，我們就難過。於是，我們的心情就這樣在外界環境的變化中患得患失。

凡物皆有可觀。苟有可觀，皆有可樂，非必怪奇偉麗者也。餔糟啜醨，皆可以醉，果蔬草木，皆可以飽。推此類也，吾安往而不樂。

但事實上一切都是體驗而已，任何事物都有可觀賞的地方，都有能找到樂趣的地方。不一定要是新奇的、雄偉的才叫美景，不一定要是名貴的酒才能讓人沉醉，不一定要是山珍海味才能果腹，水果、蔬菜、草木，不都可以充飢嗎？

翻譯一下就是，米其林大餐很好，但是農家菜也不錯呀。所以他說：推此類也，吾安往而不樂。以此類推，我到哪裡會不快樂呢？

用自己的姿態，詮釋「超然」二字

蘇東坡在密州待了兩年，當時密州的環境是遠不如他預期的，工作量大，生活條件不好。沒見著弟弟都是小事，他二十幾歲就名震京城，文章蓋世，心氣這麼高，結果接下來的十幾年，在外面一個一個城市輪轉，對朝政他根本使不上力。

壯志未酬對一個心懷天下的男兒來說，是人生之一大痛。到密州的時候他已四十不惑，之所以寫下「老夫聊發少年狂」，其實就是想告訴朝廷的人：我還有用。

那年，他在寒食節登上密州的超然臺。宋朝寒食連著清明，是一個大假期，大家紛紛回鄉祭祖，踏春遊玩。

可是對蘇東坡而言，「君門深九重，墳墓在萬里」，他深愛的第一任妻子王弗，也過世十年了。

如果從這些外在條件來看，真的挺慘的。

但也就是在密州這兩年的時間，他迎來了人生第一個文學創作的小高峰。之前提到的，他的「老夫聊發少年狂」、「十年生死兩茫茫」，以及「明月幾時有」，這些收錄進當代國文課本的詩詞，都集中出現在這個時期。

一直到今天，超然臺還是山東諸城一個重要的景點。在高臺前，有一尊蘇東坡的雕像，他衣袂飄飄，把酒問天，好像在用自己的姿態，詮釋「超然」二字的含義。

生活不一定時時如我所願，但以什麼心境來體驗人生百態，卻是我們可以選擇的。千年前的蘇東坡，已經給我們闢出了一條路。

古代的寒食節要禁火三天。三天之後，重新生火。這個儀式其實很有味道。它好像在告訴我們，逝者已逝，來者可追。

三天之後，就是生活的重新出發。所以這首詞的第一句，他才要寫：春未老。

我們還沒有老，我們還在路上。

向前看，願我們都有重新出發的勇氣和動力。

用這首詞的最後兩句，與君共勉。

休對故人思故國，且將新火試新茶。詩酒趁年華。

但願人長久

——離別，是為了更好地重逢。

水調歌頭

丙辰中秋，歡飲達旦，大醉。作此篇，兼懷子由。

明月幾時有，把酒問青天。不知天上宮闕，今夕是何年。我欲乘風歸去，又恐瓊樓玉宇，高處不勝寒。起舞弄清影，何似在人間。轉朱閣，低綺戶，照無眠。不應有恨，何事長向別時圓。人有悲歡離合，月有陰晴圓缺，此事古難全。但願人長久，千里共嬋娟。

每到中秋，會被大家拿來重溫的詩詞，就是這首〈水調歌頭（明月幾時有）〉。

宋人筆記《苕溪漁隱叢話》裡甚至說，中秋詞自這首出來以後，「餘詞盡廢」，別人就沒什麼好寫的了。

為什麼？它到底好在哪裡？我們小時候都背誦過，但我現在再看，和小時候得到的答案，完全不一樣。

只有經歷過人世間的悲歡離合，才能讀懂這首詞想表述的情感。而且，這首詞之所以值得反覆咀嚼，百讀不厭，就在於它所描述的情感不是直給的，而是構造了一個意境，要穿透那個意境，才能到達情感。這是美學裡非常高級的境界。

月亮高寒清冷，還是人間好

可以把整首詞，理解成蘇東坡和月亮的對話。

明月幾時有，把酒問青天。

月亮啊，你是從什麼時候開始存在的呀？

不知天上宮闕，今夕是何年。

他在追問天地的起源，可是他好像並不是那麼想要知道答案。他的提問，其實是為了給我們一個宏大的視角。

為什麼說蘇東坡是豪放派詞人？

你看他這四句開篇，把我們從人間的現實情感一下子拉升到了與宇宙同在的維度。這就是宏大的視角。他在告訴你：當你站在如此廣闊的時空中俯瞰人世情感，還會覺得人類的那些悲苦歡樂，過不去嗎？

我欲乘風歸去，又恐瓊樓玉宇，高處不勝寒。

既然人間情感不值得留戀，那就乘風歸去吧！

我們注意到，他說的不是「乘風而去」，而是「乘風歸去」。

歸，是回家。

也許蘇東坡認為，那裡，才是我們來的地方。

那既然「那裡」是歸宿，你何不回到「那裡」呢？不，雖有「瓊樓玉宇」，但畢竟，「高處不勝寒」啊！

我們都知道嫦娥奔月的傳說。

嫦娥因為吃下了西王母的一顆不死藥，獲得了長生不死的能力，奔月成仙。

各種古籍記載裡，關於她為何吃下那顆藥，有很多版本。有說是為了拋下丈夫后羿自己長生的，有說是為了救丈夫被迫吃的，也有說是后羿先背叛了她，她才吃藥報復的。但不管什麼理由，幾乎所有版本指向的都是嫦娥吃藥奔月後，雖獲得永生，卻並不快樂。

怎麼會快樂呢？

我們看古人對月亮的別稱是什麼。玉盤、冰盤、冰輪……

在月亮上的宮殿，叫「廣寒宮」。月亮，帶給他們的感受，是清冷。

即便成仙了，無怒無喜，無怖無懼，卻如此清冷孤獨，高處不勝寒。

少了點什麼呢？人世間的溫暖。

起舞弄清影，何似在人間。

九重天上的風光，哪裡比得上此刻人間——清風徐來，月光乍洩，我與月光共舞，清風與水波微蕩。

這就是上闋所描述的意境：宇宙存在了億萬年，人類與之相比何其渺小。即便我想乘風歸去，如嫦娥奔月，從愛恨情仇裡得到解脫，卻始終捨不得這人間美景和情感婆娑。

斷情絕欲就一定好嗎？

斬斷了悲苦，也就等於放棄了歡樂。

於是蘇東坡感慨：高處不勝寒，何似在人間？還是人間好啊。

在離別之時，也會有重逢之盼

那在人間，能體驗到什麼呢？這就來到了下闋。

轉朱閣，低綺戶，照無眠。

蘇東坡的詞是非常有畫面感的。剛剛我們看見了月光之下，主人正起舞弄清影，但現在，鏡頭好像在天上，從月亮的視角俯瞰人間——月光在亭臺樓閣間流轉，穿過雕花的窗櫺，低低地照進來，照著我這個夜半無眠的人。

我抬頭問月亮：

不應有恨，何事長向別時圓。

月亮啊，我哪裡做錯了嗎？為什麼你總是要在分離的時候變圓呢？好奇怪，我找了很多古人寫月亮的詩詞，居然很大一部分，都在說離別。

露從今夜白，月是故鄉明——與親人的離別。

今宵酒醒何處？楊柳岸，曉風殘月——與愛人的離別。

小樓昨夜又東風，故國不堪回首月明中——與往事的離別。

醉不成歡慘將別，別時茫茫江浸月——哪怕萍水相逢，也終要離別。

而蘇東坡在中秋之夜寫下這首詞時，他和弟弟蘇轍，也分別五年未見了。

人有悲歡離合，月有陰晴圓缺，此事古難全。

他在安慰自己，也在開解我們。

一切人事與情感都在流動中，離別之後是重聚，月缺之後是月圓。我想問你，如此看來，這世間是圓滿的，還是不圓滿的呢？

如果圓滿，那為何還要有分別？

如果不圓滿，那為何能讓我們在一生中都體驗到離別之痛和團圓之喜？

你會發現此時，蘇東坡又從人間視角回到宇宙視角。就像他在〈赤壁賦〉裡所說的：

逝者如斯，而未嘗往也；盈虛者如彼，而卒莫消長也。蓋將自其變者而觀之，則天地曾不能以一瞬；自其不變者而觀之，則物與我皆無盡也，而又何羨乎！

時間流逝就像這江水，流逝的始終是這一小段，但大江大河依然滾滾向前，從未真正逝去；月亮有陰晴圓缺，但月亮還是那個月亮，千百年來也從未增減。

所以，人有悲歡離合，月有陰晴圓缺，緣起緣滅，此消彼長。一切都在流動中，但一切又是恆定的。我認為這句話不是一句簡單的安慰，而是一句帶著禪意的開解。

帶著這樣的心境，即便在離別之時，也會有重逢之盼。

但願人長久，千里共嬋娟。

這是一句美好的祝願，前半句突破的是時間的界限，希望每個人都能長長久久、平安喜樂；後半句突破的是空間的阻隔，即便你我相隔千里，也能因為共用同一個月亮，而覺得我們從未真正分離。

離別是生命常態，更應珍惜每次相聚

中秋拜月，在先秦典籍裡就有記載。後來大家做月餅來拜祭月神，贈送親友，月餅是圓的，象徵團團圓圓，於是中秋佳節，也慢慢成了與家人團圓的節日。在這樣的儀式感之下，我們就更加渴望，這一天能和親人團聚。

蘇東坡這首詞寫的雖然是別離，但感傷中依然有重逢的希望。

這首詞寫完後的第二年，他和弟弟終於在分別六年後，在那年中秋佳節裡，團圓了。弟弟蘇轍回應了哥哥，也作了一首〈水調歌頭．徐州中秋〉。

水調歌頭．徐州中秋

離別一何久，七度過中秋。去年東武今夕，明月不勝愁。豈意彭城山下，同泛清河古汴，船上載涼州。鼓吹助清賞，鴻雁起汀洲。

坐中客，翠羽帔，紫綺裘。素娥無賴，西去曾不為人留。今夜清樽對客，明夜孤帆水驛，依舊照離憂。但恐同王粲，相對永登樓。

他說：離別一何久……

他說：月亮啊，西去曾不為人留。

他說：今夜過後，我們又要分別，依舊照離憂。

也許正是因為離別是生命的常態，所以我們才會更加珍惜每一次的相聚。

但願人長久，千里共嬋娟。

真硯不壞

——我們其實不需要那麼多。

明明不需要那麼多，為什麼我們還會想要囤？這個問題不只現代人有，古代人也有。

據明代陳繼儒《妮古錄》記載，蘇東坡曾經寫過一篇硯銘，在硯臺後面刻了個自己的小故事。

有人跟蘇東坡說：「我要去端溪，可以為你買三方硯臺。」

我們知道，端硯是中國四大名硯之一。

蘇東坡就問：「我兩隻手，只有一隻手來寫字，為什麼要三方硯臺？」

對方說：「以備損壞。」
蘇東坡又問：「那是我的手先壞，還是硯臺先壞？」
對方說：「真手不壞。」
蘇東坡回：「真硯不壞。」
一方好的硯臺足以傳世，經久不壞。
但細細琢磨這句話，其實他在說的，不僅僅是不需要這麼多硯臺，而是一個更普世的話題：**我們明明不一定需要這麼多，卻為何還要不停地囤積這些身外之物呢？**

過量囤積的背後，我們害怕什麼？

這個話題其實非常適合現代人。可以回想一下：
我們家裡是不是囤了一些總覺得以後能用得上，卻一直都沒用上的東西？是不是明明已經有了很多東西，但還是控制不住地買買買？是不是打開手機一看通訊錄，就會發現很多無效的社交關係？是不是常常發現，我的最愛裡收藏了很多文章攻略、養生知識、鍛鍊方法，然而收藏從未停止，行動從未開始？

囤積過量物品，攝入過量資訊，疲乏遊走於過量的人際關係之間……我們的欲望，其實遠遠超過了我們的實際需求。

在過量囤積的背後，我們到底怕的是什麼呢？

怕這些東西如果丟掉，萬一有一天缺了怎麼辦？怕這麼划算如果不趕緊搶，萬一虧了怎麼辦？怕倘若拒絕了這些關係，萬一有一天需要了怎麼辦？怕如果沒有攝入這些更新的、更海量的資訊，萬一有一天錯過這個世界的紅利了怎麼辦……

怕的背後，是對未來深深的焦慮。

也許，我們真的不需要這麼多

我們團隊的導演跟我講過一個他的故事，說他有一陣子想測試自己用多少錢就能活下來，於是他每天花很低的費用，吃不多但是會飽的東西，一個月下來，他發現，其實他只需要用到很少的錢就能生活，這筆錢甚至遠遠低於他的預期。

他說：「原來我們身體的實際需求，其實比我們所想像的，要低很多。」

前幾年還有一個很流行的概念，叫斷捨離。

斷，是停止獲取，斷絕自己的頭腦想要，但身體不一定真的需要的東西。

捨，是捨棄多餘，清理用不上的物品，清理不必要的資訊和人際關係。

離，是超越欲望，不被物質欲望束縛，回歸自己內心的淡泊和安寧。

這讓我想起弘一法師晚年住的那間房子：晚晴室。

小小的幾個平方的空間，只有一張床、一張桌子、一把椅子、一盞燈。

你會驚訝於一代律宗清苦又樸素的生活，又會感嘆於，原來在這麼低的物質需求之下，人其實也可以活下去。

也許，我們真的不需要這麼多：這麼多的資訊量，這麼多的物品，這麼多的人際關係。就像蘇東坡所說，我只有一隻手，何必要三方硯臺。

其實這一篇也是寫給我自己的。

我曾經跟我的朋友說：「我打算把社交軟體裡的收藏文章和手機通訊錄裡的各種關係，做一個清理。」

他鼓勵我說：「要大膽捨棄那些你其實並不實際需要的東西。當你清理的時候，會有很奇妙的感受發生。」

我相信他說的。

幾時歸去，作個閒人

——人生，一定要成功嗎？

人生，一定要成功嗎？

這是一個直指內心，但其實很難回答的問題。

如果成功的路上要犧牲掉很多的歲月靜好和內心安寧，你願意嗎？但如果一直都不成功，你又甘心嗎？

其實真的很難回答。

蘇東坡有兩首詞我最喜歡，一首是〈定風波（莫聽穿林打葉聲）〉，另一首是〈行香子·述懷〉。〈定風波（莫聽穿林打葉聲）〉說的是人生逆境中的豁達和超脫；〈行香子·述懷〉說的是在世事嘈雜中，對內心和生活的回歸。

看起來境界都很高，但有意思的是，當細究這些詞句，你會發現，他內心最開始是掙扎和困頓的。他就是在這樣的兩難中做出的選擇。

也正因為如此，當千年後的我們面對「要不要成功」這個同樣的課題的時候，才會與他產生這麼強烈的共鳴。

本篇，我們來讀〈行香子·述懷〉，看看他為什麼難，又為什麼這麼選？

行香子·述懷

清夜無塵，月色如銀。酒斟時、須滿十分。浮名浮利，虛苦勞神。嘆隙中駒，石中火，夢中身。

雖抱文章，開口誰親。且陶陶、樂盡天真。幾時歸去，作個閒人。對一張琴，一壺酒，一溪雲。

那個晚上，他在喝酒。

月光皎潔如銀，空氣中沒有一點雜質。把酒斟滿吧，人生得意須盡歡啊。

你覺得那個時候的他快樂嗎？

他說，時光如白駒過隙一晃而過，生命就像石中之火轉瞬即逝，身體就像在夢中一樣虛幻不實；他說，浮名浮利，虛苦勞神——名和利，人們被它們牽絆，為它們勞心勞力，爭來搶去，卻發現，都是過眼雲煙。

他為什麼會有這樣的感慨呢？

其實我們怎麼都想不到，這首詞，是蘇東坡走到政治巔峰的那幾年寫的。

之前講過他的經歷，開局就是大絕招，二十幾歲享譽京城，北宋開國百年第一的成績，連皇帝都說「朕今日為子孫得兩宰相矣」，人們對他寄予厚望，他也曾自命不凡。

曾嚮往過功成名就，卻不盡如人意

可惜在王安石變法中，他與新黨政見不合，舉步維艱，朝堂之上極難有容身之處，以至於十幾年間，只能一個接一個地方地流轉為官。

但我們看他前期的詩詞文章，從「休對故人思故國，且將新火試新茶。詩酒趁年華」，到「會挽雕弓如滿月，西北望，射天狼」，哪怕是「何日功成名遂了，還鄉，醉笑陪公三萬場」，你都能從裡面讀出，他在事業上的進取心。

完全可以想像啊，開局這麼好，還是正值壯年，內心怎麼可能對成功沒有渴望呢？然而世事難料。

烏臺詩案發生之後，四十四歲的蘇東坡在無窮盡的精神折磨之下，九死一生，跌入至暗時刻。

我有時候會想，黃州那幾年，他是迎來了自己生命裡最旺盛的創作時期，也為中國文化史留下了很多豁達超脫的詩詞文章，但那時候的他，內心對自己的仕途還有渴望嗎？

我們很難說沒有。

那四年的時間裡，他跟很多人通過信，這中間有許多他的老同事，是在朝中或是地方依然任職的官員們。他也曾在給好朋友陳季常的信裡悄悄地寫：萬一要是大赦了，皇上下旨對我稍微寬大……

若大霈之後，恩旨稍寬，或可圖此。更希為深慮之，仍且密之為上。

他給皇帝的黃州謝表裡也曾說：期望我的晚年，不至於變成一個廢物。如果能在極力的鞭策下，我還將為國捐軀，奮不顧身，指天發誓，這種信念，至死不變。

庶幾餘生，未為棄物。若獲盡力鞭箠之下，必將捐軀矢石之間。指天誓心，有死無易。臣無任。

以上種種，我們都很難說，蘇東坡的內心，對自己的成功欲，沒有一絲的波瀾。

得到之後更多的，竟是煩惱……

也許是命運的有意安排，從低谷中走出的蘇東坡，終於迎來了他職業生涯的高峰。

元豐八年（一〇八五年），五十歲的蘇東坡到登州剛上任五天，就收到了奉調進京的詔令。同年十二月，提拔為起居舍人，直接與天子相接。僅僅幾個月，他沒有經過正常的考試程序，就被再度提拔，被委任為中書舍人，九月升為翰林學士、知制誥，負責起草詔令，參與最高決策，成為皇帝意志的具體傳達者和國家政策的重要參與者。不僅如此，他還是小皇帝的老師，並且主持了元祐三年（一〇八八年）的科舉考試。

元祐七年（一〇九二年），蘇東坡先後被任命為兵部尚書、禮部尚書，弟弟蘇轍也被任命為相當於副宰相的尚書右丞門下侍郎。

如果單從政治經歷來看，蘇東坡從某種意義上已實現了他三十年前的職業理想，也可以說，他看起來已經成功了呀，可是走到如此高峰，他為什麼居然是這樣的心情？

浮名浮利，虛苦勞神。

他在那幾年顛簸的政壇裡不斷被人誤解、擠對、彈劾、誣衊，憎恨他的有曾經「新黨」的人，也有「舊黨」中那些和他意見不同的人。那幾年裡，就別說有什麼詩詞佳作了，光是應付這些人，他就得不斷上書自述，可不就是虛苦勞神嗎？所以他不禁感慨——

雖抱文章，開口誰親。

我雖然有這一身的才華，但到底誰能理解我，誰，是我的知音呢？外面的世界太吵了。他們此起彼伏的聲音淹沒了一切，在被迫前行的路上，我只能回歸內心。

且陶陶、樂盡天真。

「天真」二字，是蘇東坡人格最好的詮釋，也是他在複雜的官場鬥爭之下，依然堅守的東西。

而天真從哪裡來？最後一句——

幾時歸去，作個閒人。對一張琴，一壺酒，一溪雲。

從閒中來，從一張琴、一壺酒、一溪雲中來。我很喜歡費勇老師對這句話的解釋。他說：「一張琴，說的是藝術；一壺酒，說的是生活；一溪雲，說的是自然。」**在藝術、生活和自然的世界裡，成為一個天真的閒人。**

這是蘇東坡在入世走到巔峰時，所產生的強烈的出世意願。原來三十年前渴望的功名，得到之後更多的，竟是煩惱。

「到得還來別無事」，最後發現自己珍惜的，還是內心的那一寸寧靜閒適的天地：一張琴，一壺酒，一溪雲。

這是蘇東坡的故事。

那麼回到我們自己，如果成功的路上要犧牲很多的歲月靜好和內心安寧，你願意嗎？

但如果一直都不成功，你又甘心嗎？

這是一個直指內心，但其實很難回答的問題。

所以，人生，一定要成功嗎？

此心安處是吾鄉

——心安才是歸途。

此心安處是吾鄉。

很多人喜歡這句話，甚至拿它來當簽名檔。

它雖然出自蘇東坡的詞，但其實這句話，是一位歌女跟蘇東坡說的。

定風波・南海歸，贈王定國侍人寓娘

常羡人間琢玉郎。天應乞與點酥娘。盡道清歌傳皓齒。風起。雪飛炎海變清涼。

萬裡歸來顏愈少。微笑。笑時猶帶嶺梅香。試問嶺南應不好。卻道：此心安處是吾鄉。

蘇東坡整首詞都在讚嘆這個美好的女子。

她叫宇文柔奴，是蘇東坡好友王鞏家裡的一位歌女。

王鞏是蘇東坡烏臺詩案中，被連累得非常慘的朋友之一。我們知道烏臺詩案對蘇東坡來說是非常大的打擊，他的很多好朋友也被他連累，貶官的貶官，責罰的責罰。

在這些人中，王鞏是被貶最遠，責罰也最重的。他被貶謫到嶺南，路途遙遠，需要翻山越嶺，而且，當時的嶺南，正是瘴癘橫行的不毛之地。

一聽到這個消息，王鞏家裡原來養著的好幾個歌女都紛紛散去了，只有宇文柔奴一個人願意陪著王鞏，一起去嶺南。

這一趟，真是慘死了。

按照蘇東坡在王鞏詩集裡寫的序，王鞏被貶嶺南五年，一個孩子死在那裡，另一個孩子死在京城，王鞏自己都差點病死，可見那裡的生存條件有多麼惡劣。

蘇東坡擔心對方多少會怨恨自己，甚至「不敢以書相聞」。

東坡大受感動，寫下千古名句

後來，王鞏終於「奉旨北歸」，重新得到了任用，可算是回來了。他帶著柔奴和蘇東坡吃了頓飯。宴席中蘇東坡大受啟發，寫下了這首詞。

常羨人間琢玉郎。天應乞與點酥娘。盡道清歌傳皓齒。風起。雪飛炎海變清涼。

詞的上闋，蘇東坡在讚嘆這對璧人。

他說：我常羨慕世間還有這樣如白玉雕琢出來的溫潤君子，就連上天也憐惜他，給了他如此嬌嫩柔美的佳人。名義上是在誇王鞏，事實上是在誇他身邊的這位佳人。

人人都說這位佳人歌聲曼妙婉轉，就像雪片飛過炎熱的夏日，有著沁人心脾的清涼。

東漢史學家班固在《漢書．藝文志》裡有句話，叫「哀樂之心感，而歌詠之聲發」，歌者有了美好的心境，才有美妙的歌聲，而聽者才能被打動。

蘇東坡用了一整個上闋去讚嘆這個女子的才華，讚嘆她美好的心境，他不是白寫的。他在為最後那句話做鋪墊，看下闋。當一個人有了美好的心境時——

萬裡歸來顏愈少。微笑。笑時猶帶嶺梅香。

人最怕的就是老。可是你去了那麼遠的地方，過了這麼多年，回來以後，反而看起來更顯年輕了。你向我微微一笑，笑裡似乎還帶著嶺南梅花的清香。

試問嶺南應不好。

蘇東坡問柔奴，在嶺南的日子應該不是很好吧？

卻道：此心安處是吾鄉。

走出了「鄉」，我們想找的是「安」

蘇東坡用了一首詞的筆墨，就為了這最後一句：此心安處是吾鄉。

你覺得重點是哪個字？

其實我每個階段來讀，看到的重點都是不一樣的。

最開始，我是在找「鄉」，家鄉。

中國人安土重遷，要讓人連根拔起，遷徙到另一個地方去，是要經歷很強烈的內心掙扎，承受不小的心理負擔。

曾經有一位編輯朋友告訴我，家人讓她找交往對象，一定要找當地的，甚至最好就她們家那條街上的。

為什麼呢？因為知根知底啊。

家鄉會帶給我們熟悉感，而熟悉感又會帶來安全感。

可是，這位編輯說：「我已經在這個熟悉的地方待了太久了，我想要走出去看看。」

我相信，當她跨出這一步的時候，家鄉，就變成了「故鄉」。那是一種什麼感覺？

她跟我描述說：「當我來到大城市，看到華燈初上，遠處的每一盞燈，都是一個溫暖的家。但我的家在哪裡？在這個陌生的城市裡，我找不到能讓我安身立命的依靠，可是如果你讓我再回到家鄉的小縣城，我又不願意。我就像是一艘沒有繫繩的船，往前，不知何處是終點，往後，又再也回不去了。」

此心安處是吾鄉。

走出了「鄉」，在漂泊中，我們想找的，其實是「安」。一種安定感。

心，才是我們唯一的歸處

可是，何處是「安」呢？

如果再深入一步，你會發現，真正讓我們「安」的地方，不在「鄉」，不在「家」，而在於「心」。

復旦大學王德峰教授說過一段話，大意是：我們總是要找家，因為有家心才定，但是那個家大多指的是血緣關係所形成的家。他說，他的母親二〇〇〇年去世，二〇〇六年他的父親也走了，在他父親離開的那一刻，他終於明白，他曾經天真地認為應當永遠存在的那個家，沒了。

於是他就想：我們的家在哪裡？

在你心裡。

所以最後，我的是「心」。

為什麼要找「心」？

因為我們來到這個世界上，所有的關係都是身外之物，沒有人能在真正意義上陪伴我們一生。那些我們喜歡的、愛的、以為自己能抓住的，都會在某一刻離開。

我們總是把目光放在外界，在那些分分合合的關係裡乞求安定感，卻常常忘記了，真正永遠陪伴我們，並且不管在什麼狀態下，都會永遠愛我們的，其實根本不是「他們」，而是我們自己這顆心。

所以，心，才是我們唯一的歸處。

此心安處即是家，不可得時即天涯。

無論海角與天涯，大抵心安才是家。

此間有甚麼歇不得處

——人生最大的智慧，是放過自己。

蘇東坡有一篇文章叫〈記遊松風亭〉，我覺得他寫出了「歇」的兩種境界。

這篇文章說的是他當時被貶惠州，有一次爬山，走著走著腿腳疲乏，累了，就想走到高處的松風亭裡休息。可是他爬啊爬啊，抬頭一看，好遠，繼續！又爬啊爬啊，氣喘吁吁，再一看，怎麼還那麼遠！那我還要爬多久……

然後，他突然轉念一想：

去你的，此間有甚麼歇不得處？

余嘗寓居惠州嘉祐寺，縱步松風亭下，足力疲乏，思欲就林止息。望亭宇尚在木末，意謂如何得到？良久，忽曰：「此間有甚麼歇不得處？」

這裡怎麼就不能休息呢？我為什麼非得要爬到亭子那裡去休息呢？一下子就鬆下來了。執念就放下了。

就像掛在魚鉤上的魚一樣，忽然就得到了解脫。

這是「歇」的第一種境界：走累了，不妨歇一歇。

人生是可以停一停的。

我們太常跟自己較量

其實我們常常會跟自己較量。

我想起曾有一年冬天，有段時間狀態不太好。當時感覺就是，我怎麼能讓自己這麼糟糕呢？不行，我得爬起來繼續戰鬥。然後就天天跟自己打氣：加油，加油，奮鬥啊！

於是，我就像在跑馬拉松一樣，跑啊跑啊，埋頭苦跑，用盡全力，總覺得馬上就要贏了，下一刻就是終點了，然後抬頭一問：「還有多遠？」

別人告訴我：「還有一半！」

當場就想「死」給他看。

最後，我的精神還在戰鬥，可是我的身體不樂意了。

我生病了。

欸，生病反而給了我一個休息的時間。

我突然問自己一個問題：我到底在較量些什麼？

「此間有甚麼歇不得處？」

走累了，為什麼這裡不可以歇一歇呢？人生一定要搞得這麼緊張嗎？後來我想：是啊，好好休息，不才能好好出發嗎？

就像蘇東坡，他本來就是要休息的，可是他卻把遠處的松風亭當成了他要休息的地方。這時候，那個亭子就成了一個目標，一個他要克服的東西。本來是為了更好地休息，結果，卻給自己增加了另外一重負擔。

結果他一想：這裡怎麼就不能休息呢？

這一轉念，當下就跟自己和解了。

狂心頓歇，歇即菩提

但是，事情到這裡還沒結束，我們看蘇東坡後面是怎麼說的。

由是，如掛鉤之魚，忽得解脫。若人悟此，雖兩陣相接，鼓聲如雷霆，進則死敵，退則死法，當恁麼時，也不妨熟歇。

他說：如果人能悟出這個道理，即便到了擂鼓聲聲、上陣殺敵的時候，哪怕前進是死、後退是死，我也能給你原地躺下，好好休息一會兒。

「由是心若掛鉤之魚，忽得解脫。」

這句話直接帶出了「歇」的第二重境界：狂心頓歇，歇即菩提。

當萬千心緒交織在一起的時候，那些對未來的焦慮，對過去的懊悔，對不確定的恐懼，對人事物的執著，對關係的博弈和較勁，都是我們的「狂心」，而當這一切「狂心」在那一刻停止的時候，世界才安靜了下來。

然後想一想，這些「狂心」哪裡來的呢？不都是自己給自己的嗎？

禪宗有個公案記載在《五燈會元》。

小和尚問禪師：「師父，如何才能解脫啊？」

禪師問：「誰縛汝？」

誰束縛了你呢？

小和尚醒悟過來：「對啊，沒人束縛我啊！」

禪師說：「沒人束縛，那你求什麼解脫呢？」

根本就不用求啊。

這個故事還有一個延展的版本，我更喜歡，是三連問。

徒弟問：「如何是解脫？」

師父反問：「誰縛汝？」

徒弟問：「如何是淨土？」

師父反問：「誰垢汝？」

徒弟問：「如何是涅槃？」

師父反問：「誰將生死與汝？」

你與世界和解，就是在跟自己和解

誰給你的這些精神內耗呢？

想想是啊，都是自己給自己的啊。

我們都在為也許並不會發生的事情恐懼，都在為還沒到來的事情焦慮。

但只要我的心時刻與當下保持連接，未來的任何大事就都不會影響此刻的我。

所以蘇東坡在這篇文章的末尾做了一個非常好的比喻：就算是上戰場了，往前是死，往後也是死，但只要它還沒有發生，那我就可以在原地休息一會兒。

他說的就是當下。

狂心頓歇，歇即菩提。

當我們放下與這個世界的戰鬥欲，可能才會發現，其實你就是世界，世界就是你，你與世界和解，就是在跟自己和解。

此間有甚麼歇不得處？

人生最大的智慧，就是放過自己。

不識廬山真面目

——走過方知真面目。

我上次去廬山，發生了一件很神奇的事。
我們都知道蘇東坡有一首千古名詩，寫的是廬山。

題西林壁

橫看成嶺側成峰，遠近高低各不同。
不識廬山真面目，只緣身在此山中。

這是小學國語課本就要求背誦的詩。而且這首詩無比簡單，字面意思非常直白，沒有任何典故，連古文翻譯都不需要有，因為太簡單了，琅琅上口。可是它其中蘊含的哲理，真的是管用一輩子的。

我上次去廬山，本來是去拍李白的，但沒想到最讓我回味的，反而是其中一段特別的經歷。我甚至都覺得它是不是蘇東坡留給我們的一個彩蛋，讓我們有機會不是單純用頭腦去讀這首詩，而是親身體驗。

曲折彎繞、自我質疑，都是困住自己的迷局

那天是這樣的：

我們去提前踩點的時候，看中了一個地方——它是個亭子，在廬山東邊的山腳下，可以總覽廬山五老峰全貌，叫「可以亭」。光聽這名字，就特別有禪機。

這不是一個遊客經常去的地方，當時編導也沒有把它當成是我們必去的景點，只是剛好原本既定的地點踩完了，離天黑還有一段時間，就順便去了一趟可以亭。

其實司機也不知道那個地方在哪裡，就按照導航開，開著開著就沒路了，眼前就是一

片樹林。然後，司機說到了。

我們迷迷糊糊地下車，問：「這個地方怎麼走啊？」四周看了一圈，見有座廟，廟門對面站著一位和尚，兩手插在袖子裡，看著我們。我們就問：「師父，您知道可以亭怎麼走嗎？」

他沉默了一會兒，拿手往前一指。

我們又問他：「這裡面有路嗎？」

他又不說話了，過了幾秒鐘，才悠悠地說：「有啊。」

然後，我們就半信半疑地出發了。

要穿過這片樹林，就得先經過那座廟。我抬頭看了廟的名字，叫「海會寺」。這座廟看起來有點荒涼，剛進去的時候，右手邊有一座大殿，看起來像是唯一的一間。也不是大殿啊，房子很小，但那個名字特別奇怪，叫「真面目」。

我從來沒有看過這樣的殿名——真面目。

我在裡面待了一會兒，然後大家繼續出發。

越往前走，心越慌。那是一條看起來非常荒涼的路。前面還有一些人踏足過的痕跡，後面直接就需要披荊斬棘了。野草比人還高，你需要一邊走，一邊把它們撥開。

這個時候大家都沒有心思聊天了，就是走。其實走著走著，心裡是很忐忑的。師父有沒有指錯方向？真的是這條路嗎？還是我們走錯了？這條路能走出去嗎？天黑了還沒走出去怎麼辦？會不會有蛇？那個時候，心裡很多的疑問就都出來了。

你會有好幾個自己在打架：一個說，要不乾脆回去得了；另一個說，來都來了，要不再往前走走看一看。

就是在這種內心不斷的掙扎中，大家繼續埋頭苦走。走了大概有二十分鐘吧，我們眼前出現了一片空地。這片空地明顯是人造的，這就至少證明路是沒錯的。然後我們走到空地上回頭一望。

奇跡發生了。

廬山五老峰全貌，就在我們面前。

那一刻，突然有一種「謎底原來在這裡」的感覺。

只有走出此山、走遠點，才能看清

我頓時覺得這一切好像是一場遊戲，我看到的那個海會寺觀音殿叫「真面目」，它好像是遊戲裡的一條線索一樣。包括那個不太說話的師父，也好像是劇本殺裡的一個NPC（電子遊戲中不受真人玩家操縱的遊戲角色）。通過他，我們打開了這個劇情。

而這一整個故事，其實就是一個蘇東坡要告訴我們的哲理：我們想看到的廬山真面目，只有走出「此山中」走出來，並走遠一點，才能看清。這是一個無比簡單的道理，每個人都會說，也都懂。

可是真的只有親身經歷過，才會有一種頓悟的感覺——原來如此。

我們團隊的營運小夥伴少炫，大學的專業是繪畫。他說，老師跟他講，當他太沉浸在描繪細節的時候，就要時不時退出來，隔遠一點來看全域，然後再進入細節中。

回想我們的人生裡，其實有太多為當前事物所迷的時刻了。**這是沒辦法的，就算是已經寫下這麼有哲理的詩的蘇東坡，那個時候他也困在他人生的迷局裡啊。**

當時他貶謫黃州四年多，接到了朝廷詔令，讓他去汝州，雖然汝州在地點上比黃州離京城近，算是皇帝向他表達了善意，但一樣是「團練副使，本州安置」，還是跟黃州一樣，沒有實權，無非是換個地方看管而已。

在黃州，蘇東坡好歹還有個雪堂可以居住，有個東坡可以種田，去汝州又得重新開始，所以當時蘇東坡的心情真的說不上有多好。

那個時候他哪裡知道，一年半以後，他就要回到京師，迎來他職業生涯的第二次春天，並且在接下來的第七年，也就是他五十七歲的時候，達到他政治事業的最高峰。

他更想不到的是，千年後的人們關注的其實並不是他的政治成就，反而是他的文學，他的藝術，他的才華，他的生活趣味。而這些東西，都不是在他政治得意的時候產生的，很多居然是他在人生跌落低谷的時候創造的。

你說那個從黃州剛剛出來，正準備奔赴另一個貶謫地汝州，中途剛好路過廬山的，四十九歲的蘇東坡，哪裡知道那麼多？

不識廬山真面目啊。

就像，十年前的你，會想到十年之後，是這樣的人生劇本嗎？

我想不到，完全想不到。

此刻的坎坷，在未來看，也不過如此

有一次，我陷入一個困局，心情很低落，感覺走不出來了。

朋友問了我一個問題，他說：「現在的你，看十年前的你，你想跟她說什麼？」

我說：「勇敢一點。」

他說：「那十年後的你，也會想要跟今天的你，這麼說。」

那一刻，我好像被什麼東西擊中了。

當你跳出此刻，把視角拉遠，站在命運的河流邊，去看它整體的走向，的確會有一種感覺：也許此刻的坎坷，在未來看，也不過如此。

走出廬山，再回看廬山的蘇東坡，才得以明白何為「真面目」。

而當六十六歲時，那個飽含著人世滄桑，再度經過廬山的蘇東坡，才真正閱盡了他的人生腳本。那一刻，站在生命的河流面前，他走過了曾經的看山是山，也放下了執著的看山不是山，最終，回到了令人釋然的——看山還是山。

於是，六十六歲的蘇東坡，再度以廬山為引，寫下了對人生更透徹的了悟。

請看下一篇：〈廬山煙雨浙江潮〉。

廬山煙雨浙江潮

——人生無法跳級。

如果我們知道了人生的終極答案，那可不可以直接跳級呢？

我們聽過關於人生境界的解釋：看山是山，看山不是山，看山還是山。若這個解釋成立，那可不可以直接跳過中間「看山不是山」的階段，直奔「看山還是山」的終點？

我以前以為可以，但現在卻覺得，未必。

中間這一步，看似是一條無效的彎路，卻非常重要。

據說，蘇東坡還有另一首寫廬山的詩：

觀潮

廬山煙雨浙江潮，未至千般恨不消。
到得還來別無事，廬山煙雨浙江潮。

當然，也有學者認為這首詩不是蘇東坡寫的。但熟悉我的朋友可能都知道，相比於「是不是」這個所謂的「真相」，我覺得對我更有用的，是關注它帶給我的「感受」和「啟發」。而且經典就是這樣，你每個階段讀，得到的啟發都是不一樣的。

我曾經在短影片中介紹過一本影響了賈伯斯學禪的書，叫《禪者的初心》，鈴木俊隆寫的。這本書裡也引用了這首詩，可見這是一首帶著禪理的詩。

「廬山煙雨浙江潮」，說的是兩個絕美的風景：廬山上淡雅柔和、薄如蟬翼的濛濛煙雨；錢塘江奔湧向前、宏偉壯觀的潮汐。這兩處風景是當時許多文人墨客內心非常嚮往的，就像是現在很多人會標注「人生必去的多少個風景打卡點」一樣。

「未至千般恨不消」，如果沒去，就會覺得抱憾終生。你看他用的詞，「恨不消」，而且是「千般恨」，多少遺憾啊！誇張一點說，死不瞑目的遺憾。

但正是在這個時候，廬山煙雨浙江潮，在我們心裡已經不是一道純粹的風景了。因為我們已經「看山不是山」了，它反而成了我們的一個目標，甚至是，一種執念。

我們會催促自己，趕快實現，實現了就沒有遺憾了。

可是他說：到得還來別無事，廬山煙雨浙江潮。

終於實現了！親眼看見了！美嗎？

美，但也不過就是廬山煙雨、浙江潮。回來，看山還是山。

人生三境界。

沒有拿起，談何放下？

我以前感受這首詩，覺得它好像在告訴我們，人不要有執念。但我後來發現，怎麼可能沒有呢？

你不經歷拿起執念的那一步，怎麼能放得下那個執念呢？

有一本很經典的書叫《流浪者之歌》，是曾拿過諾貝爾文學獎的作家赫塞的作品。故事的主人公叫悉達多，他天賦異稟，很有智慧，家境也不錯。作為一個修行人，他見過很多老師，學過很多方法，學得很快，也得到過很多愛戴。可是他就是不快樂，痛苦驅使著他去尋找一條唯一的、永恆的真理之路。

而當他發現他的這些尋找，都是因為在害怕和逃避自己時，他勇敢放下了所有教義，回到塵俗的生活裡，直面自己的欲望。他遇見一位美麗社交名媛，這位女子成了他情愛的導師。他還遇見一個商人，商人教他如何做生意，如何享受富貴的生活。他跟著一群深陷塵世歡場的人一起沉沉浮浮，在沉浮中感受這個世界的空洞和虛無。

當他深陷其中時，好像總有個聲音催促他：這不是你要的人生，你還有使命在身！悉達多知道，這個遊戲走到了盡頭。他離開了他的塵俗。

這個時候我們以為他已經放下了。但還沒有。

他又遇見了一個人，是他和那位社交名媛生下的兒子。

他愛他的兒子，那是一種天生的愛，一種夾雜著原始欲望和宇宙大愛的愛。他希望把兒子留在身邊，去彌補一個父親對兒子的虧欠，把最好的愛給他。兒子無法理解。他痛恨父親，甚至暴戾地對待自己的父親。然而，悉達多只是容忍他，接納他。悉達多只有一個想法，那就是留住兒子，想要度化他。

可是悉達多的兒子和他不一樣，兒子愛的並不是真理，而是塵俗的生活。

這裡有一段悉達多的朋友，一個船夫說的話，我覺得非常經典。

他告訴悉達多：不要用愛去束縛你的寶貝兒子。你真的以為，就因為你愛他，你不希望他受苦，就有可能代替他去完成那份他本該自己完成的生命的功課嗎？就算你為他死十次，你還是不能從他注定要承受的命運裡減去分毫啊。

得到與失去一直在重複，世間原本就平衡而圓滿

悉達多終於意識到，每個生命都有自己生長的節奏。

他意識到，把他束縛住的，是他對兒子的那份愛和柔情，是他害怕失去兒子的恐懼。可是他這份甚至帶著些盲目的愛，又是那麼地符合世間常情。試問，天下哪一對父母，對孩子沒有一點期待呢？

但凡有期待心，就會有得失心。悉達多的兒子最終離開了他。悉達多陷入了痛苦之中。他知道，自己必須承受這份痛苦。

回顧這一路，他說：我在我的肉身上感受到，我非常需要欲望，非常需要追逐財富，非常需要尊榮，需要最淒慘的絕望，而體驗過它們，我才能學會放棄強求，學會愛這個世界，學會不再將它與我所期望的那個世界去做比較，學會接受它本來的樣子。

當你拉長時間來看，你會發現一切罪孽已在自身中包含著憐憫，一切老人也已在自身中包含著幼童，一切垂死者也包含著永生。當你超脫時間看見一切過往、此刻和未成的人生，就會發現，得到與失去一直在重複，世間原本就是平衡而圓滿的。

悉達多說：我從童年就知道，塵世歡欲和財富，對我而言並非善物，但如今，我才真正將它們經歷過一遍。此刻，我的知道，不僅僅是憑記憶知道，還以我的眼、我的心、我的胃領會了！有此領會，是我的福運！

沒有拿起，談何放下？

在講蘇東坡和莊子的這兩年，我最大的收穫，就是不那麼跟自己較量了。「看山是山」的時候，我發現自己還有進步的空間，那就試著往前走走。而當「看山不是山」的時候，我也能看見自己的確有執念。廬山煙雨浙江潮，這麼美的人生目標，立一個又何妨？

我們必須經過這一步，我們必須努力拿起，拚命拿起，但當你用盡所有力氣拿起，卻發現根本拿不起，或者拿起以後，發現不過如此的時候，你自然也就該放下了。

而那個放下，就是真正的「看山還是山」了。

【輯八】資料出處

1 【北宋】蘇軾〈天石硯銘並序〉、〈與李公擇〉、〈與陳朝請〉、〈與程正輔〉、〈望江南．超然臺作〉、〈超然臺記〉、〈水調歌頭（明月幾時有）〉、〈赤壁賦〉、〈行香子．述懷〉、〈與陳季常〉、〈到黃州謝表〉、〈定風波．南海歸，贈王定國侍人寓娘〉、〈王定國詩集敘〉、〈記遊松風亭〉、〈題西林壁〉

2 【北宋】蘇轍〈超然臺賦〉、〈水調歌頭．徐州中秋〉

3 【南宋】胡仔《苕溪漁隱叢話》

4 【南宋】普濟《五燈會元》

5 【明代】陳繼儒《妮古錄》

輯九

活法

人生沒有答案，
只有選擇

引子 和蘇東坡截然不同的人生

群星閃耀的中國歷史，提供了許多不同類型的人格範本，蘇東坡只是其中之一。穿透他們的人生，與其說是為了給自己增長知識與見識，更重要的，不如說是為了給自己的生命，提供一個參考座標。

經由看見他們性格的養成，他們如何面對自己的高光與低谷，以及，他們在人生十字路口做出的不同的選擇——其實千年過去，這些選擇依然還在繼續——我們才得以更好地回望和思索自己的人生。

本章較短，選取了和蘇東坡同時期的另外兩個人來講述。他們和蘇東坡的關係，既可稱為政敵，也可以稱為朋友。他們活得都和蘇東坡很不一樣。

但你不得不說，他們也代表了中華文化史裡另一類非常典型的人格。雖本書主角是蘇東坡，但站在更高維度去看，他們代表的這類人格同樣很有魅力，同樣要經歷無數考驗，度過無數艱難時刻。沒有對錯，只有選擇。

有時候，我會覺得文化史好像一個大藥櫃，那些曠世奇才和他們的作品都靜靜地躺在不同的抽屜裡。我們一個一個地打開，拿出一味一味的藥來，而最終的目的，就是為了搭配出一服獨屬於我們自己的「精神草藥」。

王安石與蘇東坡

——要事業，還是要生活？

如果人生目標只有一個的話，你要事業，還是要生活？

本篇，我們來聊聊王安石與蘇東坡不同的人生選擇。

王安石被後世銘記，更多的是因為他被寫進中國經濟史的「王安石變法」。這次變法的影響力之大，甚至有人說改變了中國此後的歷史進程。一直到今天，對於王安石變法的評價，在學界仍然是褒貶不一，按照華東師範大學劉成國教授的話說，激烈到「一提王安石變法，就要吵架」。

我們今天不討論他的變法，更多地來說一說這個人。

他跟蘇東坡過的，是截然不同的兩種人生。

人生只有讀書與工作的王安石

王安石大半生的主題，大概八個字就可以概括了：好好學習，好好工作。

你乍一聽覺得，這簡直是別人家的孩子、老師眼中的三好學生、主管眼中的棟梁之材啊！是的，但是為了能把這八個字做到極致，你知道王安石過的是什麼樣的生活嗎？可以這麼形容，如果你有一個像王安石那樣的孩子，他跑來跟你說：「爸媽，讀書就是我的一切！吃什麼，不重要！穿什麼，不重要！談戀愛，更是不重要！老師讓我多休息，我對他發火，朋友讓我出去玩，我跟他決裂，我的眼裡，只有讀書！」

如果你是家長，你開不開心？王安石當年，大概就是這樣的。

讀書的時候好好讀書可以理解，這個人是工作以後也瘋狂讀書，甚至常常通宵。

宋人邵伯溫的《邵氏聞見錄》裡記錄，王安石當年在基層當「公務員」，每天通宵達旦地讀書，睏了就坐著打個盹，常常是一看，哇，要遲到了，連洗漱都來不及，就蓬頭垢面地去「打卡上班」了。

他上司韓琦看他天天這個不修邊幅的樣子，以為他沉迷酒樓夜生活，於是語重心長對他說：「小王啊，年輕人要好好讀書，不要自暴自棄啊！」王安石連解釋都懶得解釋。

他完全專注在自己的學習和工作中。其他事情，能少則少。生活？沒有生活。

臉色發黑，竟因沒有洗臉

《宋史．王安石傳》裡說他「衣垢不浣，面垢不洗」。

沈括在《夢溪筆談》裡也講了一個王安石的故事，說他臉黑得不像話了，他學生都以為他病了，趕緊找醫生來看。醫生把脈問診看了半天，最後得出一個結論：這不是病，只是臉太髒了！

他完全不在意自己的形象，甚至可以一年不洗澡。天哪，這在蘇東坡身上是絕對不可能發生的！蘇東坡愛洗澡是出了名的。當年因為烏臺詩案被貶謫到黃州時，這哥們兒自我拯救的其中一個祕訣，就是泡澡啊！沒事就去焚香沐浴，甚至搓澡都能搓出金句：

輕手，輕手。居士本來無垢。

相比之下，王安石的「垢」就多上許多。

宋人葉夢得的《石林燕語》對此也有記載，說他髒到同事們都看不下去了，就每兩個月帶他去洗一回，然後輪流給他準備乾淨的衣服。**這是一項非常嚴謹的任務，而且這項任務在當時可是有名字的，叫「拆洗王介甫」**。

而我們的主人公王安石洗完以後，看到有衣服隨手就穿了，也不介意哪來的。為了抓緊時間搞事業，王安石的生活簡直是無趣到了極致。他不僅不愛洗澡，也不關心吃飯。在他看來，吃飯的目的，僅僅是為了不讓自己餓死。

南宋朱弁《曲洧舊聞》裡記載了一個故事，說有一次，管家跟王安石夫人說：「老爺喜歡吃獐子肉嗎？」夫人說：「沒有呀。」管家說：「那為啥他所有菜都不吃，就吃他面前的這一盤獐肉脯呢？」夫人說：「那你明天換一盤菜在他前面。」於是人們就發現，其實王安石完全不在意菜是什麼，他只專注吃自己眼前這一盤。

而蘇東坡呢？他是一個就算窮到死，也要變花樣吃出開心的人。我們知道蘇東坡是美食家，據說中國歷史上有六十多道菜因他而生。他不僅愛吃肉，還愛喝酒；不僅愛喝酒，他甚至自己釀酒。

他造酒的名氣很大，於是有人跑去問他兒子蘇邁和蘇過，說：「能不能把你父親釀酒方子給我們？對，就是釀的那個蜜酒，他不是寫了一首〈蜜酒歌〉，說很好喝嗎？」兒子們說：「哎，別提了，他們喝了我父親的酒啊，都拉肚子了！」

這種有趣的事就絕對不會發生在王安石身上。

《邵氏聞見錄》裡還說過一個故事。有一次，包拯——對，就是包青天，當年是王安石和司馬光的上司——請大家吃飯，席間總得喝點酒吧，王安石和司馬光都說：「哎呀，我平常不喝酒。」但是上司酒杯都提起來了，你總得給他一點面子吧。

於是司馬光就硬著頭皮喝了。而看那王安石呢，從頭至尾，愣是一口沒喝。這硬的呀……你說多尷尬，上司面子都不給。

但王安石有個好處，就是這種專一到極致的人，通常非常專情。《邵氏聞見錄》裡還有另外一個故事，說王安石和歐陽修、蘇東坡以及其他北宋那種家有侍妾，或者經常給各類女子寫小詞小調的文人士大夫不同，他終生只有一個老婆，沒有任何小妾，連他老婆看不下去，買了個人回來給他當妾，他都能原封不動把人退回去。

以上種種，可能會讓我們覺得王安石似乎是一個生活極度沒有情調的人。的確是，他幾乎把自己畢生的精力，都拿來拚事業了。他是認真從基層幹到中央，從一個小縣令做到大宰相，一點一點實施自己的變法理想的。

從基層做起，慢慢實現政治抱負

慶曆二年（一〇四二年），王安石考中進士，本來考官列他為第一，但據說因為他的應試賦中有一個詞用典不當，皇帝看了很不開心，於是只得到了第四。

進士及第之後，他被授為淮南節度判官。一般來說，任職期滿他就可以回到中央，至少也可以入館閣，做一個文字類工作（蘇東坡當時就是這樣的），但是，他放棄了。他想要下基層，想要做實事。

於是，二十七歲的王安石被調為鄞縣知縣，從此展開他的政治抱負。

剛到鄞縣，他就寫下過一篇〈鄞縣經遊記〉。我以為是個遊記，結果一讀，跟蘇東坡那種風采飛揚、極盡渲染的遊記不同，它甚至有點枯燥，通篇就跟記流水帳一樣，寫了自己八天如何走遍鄞縣東西十四鄉。

清晨出發，夜晚住在廟裡，日夜兼程，並在其中完成調查研究，勸導鄉民，看工程進度，瞭解民生艱苦。

那三年的時間，王知縣扛住了鄞縣大旱，幫助貧苦的農民向政府借貸糧食、以度過荒年，來年再加低息返還，這就是他後來變法中「青苗法」最初的試驗；他提出兵農結合來保障地方治安，並且開展農田水利建設，這也是後來「保甲法」的初步嘗試；他在當年鄞縣沒有一個正式教師的年代裡，遍訪山野高人，建立起一套完善的教學系統——而這帶來的成績，就是兩宋期間，鄞縣籍進士達到七百一十二名之多，甚至一直到近一千年後的今天，鄞州治學之風仍在，還是中國的「院士之鄉」。

當王安石已經離任鄞縣知縣十一年後，當地的百姓還自發為這位曾經為他們做過貢獻的父母官立了生祠，表達感謝和祝福。

鄞縣雖然只是一個縣，但就像是他變法的一個小小縮影。第一次嘗試，給了他經驗，也給了他信心。

鄞縣任職期滿之後，他歷任舒州通判、常州知州等職，勤政愛民，政績斐然。當時的宰相文彥博想跟仁宗舉薦他，他以不想激起越級提拔之風，拒絕了。

蟄伏了近十年，終於能改革變法！

在各地任職的這些年裡，他不斷積累執政經驗，推進當地變革，收效頗好。在進京述職之際，他總結了自己多年的工作經驗，寫了一篇長達八千餘字的〈上仁宗皇帝言事書〉，系統地提出了自己的變法主張。可惜的是，宋仁宗並沒有採納。

但大家覺得他是個人才，於是就想留住他，再次許他館閣之職，他不幹。後來仁宗去世，英宗在位時期，又多次徵召他赴京任職，他還是堅持不去。

他給出的理由有很多，母喪、身體不好等，但這些理由聽起來就很勉強。也許，他不是不想做，他是不想去做那些偏重學術和名譽的文職，否則他就不會給皇帝寫下萬言書，表明自己的變法主張。

他有著強烈的個人信念和政治理想，他希望能通過改革實現國富民強、海晏河清的盛世。為這個目標，他蟄伏了將近十年。

終於，他等來了宋神宗。

他的一篇〈本朝百年無事劄子〉，指出了當今危機四伏的社會問題，闡述了因循守舊、故步自封的危害，並且就吏治、教育、科舉、農業、財政、軍事等各方面的改革提出了自己的見解和主張。一年後，「王安石變法」，正式拉開帷幕。

可是王安石沒想到的是，等待他的，是一場又一場的輿論風暴。反對他變法的有，當時的文壇領袖歐陽修，當時的朝廷重臣韓琦、富弼、文彥博，北宋理學的奠基者程顥，當時的文學家曾鞏，反對派領袖司馬光，以及蘇軾、蘇轍這樣享譽文壇的兄弟，宋神宗的母親高太后、祖母曹太皇太后，甚至包括王安石本人的兩個親弟弟。

更不用說，在新法的各項措施中直接得罪的既得利益者，以及新法執行中因為各級官員的變形操作而不堪其苦、只能把髒水潑向他的民眾。

更讓人感到孤獨的是，他一手提拔的人，他曾經的徒弟——呂惠卿，那個變法中的得力副手，在他第一次罷相的時候就舉薦給皇帝，希望能把新法繼續推行下去的，那個他寄予厚望的繼任者，居然也背叛了他。

當呂惠卿的權力越來越大的時候，他甚至害怕王安石的復出會影響自己的地位，於是採取了種種辦法誣陷老師。

當親人、學生、曾經的好友，都站到了他的對立面的時候，王安石的信念裡，也許只有這幾個字：雖千萬人，吾往矣。

選事業或生活？沒有完美，只要無憾

王安石寫過一首〈登飛來峰〉，那是他剛剛在鄞縣知縣任職期滿後，從鄞縣準備回他的故鄉江西臨川，途經杭州的時候寫的。最後兩句：

不畏浮雲遮望眼，自緣身在最高層。

如果我們去看王安石這一路的職場經歷，就會發現，他就是一個「不畏浮雲遮望眼」，開弓不回頭的孤勇者，即便面對飛沙走石，也從不退縮。

今天很難評價王安石變法的功過是非，但若去掉對與錯，只看所以然，當選擇了那最高理想的時候，就等於需要捨棄生活中的繽紛色彩，需要面對沿途叢生的荊棘，需要接收來自全世界的雜音，甚至，需要承受最親的人的背刺，需要熬過黑暗，吞下委屈，扛住孤獨，就如同王安石，該如何「不畏浮雲遮望眼」，那便只有——去那「最高層」。

這是王安石的大半生。

是不是和蘇東坡，很不一樣？

蘇東坡的人生，如果從世俗意義上說，他並沒有實現自己年少時想要去到的那個「最高層」，又或者，多年以後他雖然已經官拜禮部尚書，成為國家部長級官員的時候，他登頂的那個「最高層」，已經和他心中的設想全然不同。

他被政治風暴裹挾著，哪怕想躲，但他的名聲、他的位置，已經讓他別無選擇。心力交瘁之下，我想，也許貶謫對他而言，不一定代表著毀滅，而是另一種重生。

政治上的蘇軾倒下了，文化上的蘇東坡站起來了，並且，成了一座不可逾越的高峰。而蘇東坡為什麼能在文化上閃耀千年？

就是因為，在貶謫的那些年裡，他感受到了「高處不勝寒」，於是他做的，並不是去那「最高層」，而是讓自己跳出山中，走到山外，去看命運這座山。所以，他寫的是：

> 不識廬山真面目，只緣身在此山中。

這真是兩種不同的人生追求：

不畏浮雲遮望眼，自緣身在最高層——這是披荊斬棘不畏萬難險阻爬上山頂，於是我們看見一個為事業幾乎不近人情的王安石；不識廬山真面目，只緣身在此山中——這是超脫塵世平靜淡然地站在山外，於是看見了一個被貶之後回歸自然與生活的蘇東坡。

他們各有各的抱負，各有各的無奈。

也許，要事業還是要生活，其實並沒有一個標準答案，也沒有兩全其美的人生，只有無悔無憾的選擇。

當然，人生時間很長、階段很多，一生也並非只有一條路。那麼此刻，你想選擇事業，還是生活？

章惇與蘇東坡

——你是結果導向者，還是過程享受者？

你比較傾向於結果導向，還是比較喜歡享受過程？

講蘇東坡絕對繞不開一個人——章惇。他們是朋友，也是政敵。他們之間的緣分，糾纏到我都懷疑他們上輩子是不是相愛相殺的情人。而且很有意思，他們的人生非常典型地指向兩種不同的方向，沒有誰對誰錯。講完這個故事的時候，不知道我們心裡會不會有一個屬於自己的答案？

章惇原本跟蘇東坡是同榜進士，但那年狀元是他的侄子章衡。《宋史．章惇傳》說，章惇非常有個性，他不願意名列他侄子的後邊，自視甚高的他做了一件很激烈的事，「委敕而出」——把錄取通知書給扔了。然後，復讀，再考一次。

兩年之後，他考了第一甲第五名，科舉之後，出任商洛令，去管理一個縣。當時蘇東坡剛好也出任鳳翔，是地方長官的「祕書」，兩個人工作地點都在陝西，而且他們年齡相近，才情也相當，就成了好朋友。

《宋史．章惇傳》裡記載了一個他們倆的故事，從這個故事裡我們很能看得出這兩個人完全不同的性格。

他們同遊南山，到了仙遊潭這個地方，潭下萬丈深淵，對面有一塊石壁，中間橫著一根木頭，要走過這根木頭才能到達絕壁。

章惇就跟蘇東坡說：「這麼奇特的地方，我們走過去題個字吧。」

蘇東坡說：「我不敢。」

沒想到章惇如履平地般走了過去，垂下繩索拉住樹，提著衣服，用蘸著墨的筆在石壁上寫下幾個大字：蘇軾、章惇來。

寫完之後上來，神情一點都沒改變。蘇東坡直愣愣地看著這一切發生。

等章惇上來以後，蘇東坡拍了拍他的背，說了一句話：「你將來能殺人。」

章惇問：「為什麼？」

蘇東坡說：「能把自己的命豁出去的人，也能殺人。」

我們從中就能看得出，這是兩個個性迥異的人。自然，他們在職場上，也完全是兩種不同的行事風格。**蘇東坡雖然嘴很直，但是處事還是相對溫和的；而章惇不一樣，他認定的事情，真的就像蘇東坡說的——人擋殺人，佛擋殺佛。**

蘇東坡危難時，章惇站了出來

他們身處兩個對立的陣營。章惇跟王安石一樣，是堅定的變法派，蘇東坡則偏向於保守。按道理說，政敵通常是要鬥個你死我活的。當時蘇東坡因為烏臺詩案被捕入獄，別說他的政敵對他落井下石了，就連曾經跟他一個陣營的人，也不敢出來替他發聲。

人心如此涼薄啊！可在這個危急的時刻，章惇站出來了。

雖然我們政見不同，但就事論事，我覺得你受了冤枉，我就要替你發聲。章惇跟皇帝說：「我認為蘇軾沒想要造反。」

當時的副宰相王珪在旁邊說：「怎麼可能呢？你看他這個詩，世間惟有蟄龍知。陛下，您已經是飛龍在天了，他怎麼敢再去找一條蟄龍呢？」

章惇說：「那諸葛亮還是臥龍呢，也沒說人家要謀反啊！」神宗皇帝當時聽了，覺得章惇說得很有道理。

兩人出來以後，章惇還不依不饒地拉著王珪，說：「你這樣做，是要滅蘇軾滿門嗎？」

王珪說：「不是我說的，這是另一位大臣舒亶說的。」

章惇直接來了一句反譏：「那舒亶的口水，你也要吃嗎？」

曾經跟蘇東坡站在一起的人都不敢說話，但偏偏是政見不同的章惇有這樣的勇氣和魄力。也許他認為：對的就是對的，我認為是對的，我就要表達出來。

後來蘇東坡大難不死，被貶黃州。那個寒冷的冬天，他剛到黃州的時候，身邊沒有一個親人。他是因言獲罪，就更怕自己說錯話了。

他當時給章惇寫了一封長信，裡面說：我自從獲罪以來，不敢再與人交往，即便是骨肉至親，也沒有一字書信往來，今天突然收到你的信，慰問之情如此深厚，關懷之意如此真切，令我感慨，無言以表……

軾自得罪以來，不敢復與人事，雖骨肉至親，未肯有一字往來。忽蒙賜書，存問甚厚，憂愛深切，感嘆不可言也。

從這些文字裡可以看到，體驗了世情涼薄、人生無常的蘇東坡，在沒人敢和他交往的低谷中收到章惇的問候，內心是很溫暖的。

他說：平時你和我弟極力勸誡我，費盡苦心，而我卻剛愎自用，不以為然……以前的熟人朋友，只會當面誇讚吹捧我，釀成了我的過錯，而一旦患難，就沒有人再憐惜我了。只有你，平時對我幫助挽救，到了我急難的時候，又能體恤和接濟我，真正和世俗之人不一樣啊。

平時惟子厚與子由極口見戒，反覆甚苦，而軾強狠自用，不以為然……然異時相識，但過相稱譽，以成吾過，一旦有患難，無復有相哀者。惟子厚平居遺我以藥石，及困急又有以收恤之，真與世俗異矣。

章惇雷厲風行、不留情面的政治鐵腕

故事說到這裡，我們一定會認為，蘇東坡和章惇，真的是一對彼此相知，且不因世情而改變的至交好友。但如果我說，蘇東坡後期一貶再貶，從惠州到儋州，這些經歷是拜章惇所賜，你敢相信嗎？

神宗皇帝過世後，宣仁太后當朝，司馬光主政，他廢掉新法，重啟舊法，同時把蘇東坡等支持舊法的大臣召回朝中。朝廷又經過了一輪大洗牌。作為新法堅定支持者的章惇，在那個時候承受了來自四面八方的攻擊。蘇轍一再上書，請求罷免章惇，而在這整個過程中，蘇東坡沒說過一句話。

我們知道蘇東坡對於舊法，也並不是全然贊同的。所以我們今天也很難猜測，他是因為政見相對溫和的原因，還是因為弟弟與好友兩相為難的原因，總之，在那段故事裡，蘇東坡的態度是曖昧的。

但是章惇，依然非常明確——我堅持我所認為的。他被貶八年，一直等到新皇帝掌權親政，重新起用新法，他才再次回到朝中。而回來以後，他就用鐵腕手段，清洗舊法大臣。對內強推新法，甚至想要廢掉兩后，對外征服西夏，出兵吐蕃，改進軍械，鞏固邊防，在那個時代，將北宋的疆域擴展到最大。

如果單從政治成就上來說，章惇遠遠高於蘇東坡。

他的目標感、邊界感都非常明確，為了做事，不惜得罪一票人。他差點挖了司馬光的墳，把司馬光拉出來鞭屍，甚至把皇太后賜給司馬光的碑文磨平，把司馬光的牌坊拆了。

他對舊法大臣不遺餘力地打壓，其中就包括蘇東坡。從英州，到惠州，再到海南儋州——貶到儋州在當時已經是僅次於死刑的處罰了。很多人都會覺得，這麼做，是要把人往死裡弄啊！

甚至還有人以為，他們之間是不是有什麼私人恩怨、深仇大恨。北宋惠洪的《冷齋夜話》裡記錄過，後來蘇東坡從海南回來，經過南昌的時候，南昌太守看到他也嚇了一跳，說：「坊間都傳聞你已經掛了，怎麼現在看你還活蹦亂跳，遊戲人間呢？」

蘇東坡幽默地說：「哦，本來要掛了，去陰間路上看見了章惇，所以又掉頭回來了。」

關於如何活，沒有對錯、只有選擇

不知道是因為對蘇東坡的偏愛，還是因為章惇做事的確太狠，元朝人把章惇列入了

《宋史．奸臣傳》。他們認為章惇是奸臣。

但如果我們縱觀他執政期間的成就，就會發現這個評判有些偏頗。單論他在用人這件事上，就稱得上「大公無私」四個字——為相七年，從來不利用自己的職權贈送任何官爵給自己的親信，並且解除所有憑借私人關係而任官之人的官職。

後來，宋哲宗駕崩，朝廷需要另立新帝的時候，他的意見也非常明確：端王輕佻，不可以君天下！

而最後繼位的正是端王，也就是宋徽宗。徽宗繼位以後，章惇被貶。那時蘇東坡正從海南回來，章惇的兒子害怕東坡未來得勢，也會把父親往死裡弄，於是就寫了一封信給蘇東坡，替父親求情。

一生寬厚待人的蘇東坡，給他回了信，說：我和你父親是四十多年的好友，雖然中間出了一點小插曲，但是交情還是不受影響的。過去的事就不要再說了，我們往前看吧。他還在信裡附上了去瘴氣的方子，希望對章惇有用。

回望這兩個人的人生，章惇銳利、堅定、執著，非黑即白。他認定的事，就一定要做，排除萬難也要做，哪怕前方擋路的人是他曾經的至交好友，他也能披荊斬棘，毫不留情。他像一把尖刀一樣，要麼成為頗有政績的宰相，要麼就是寫入史書的奸臣。

而蘇東坡寬厚、仁慈、豁達，也軟弱，他沒有雷霆手腕，在政治上、在職場裡，相比於咬死目標、心無旁騖的人，他實在算不上有什麼偉大的成就。但作為一個人，他的性格裡寫滿了生而為人的豐富情感，因而能在文學裡、在藝術上，成為一股感染人心的力量。

他們過著不一樣的人生，開出了不一樣的花。

關於如何活這件事，其實沒有對錯，只有選擇。

所以，你更希望自己是結果導向者，還是過程享受者？

【輯九】資料出處

1【北宋】蘇軾〈題西林壁〉、〈與章子厚參政書〉、〈與章致平〉

2【北宋】王安石〈鄞縣經遊記〉、〈上仁宗皇帝言事書〉、〈本朝百年無事劄子〉、〈登飛來峰〉

3【北宋】邵伯溫《邵氏聞見錄》

4【北宋】沈括《夢溪筆談》

5【北宋】惠洪《冷齋夜話》

6【北宋】葉夢得《石林燕語》

7【南宋】朱弁《曲洧舊聞》

8【南宋】胡仔《苕溪漁隱叢話》

9【元代】脫脫等人《宋史・王安石傳》、《宋史・章惇傳》

番外

你也在陶淵明的人生裡找自己的答案

——來自精神偶像的力量

我們的偶像是蘇東坡，那蘇東坡的偶像是誰？如果只有一個答案，我會說：陶淵明。蘇東坡之愛陶淵明，到什麼程度呢？看看他寫的這些句子：

只淵明。是前生。

我即淵明，淵明即我也。

自謂不甚愧淵明。

他對偶像的文字，概括起來就四個字：捨不得讀。

他說：每次身體不好時，就拿出來讀，但只讀一篇，怕都讀了的話以後就沒得讀了。

每體中不佳，輒取讀，不過一篇，惟恐讀盡，後無以自遣耳。

他追他的偶像，甚至開創了一個先河。

蘇轍在〈子瞻和陶淵明詩集引〉中說到，他哥給他寫過一封信。蘇東坡在信裡說：在我之前，別的詩人也會模擬古人的作品，卻沒有人追和古人的詩，要說追和古人，則始於我東坡。

古之詩人有擬古之作矣，未有追和古人者也。追和古人則始於東坡。

他不單純是追和偶像陶淵明的詩，並且是「盡和陶詩」，就是，全和了一遍。

根據清代學者王文誥在《蘇文忠公詩編註集成》中的統計，他先是寫了一百零九首和陶詩，然後編成了《和陶集》，出版以後，一舉成了當時的暢銷書。他覺得還不夠，後面又繼續創作了十五首，使得總數達到了一百二十四首。

蘇東坡一生留下的詩作兩千八百六十七首，其中光是應和陶淵明的作品，就占了近二十三分之一。並且，他選擇的是最接近原詩的「次韻法」，就是每一句的韻腳（最後一個字的韻母）都必須和原詩相同，舉個例子：

飲酒二十首之一

（陶淵明）

衰榮無定在，彼此更共之。
邵生瓜田中，寧似東陵時。
寒暑有代謝，人道每如茲。
達人解其會，逝將不復疑。
忽與一樽酒，日夕歡相持。

和陶《飲酒》二十首之一

（蘇東坡）

我不如陶生，世事纏綿之。
云何得一適，亦有如生時。
寸田無荊棘，佳處正在茲。
縱心與事往，所遇無復疑。
偶得酒中趣，空杯亦常持。

這種「次韻法」的創作難度是很高的，它要求作者不僅需要掌握原詩的內容、情感，還要遵循原詩的韻律，在保留原作者精神的基礎上去找尋立意的創新，從而達到和原詩不同的藝術效果。

作品，是人格的反映！

換句話說，不僅要嚴格地模仿「藍」，還要「青出於藍，而勝於藍」。

那麼，蘇東坡為什麼如此堅定地選擇跟隨陶淵明的腳步，盡和其詩呢？**他在給弟弟的信裡說：難道我之愛陶淵明，只是喜歡他的詩嗎？不是的，我是被他的人打動的啊！**

然吾於淵明，豈獨好其詩也哉！如其為人，實有感焉。

其實就跟我們對蘇東坡的情感是一樣的。作品，是他人格的反映。我們之所以愛他，是被這個人格吸引，被這種精神力量感染。

元豐五年（一〇八二年）春天，蘇東坡的雪堂建成。這個地方在他躬耕的黃州東坡旁邊，從雪堂向南可以遠眺四望亭後面的山丘，向西可以看見北山的小泉。他很喜歡這裡，自從建好以後，就常常在雪堂看書寫字，招待朋友。真像是隱居的生活。

於是他想起了陶淵明的斜川之游。同樣的初春，五十歲的陶淵明遊覽斜川，臨水而坐，近處是微流中的彩魚，遠處是空谷中的鷗鳥，山川景色，令人神馳意遠。

酒至半酣時，他感慨此情此景是如此珍貴，不可重複，生命正如白駒過隙，一晃而過，既然明天不可預料，不如好好享受今日美好。他讓各位遊伴分別寫下自己的年齡、籍貫，並記錄下這難忘的一天。

游斜川並序

辛丑正月五日，天氣澄和，風物閒美，與二三鄰曲，同游斜川。臨長流，望曾城，魴鯉躍鱗於將夕，水鷗乘和以翻飛。彼南皐者，名實舊矣，不復乃為嗟嘆。若夫曾城，傍無依接，獨秀中皋，遙想靈山，有愛嘉名。欣對不足，率爾賦詩。悲日月之遂往，悼吾年之不留。各疏年紀鄉里，以紀其時日。

開歲倏五日，吾生行歸休。
念之動中懷，及辰為茲游。
氣和天惟澄，班坐依遠流。
弱湍馳文魴，閒谷矯鳴鷗。
迥澤散游目，緬然睇曾丘。
雖微九重秀，顧瞻無匹儔。

提壺接賓侶，引滿更獻酬。
未知從今去，當復如此不。
中觴縱遙情，忘彼千載憂。
且極今朝樂，明日非所求。

四十七歲，在黃州過了幾年躬耕時光的蘇東坡，此刻擁有了和陶淵明一樣的心境。於是他感慨萬千，創作了一首〈江城子（夢中了了醉中醒）〉：

江城子

陶淵明以正月五日游斜川，臨流班坐，顧瞻南阜，愛曾城之獨秀，乃作斜川詩，至今使人想見其處。元豐壬戌之春，余躬耕於東坡，築雪堂居之。南挹四望亭之後丘，西控北山之微泉，慨然而嘆，此亦斜川之游也。

夢中了了醉中醒。只淵明。是前生。走遍人間，依舊卻躬耕。昨夜東坡春雨足，烏鵲喜，報新晴。

雪堂西畔暗泉鳴。北山傾。小溪横。南望亭丘，孤秀聳曾城。都是斜川當日境，吾老矣，寄餘齡。

人生如夢，此刻，究竟是在現實，還是夢境？在世俗沉沉的醉夢裡感悟人生真諦的前行者，唯有陶淵明是我如前生般的知音。這山水田園，依稀都是淵明當日所見的風光。我老了，就讓我這樣，清閒淡然地了此餘生吧。最後一句，充滿了無奈中的自我安慰。

仕途起落間，尋得自在

對四十七歲的蘇東坡而言，他並不知道自己的政治未來是否還能東山再起，在黃州磋磨了幾年之後，他似乎漸漸能從勞作與謫居中，體會到陶淵明當年的閒情逸致。如果能就這樣過下去，好像也是一種活法。

能感覺到此刻的蘇東坡，是把類似陶淵明那樣的田園生活，當成自己最後的退路。**是退路——而非歸宿**。

五十歲的陶淵明，是真的與官場斬斷了一切關係，但五十歲的蘇東坡並沒有。

他寫下〈江城子（夢中了了醉中醒）〉之後，又過了兩年，就接到了讓他移居汝州的詔令。雖然還是和黃州一樣「本州安置」，但至少，離京城近了許多。這其實也是朝廷釋放的訊號：蘇軾，即將再度被任用。

果不其然，五十歲的蘇東坡在登州上任五天，就被任命為禮部郎中，而後升為起居舍人，再升中書舍人，不到半年，連續破格提拔三次。他的政治春天，再度來臨。

但他的心情，卻已發生了很大的變化。我們在前面的章節裡講過，蘇東坡在他政治巔峰的時候，內心反而是焦灼和疲憊的。他被迫陷於黨爭，只能不斷要求朝廷將他外放。

元祐七年（一〇九二年），他在揚州任上，心有所感，創作了一組〈和陶飲酒二十首〉，開篇就是：

我不如陶生，世事纏綿之。

他又想起了陶淵明。他多麼羡慕淵明的恬淡自在，回想自己被世俗瑣事糾纏不清——想了斷，卻沒有這個魄力；想退隱，卻沒有這個勇氣。他感慨，只有心靈的田地是沒有荊棘的，那麼，就在心靈的曠野中撒開自己，自由自在吧！

這是蘇東坡「和陶詩」的開始，也是他的詩歌風格從宏大開闊到平淡樸素的轉變。而陶淵明，就成了他人生後期非常重要的精神支柱。

被貶惠州時，在那瘴癘橫行的嶺南，他一邊忍受著病痛的折磨，一邊重新開啟自己的躬耕生活。

某一個春天，兒子蘇過正在誦讀陶淵明的〈歸園田居〉，琅琅的讀書聲喚醒了他在揚州寫下〈和陶飲酒二十首〉的熱情，他決定要「盡和陶詩」。我始終認為，蘇東坡的這個決定，既是要追尋陶淵明的腳步，去接近那個「復得返自然」的自在境界，也是一種精神慰藉的出口，更是晚年給自己找點事做，讓自己有盼頭、有動力活下去的理由。

磨難人生裡，前方有明燈

而，為什麼是陶淵明？因為他是「古今隱逸詩人之宗」。

在身體力行地「盡和陶詩」之後，蘇東坡比以往的文人更加明白了陶詩的偉大。他說：陶淵明作詩不多，他的詩表面質樸無華，實際卻飽滿綺麗，我與他相比，自愧不如。

淵明作詩不多，然其詩質而實綺，臞而實腴，自曹、劉、鮑、謝、李、杜諸人，皆莫及也。吾前後和其詩凡一百有九篇，至其得意，自謂不甚愧淵明。

我想，這裡的自愧，不僅僅是說詩歌，也是人生。陶淵明活出了包括蘇東坡在內，多少文人想活卻沒能活出來的境界。

蘇東坡在寫給弟弟的信裡感慨：唉！陶淵明不願為了掙那五斗米的薪水，整衣束帶地去拜見一個無德無才的鄉里小人，反觀我自己，做了三十年的官，飽受入獄之苦，仍不知悔改，以致今日陷此大難。到今天已是桑榆晚年，才想要從淵明身上去尋找寄託，說出來，誰信呢……

嗟乎淵明，不肯為五斗米一束帶見鄉里小兒。而子瞻出仕三十餘年，為獄吏所折困，終不能悛，以陷於大難。乃欲以桑榆之末景，自託於淵明，其誰肯信之？

他想活成如同陶淵明那樣的人格樣本，內心卻放不下對功名的追求，直至老天爺用各種苦難讓他明白，讓他反省，讓他頓悟——當華美葉片落盡，生命脈絡才歷歷可見。

他感受過青雲直上，經歷過起伏跌宕，在廟堂之高，是高處不勝寒，在田園阡陌，卻回歸了生命的恬淡。

後世元好問評價陶淵明「豪華落盡見真淳」。或許，蘇東坡在彼時就明白了陶淵明的真淳。那是一種歷盡世事卻終於回歸不諳世事的真淳。而他自己也只有在經歷過「看山不是山」的苦苦追索之後，才能明白「看山還是山」的恍然與灑脫。

陶淵明之於蘇東坡，就如同蘇東坡之於我們。

那些在文化史裡閃耀的人格，他們活出來的生命樣本，已經成了後人的養分。

閱讀他們的作品，也是在走進他們的人生。

他們並非一塵不染，也非生下來就是英雄。他們讓我們明白，一個普通人在生命的急流中是如何被沖刷的，又是怎樣在一次次的磨難中不斷做出選擇，從而讓自己活得精彩、活得偉大。

他們的焦灼、反思、掙扎與回歸，他們的忍耐、安定、堅守與凝望，提供了一種生命的參考樣式，讓我們在鋪滿荊棘的路上，前方一直有指路明燈，內心始終有精神偶像。

後記

我從蘇東坡身上看見了什麼？

——你要活生生的。

終於寫完了。我感覺好像經歷了一次長途跋涉，陪著一個人，重新回溯了他的人生，但總有那麼幾個瞬間，我特別恍惚：

我究竟是在看他的人生，還是我的人生？

其實我對蘇東坡的認知，經歷了三個階段。

從國文課本裡留下的關鍵詞「豪放派、豁達、樂天」，到現在更多人評價蘇東坡的

「吃貨、段子手、治癒生活的解藥」，還有那句很經典的「人生緣何不快樂，只因未讀蘇東坡」。但現在，我對他的認知其實還有一點點的變化，如果要我總結，可能是四個字：**活生生的**。

他……自戀，嘴巴壞，怕死，偶爾喜歡吹牛皮，一生鬧過不少笑話，但很可愛，很可愛。按照現在的話說，他是一位很有才華的「沙雕❶」。

蘇東坡也不是天生的豁達，他之所以能感動我們，正是因為他不是天生的豁達，豁達只是我們看到的結果，他讓我們感動的卻是那個過程，那個在泥濘中一點一點地振作起來的過程。

那個過程好像在告訴我們：年輕的時候要多吃點苦，這樣老了吃苦才會習慣。

蘇東坡一直有記錄所見所聞的習慣，後人把這些內容輯錄成了《東坡志林》。你可以把它理解為一部蘇東坡的隨筆或日記。

❶沙雕：網路流行語，通常用來形容有趣、搞笑、愚蠢而讓人發笑的人或事物。

我寫蘇東坡的時候，重看了《東坡志林》，感覺就像在看他的段子或者日記，一個活生生的蘇東坡在你眼前，跟你講他的故事。

而且你會一邊看一邊笑：這個「死老頭」！

他其實很自戀。雖然不很帥，但是沒辦法就才華橫溢啊，很多人認識他啊，這大大滋養了他的自戀。我們經常能看到，他那種忍不住自戀又不好意思表露自戀的樣子。

他第一次到廬山的時候，山裡的僧人們都爭相傳告：「蘇子瞻來啦！」

他一得意，就寫了一首詩，最後兩句是：可怪深山裡，人人識故侯。

哎呀，沒想到啊，深山老林裡，人人都認識我，怪不好意思的。

後來覺得自己太表露這份得意了，趕緊又謙虛地補寫了兩首，但依然擋不住他那顆傲嬌的心。一直到老了，邁入生命最後的時光了，他內心裡還是很有偶像包袱的。

據《邵氏聞見後錄》記載，當時他從海南回來時，因為天氣炎熱，就穿著半袖，戴著小帽，坐在船上。

老百姓聽說蘇東坡要經過這裡了，都紛紛跑到河岸邊來看他，文章裡寫「千萬人隨觀之」，就像見大明星一樣。

蘇東坡看到這個盛況，環顧左右，然後說了句：「哎呀，這豈不是要看殺我！」

這是用了一個《世說新語》里看殺衛玠的典故。但人家衛玠是中國古代四大美男子之一啊，蘇東坡當時卻是個六十六歲的胖老頭，可是，他還是那麼「騷」。

他其實從小就立志做一個偉大的人。

十歲的蘇東坡聽完《後漢書・范滂傳》的故事，已會一臉正氣地跟母親說：「我也想做范滂這樣的人！」

我常常在想，三十四年後，當他在湖州接到皇帝派來的官員要抓他的詔令的時候，當他嚇到躲到自己府裡不敢出來，戰戰兢兢連朝服都不知道該不該穿，還得讓自己的副手來拿主意的時候，當他狼狽得像犬雞一樣被人驅趕的時候，他是否還記得自己十歲那年的豪言壯語？

我們以前課本裡認識的那些偉大的人，都有同一種特質：大義凜然，視死如歸。

可蘇東坡恰恰是個怕死的㞞貨。

但㞞也是有好處的。即便是一再被貶的時候，我們在他的文章裡也幾乎看不見自我了斷的決心：再爛，也要活下去。

並且他永遠能找到樂子。

沒錢買米，他就開始跟兒子一起辟穀[2]。覺得無聊，他就自己出門找人聊天，無論高低貴賤，任何職業都能聊得來。

我們在《東坡志林》裡看見他寫了他的好多朋友，有道士、僧人、農民、酒館老闆、他的老師、他的學生、他的鐵桿粉絲，甚至還有他家隔壁大晚上吵架的婦人。

當然，還少不了那位被他半夜敲門拉起來逛園子，還強說「懷民亦未寢」的張懷民。

蘇東坡還寫過很多鬼故事，大部分是聽來的。且能看到他一邊寫得繪聲繪色，一邊質疑，到底是真的還是假的？最後就是，管他真的還是假的，反正有趣，先寫下來唄。

蘇東坡說：上可以陪玉皇大帝，下可以陪卑田院乞兒，眼前見天下無一個不好人。可能也正是因為這個世界還有這麼多有趣的人和有趣的事等著他去遇見，去記錄，他才捨不得死。

一個愛吃愛玩、愛聽故事、愛聊天的人，怎麼捨得死呢？

正是因為他「捨不得死」，所以他才能「活出來」。

我們今天看蘇東坡的人生，已經是一個完成式。我們可以跳過，可以省略，這個章節看不爽了可以翻頁，甚至可以直接翻到最後看結局。

但當時的他不可以。生命是一個無法快速拖動的時間軸，當我們陷入低谷，哪怕知道前方即將迎來光明，但也得一天一天熬過去。

我們今天看蘇東坡的低谷，覺得他似乎「活出來」了，但我更想表達的是，他為什麼能「活出來」。這股力量，源於「捨不得死」的那種糾結、怯懦，以及至暗中也始終保留著的一點苟延殘喘的希望。

雖然他終生無法實現他年少時給自己規劃的人生（其實中國文人大多如此），但他的厲害之處就在於，他願意退一步。

退一步，是生活。

這是很多文人做不到的。蔣勳老師有句話說得很好：花落到泥土間，才不矯情，才能活出其他文人所沒有的大氣度。

蘇東坡對當代人的借鑑意義，就在於他在困境中的磋磨。生活把他壓成一攤爛泥，他卻可以在泥濘中開出花來。

用史鐵生的一句話來總結：苦難既然把我推到了懸崖邊緣，那麼就讓我在這懸崖邊緣

❷辟穀：一種古代道家、道教的養生法，不食用人間的五穀以修煉。

坐下來，順便看看懸崖下的流嵐霧靄，唱首歌給你聽。

其實，這個世界沒有真正快樂的人，只有想得開的人。

關於蘇東坡，真是怎麼講都講不完。他就好像是你的朋友一樣，在講這個朋友時，他身上有一堆的毛病，可是很奇怪，你就是覺得他很可愛。正是因為這些無傷大雅的小毛病，讓他的人格越發的「真」，他是那麼活生生，那麼地像個可觸及的人。

他其實和我們一樣，生命裡有很多微小的灰塵，但也有很多人性的光芒。

他不偉大，但無比真實。

可是真實，何嘗不是另一種偉大呢？

蘇東坡寫完了。

但對我而言，似乎並不是結束。每個人，在人生的每個時間段，在生活的每種不同境遇裡，也許，都有機會再次和他相遇。

我的時間進度條也在走。蘇東坡對我而言，並不是完成式。也許再過若干年，當我再看蘇東坡時，又會有不同的心境和領悟。

寫蘇東坡對我來說，是一個治癒的過程。他像是一個心靈上的朋友，雖然穿越了千年，卻依然很親切。有時候寫著寫著，我會感覺他的笑聲彷彿從千年前傳過來，笑裡帶了幾分狡黠、幾分爽朗、幾分自嘲、幾分童真，還有幾分歷盡滄桑的從容和淡然。

我等著他有一天回頭，笑著跟我說：「我還有故事，你想聽嗎？」

年表　蘇東坡一生的故事

時序	蘇東坡生平	同期大事
1歲 宋仁宗景祐36年 （1036年）	十二月十九日卯時（一〇三七年一月八日），生於眉州眉山縣（今眉山市東坡區）。	范仲淹因反對宰相呂夷簡專權，貶官饒州，歐陽修亦坐貶夷陵。
4歲 寶元2年 （1039年）	二月二十日，弟蘇轍出生。	無。
7歲 宋仁宗慶曆2年 （1042年）	開始讀書；見到九十歲的眉山老尼，聽她講述蜀主孟昶和花蕊夫人的軼事。	王安石進士及第；富弼出使契丹，九月加歲幣，與契丹議和。
8歲 慶曆3年 （1043年）	始入鄉校，跟隨道士張易簡讀書；讀石介〈慶曆聖德詩〉，敬慕范仲淹、韓琦、富弼、歐陽修之為人。	呂夷簡罷相，范仲淹認參知政事，富弼為樞密副使，韓琦宣輔陝西，歐陽修等為諫官，開始推行「慶曆新政」。

9歲	慶曆4年（1044年）	繼續跟從張易簡讀書。	范仲淹、富弼等人相繼被排斥，離開朝廷出任地方官；宋詔天下州立縣學，行科舉新法；宋、夏議和，十二月冊封元昊為夏國主。
10歲	慶曆5年（1045年）	父蘇洵遊學四方，母程夫人親自教養二子讀書；程夫人讀〈范滂傳〉時，蘇軾「奮厲有當世志」。 ●〈夏侯太初論〉	契丹與夏締結和約，結束戰爭；宋廢除科舉新法，「慶曆新政」宣告失敗；黃庭堅出生。
12歲	慶曆7年（1047年）	祖父蘇序逝世，父蘇洵聞訊返家，自此居喪讀書，教養二子。	無。
13歲	慶曆8年（1048年）	就學於城西州學壽昌院劉巨。	趙元昊卒，其子諒祚繼封為夏國主。
17歲	皇祐4年（1052年）	結識劉仲達，往來於眉山；皇祐2年嫁給表兄程之才的姐姐蘇八娘，此年受虐鬱鬱而亡；蘇家與程家斷交。	范仲淹逝世。
19歲	至和元年（1054年）	娶王弗為妻。	名臣張方平移鎮益州，訪知蘇洵之名；張耒出生。

時序	蘇東坡生平	同期大事
20歲 至和2年（1055年）	學通經史，熟習歐陽修文章；遊成都，拜訪張方平，深受賞識，張以國士之禮相待。 ●〈正統論三首〉	文彥博、富弼為相。
21歲 嘉祐元年（1056年）	三月和弟弟蘇轍跟隨父親，一起進京趕考；八月參加開封府解試，中選，獲得次年禮部省試參試資格。 ●〈一斛珠．洛城春晚〉	時任翰林學士的歐陽修在朝廷上大力舉薦蘇洵，蘇洵文名大盛。
22歲 嘉祐2年（1057年）	三月與弟蘇轍同科進士及第，名震京師；四月程夫人逝世；五月底聞喪，父子三人回川治喪。 ●〈刑賞忠厚之至論〉、〈謝歐陽內翰書〉、〈上梅直講書〉	歐陽修知貢舉，痛抑新文體；程顥、張載、朱光廷、章惇、晁端彥、曾鞏等人與蘇軾、蘇轍同榜及第。
24歲 嘉祐4年（1059年）	服喪期滿；十二月父子三人攜眷乘舟沿岷江、長江東下，途中所作詩文編成《南行集》，蘇軾作序；留荊州度歲，長子蘇邁出生。 ●〈初發嘉州〉、〈江上看山〉、〈屈原塔〉、〈江上值雪〉、〈南行前集序〉	無。
25歲 嘉祐5年（1060年）	返京；授河南府福昌縣主簿，弟蘇轍授河南府澠池縣主簿，兩人皆不赴任，歐陽修、楊畋分別舉薦蘇軾、蘇轍參加制科考試；與弟蘇轍同寓懷遠驛，準備制科考試；父蘇洵除試校書郎。 ●〈荊州十首〉	王安石為三司度支判官；歐陽修表上《新唐書》，拜樞密副使；梅堯臣卒。

26歲

嘉祐6年
（1061年）

應賢良方正能言極諫制科試，蘇軾入三等（一、二等虛設），授官大理評事，簽書鳳翔府節度判官廳公事，十二月到任；蘇轍為四等，授商州軍事推官，辭官居家侍父；當年制科試入等者，僅蘇軾、蘇轍、石介三人。

●〈和子由澠池懷舊〉、〈石鼓歌〉、〈辛丑十一月〉、〈辛丑十一月十九日，既與子由別於鄭州西門之外，馬上賦詩一篇寄之〉、〈王維吳道子畫〉、〈饋歲〉

六月，司馬光知諫院，王安石知制誥；八月，曾公亮為相；閏八月歐陽修任參政知事。

27歲

嘉祐7年
（1062年）

任鳳翔府簽判。

●〈九月二十日微雪，懷子由弟二首〉、〈題寶雞縣斯飛閣〉、〈郿塢〉、〈喜雨亭記〉

無。

28歲

嘉祐8年
（1063年）

任鳳翔府簽判，後轉關大理寺丞；六月陳希亮知鳳翔府，蘇、陳二人初不相合，屢有爭論，但與陳希亮之子陳季常結交甚好。

●〈思治論〉、〈上韓魏公論場務書〉、〈上蔡省主論放欠書〉、〈和子由踏青〉、〈和子由蠶市〉、〈十二月十四日夜微雪，明日早往南溪小酌至〉、〈次韻子由論書〉、〈凌虛臺記〉

三月，宋仁宗崩，英宗繼位，曹太后權同聽政。

29歲

宋英宗治平元年
（1064年）

在鳳翔任，與陳希亮盡釋前嫌；和文與可於岐下相識；年末任滿，轉宮殿中丞，啟程歸京，遊驪山，在華陰度歲。

●〈和董傳留別〉

五月，曹太后還政於帝；韓琦任尚書右僕射。

時序	蘇東坡生平	同期大事
30歲 治平2年 （1065年）	在京，英宗欲破格提拔，召入翰林院，宰相韓琦認為不可，主張按例召試；遂參加館閣考試，入三等，除直史館；五月原配王弗卒於京師。	司馬光與歐陽修不合。
31歲 治平3年 （1066年）	在職京師直史館；四月父蘇洵逝世，扶喪回蜀。	無。
32歲 治平4年 （1067年）	四月至家鄉眉山，居父喪。	英宗崩，神宗即位；歐陽修罷參知政事，出知亳州；宰相韓琦免職；九月召王安石為翰林學士；黃庭堅進士及第。
33歲 宋神宗熙寧元年 （1068年）	夏，父喪期滿；冬，娶王弗堂妹王閏之為妻；與弟蘇轍攜眷赴京，此後未再回蜀。 ●〈石蒼舒醉墨堂〉	王安石應詔入京，醞釀變法。
34歲 熙寧2年 （1069年）	春，返京任諫官，反對新政：秋，任國子監考試官，藉策題諷刺王安石；冬，權開封府推官，作〈上神宗皇帝書〉，全面駁斥「新法」；在館閣期間，與表兄文與可、駙馬王詵時常往來。 ●〈議學校貢舉狀〉、〈上神宗皇帝書〉	王安石任參政知事，設立「制置三司條例司」，主持變法；王安石受御史中丞呂誨彈劾，出知鄧州；神宗數次欲用蘇軾，被王安石阻止。

35歲

熙寧3年（1070年）

在京任職；再次上書神宗，論「新法」不可行；又上〈擬進士對御試策〉，譏刺新法；八月被侍御史知雜事謝景温誣告，但查無實據；十二月被罷權開封府推官；次子蘇迨出生。

三月韓琦請罷青苗法，被解職；四月貶呂公著，韓絳參政知事；九月罷司馬光，范鎮致仕；十二月立保甲法，王安石罷相。

36歲

熙寧4年（1071年）

六月乞求外任，得通判杭州差遣：七月離京赴任，途經陳州見蘇轍：九月與蘇轍同往潁州，拜訪歐陽修：十一月抵達杭州任所。

●〈潁州初別子由二首〉、〈歐陽少師令賦所蓄石屏〉、〈出潁口，初見淮山，是日至壽州〉、〈泗州僧伽塔〉、〈遊金山寺〉、〈臘日遊孤山訪惠勤、惠思二僧〉、〈戲子由〉

新法全面執行，反對者多被黜免；司馬光罷歸洛陽，閉戶編書，不問政事；歐陽修致仕，退居潁州。

37歲

熙寧5年（1072年）

通判杭州；始讀黃庭堅詩文，頗為讚賞；此年三子蘇過出生。

●〈祭歐陽文忠公文〉、〈吉祥寺賞牡丹〉、〈吳中田婦嘆〉、〈和劉道員詠史〉、〈雨中遊天竺靈感觀音院〉、〈六月二十七日望湖樓醉書五絕〉、〈贈孫莘老七絕〉、〈望海樓晚景五絕〉、〈王復秀才所居雙檜二首〉

朝廷實行市易、保馬、方田均稅等法；歐陽修卒。

38歲

熙寧6年（1073年）

通判杭州；協助陳述古修復錢塘六井；冬，奉命往常、潤、蘇、秀等州賑濟饑民。

●〈飲湖上初晴後雨二首〉、〈唐道人言天目山……〉、〈於潛僧綠筠軒〉、〈八月十五看潮五絕〉、〈立秋日禱語……〉、〈新城道中二首〉、〈於潛女〉、〈除夜野宿常州城外二首〉、〈法惠寺橫翠閣〉、〈陌上花三首〉、〈有美堂暴雨〉、〈山村五絕〉

朝廷設「經義局」，修三經義，王安石提舉。

時序	蘇東坡生平	同期大事
39歲 熙寧7年（1074年）	通判杭州；九月，朝雲十二歲，入蘇軾家；九月，移知密州，離杭赴任。 ●〈書焦山綸長老壁〉、〈無錫道中賦水車〉、〈鐵溝行贈喬太博〉、〈雪後書北臺壁二首〉、〈虞美人·有美堂贈述古〉、〈菩薩蠻·述古席上〉、〈南鄉子·送述古〉、〈蓋公堂記〉、〈後杞菊賦〉	王安石罷相，知江寧府；呂惠卿任參知政事，繼續施行新法。
40歲 熙寧8年（1075年）	在密州任。 ●〈蝶戀花·密州上元〉、〈江城子·密州出獵〉、〈江城子·乙卯正月二十日夜記夢〉、〈出城送客不及，步至溪上·二首〉、〈超然臺記〉、〈祭常山回小獵〉、〈惜花〉、〈懷西湖寄晁美叔同年〉、〈和子由四首〉	二月王安石復相；韓琦卒，呂惠卿貶知陳州。
41歲 熙寧9年（1076年）	九月詔移知河中府，十二月離密州，前去赴任。 ●〈留別雩泉〉、〈和孔郎中荊林馬上見寄〉、〈水調歌頭（明月幾時有）〉、〈別東武流懷〉、〈登常山廣麗亭〉、〈和晁同年九日見寄〉、〈和文與可洋川園池三十首〉、〈李氏山房藏書記〉	呂惠卿上章攻擊王安石，王安石再次罷相，出知江寧府，不再還朝；神宗親自主持，續行新法。
42歲 熙寧10年（1077年）	二月改知徐州；七月黃河決堤，親率軍民築堤抗災，徐州得以保全，朝廷明詔獎諭。 ●〈除夜大雪，留濰州，元日早晴，遂行，中途雪復作〉、〈司馬君實獨樂元〉、〈次韻答邦直、子由五首〉、〈陽關曲·中秋作〉、〈韓幹馬十四匹〉、〈答呂梁仲屯田〉、〈河復〉、〈水調歌頭（安石在東海）〉	無。

43歲	元豐元年（1078年）	知徐州、築黃樓；此年初識秦觀、參寥；和黃庭堅所寄〈古風兩首上蘇子瞻〉，蘇、黃始訂交。 ●〈僕曩於長安陳漢卿家……〉、〈送鄭戶曹〉、〈九日黃樓作〉、〈李思訓畫長江絕島圖〉、〈百步洪兩首〉、〈放鶴亭寄〉、〈日喻〉、〈浣溪紗．徐門石潭謝雨，道上作五首〉、〈永遇樂．彭城夜宿燕子樓〉	無。
44歲	元豐2年（1079年）	正月二日，好友文與可卒於陳州；三月改知湖州；八月因詩文遭彈劾，入御史臺獄，史稱「烏臺詩案」；後經多方營救出獄，被貶為黃州團練副史；弟蘇轍受牽連，責監筠州鹽酒稅。 ●〈西江月．平山堂〉、〈文與可畫篔簹谷偃竹記〉、〈舟中夜起〉、〈端午遍遊諸寺得禪字〉、〈予以事繫御史臺獄……〉、〈與王郎及兒子邁繞城觀荷花……四首〉、〈十二月二十八日，蒙恩……復用前韻二首〉、〈罷徐州，往南京，馬上走筆寄子由五首〉、〈月夜與客飲杏花下〉、〈靈壁張氏園亭記〉	無。
45歲	元豐3年（1080年）	謫居黃州，暫居定惠院，後遷居於城南臨皋亭，築南堂；五月弟蘇轍攜蘇軾家眷到黃州，留伴十天後前往筠州赴任。 ●〈初到黃州〉、〈曉至巴河口迎子由〉、〈答李端叔書〉、〈定惠院寓居月夜偶出〉、〈卜算子．黃州定惠院寓居作〉、〈梅花二首〉、〈寓居定惠院之東……〉、〈安國寺尋春〉	章惇任參知政事；王安石封荊國公。

時序	蘇東坡生平	同期大事
46歲 元豐4年 （1081年）	謫居黃州；故友馬正卿（馬夢得）為蘇軾請得城東舊營地數十畝，是乃東坡，為躬耕自給之計。 ●〈東坡八首〉、〈正月二十日，往岐亭……〉、〈侄安節遠來，夜坐三首〉、〈書遊垂虹亭〉、〈方山子傳〉	神宗決策以五路兵討伐西夏。
47歲 元豐5年 （1082年）	謫居黃州；二月在東坡築雪堂，自號「東坡居士」，避談政事，詩文自遣；三月遊沙湖；七月、十月兩次遊赤壁。 ●〈浣溪紗·遊蘄水清泉寺〉、〈念奴嬌·赤壁懷古〉、〈遊沙湖〉、〈雪堂記〉、〈定風波（莫聽穿林打葉聲）〉、〈赤壁賦〉、〈紅梅三首〉、〈後赤壁賦〉、〈琴詩〉、〈滿庭芳（三十三年，今誰存者）〉、〈黃州上文潞公書〉、〈正月二十日，與潘、郭二生出郊尋春……〉、〈寒食雨二首〉、〈臨江仙（夜飲東坡醒復醉）〉、〈江城子（夢中了了醉中醒）〉、〈魚蠻子〉、〈洞仙歌（冰肌玉骨）〉、〈哨遍（為米折腰）〉、〈西江月（照野彌彌淺浪）〉	宋與西夏交戰，西夏攻陷永樂城，宋兵大敗。
48歲 元豐6年 （1083年）	謫居黃州；妾朝雲生子蘇遁。 ●〈東坡〉、〈南堂五首〉、〈初秋寄子由〉、〈洗兒戲作〉、〈鷓鴣天（林斷山明竹隱牆）〉、〈水調歌頭·快哉亭作〉、〈記承天寺夜遊〉、〈書臨皋亭〉、〈范蜀公呼我卜鄰〉、〈六年正月二十日，復出東門，仍用前韻〉、〈日日出東門〉、〈二紅飯〉、〈記赤壁〉	西夏請修貢；曾鞏逝世。

49歲

元豐7年（1084年）

量移汝州團練副使；四月離黃州，由九江至筠州訪弟蘇轍；遊廬山；六月過金陵，拜訪王安石，相談甚歡；七月幼子蘇遁夭折；年底至泗州，上表居常州。

●〈過江夜行武昌山聞黃州鼓角〉、〈石鐘山記〉、〈岐亭五首〉、〈自記廬山詩〉、〈別黃州〉、〈和秦太虛梅花〉、〈上巳日與二三子攜酒出遊〉、〈次荊公韻四絕〉、〈書李公擇白石山房〉、〈初入廬山三首〉、〈訴衷情（海棠珠綴一重重）〉、〈壽星院寒碧軒〉、〈黃州安國寺記〉、〈廬山二勝〉、〈題西鄰壁〉、〈郭祥正家醉畫竹石壁上……〉、〈滿庭芳（歸去來兮，吾歸何處）〉、〈次韻蔣穎叔〉、〈贈別王文甫〉、〈再書贈王文甫〉、〈記遊定惠院〉、〈如夢令（水垢何曾相受）〉

司馬光等人《資治通鑑》修撰完成。

50歲

元豐8年（1085年）

五月起知登州，到官五日，十月二十日以禮部郎中被召進京，十二月遷起居舍人。

●〈惠崇春江晚景二首〉、〈登州海市〉、〈歸宜興留題竹西寺三首〉

神宗崩，哲宗繼位，太皇太后高氏臨朝聽政，起用司馬光；蘇轍被召為右司諫；黃庭堅入京供職；秦觀進士及第；程顥逝世。

51歲

宋哲宗元祐元年（1086年）

奉詔還朝，在京師與黃庭堅第一次會面；三月除中書舍人；九月除翰林學士、知制誥；因司馬光喪事與程頤結怨；弟蘇轍遷中書舍人。

●〈武昌西山〉

哲宗年幼，高太后起用司馬光主持政事，廢除「新法」，史稱「元祐更化」；蘇軾反對盡廢新法，與司馬光不合。四月，王安石逝世；九月，司馬光逝世。

時序	蘇東坡生平	同期大事
52歲 元祐2年 （1087年）	在京任翰林學士兼侍讀；程顥罷經筵；弟蘇轍遷戶部侍郎。 ●〈如夢令·有寄〉、〈書書晁補之所藏與可畫竹三首〉、〈書鄢陵王主簿所畫折枝二首〉	朝中群臣分為朔、蜀、洛三黨，迭相攻軋，史稱「洛蜀黨爭」，蘇軾、蘇轍為蜀黨之首。
53歲 元祐3年 （1088年）	在京師任職，正月權知禮部貢舉、主省試；因勇於論事，主張各不相同，遭到新舊兩黨攻擊。 ●〈和子由除夜元日省宿致齋三首〉、〈書王定國所藏煙江疊嶂圖〉	以呂公著為司空、同平章軍國事；呂大防、范純仁為相。
54歲 元祐4年 （1089年）	乞求外放，三月以龍圖閣學士，出知杭州，七月到任；六月弟蘇轍遷翰林學士、知制誥，進吏部尚書，出使契丹。 ●〈送子由使契丹〉、〈與莫同年雨中飲湖上〉、〈異鵲〉	呂公著卒，范純仁罷相。
55歲 元祐5年 （1090年）	任職杭州，為民治病濟災，疏濬西湖，治六井；築南北長堤，後人稱為「蘇堤」；弟蘇轍自契丹歸國，任御史中丞。 ●〈贈劉景文〉、〈寄蔡子華〉、〈次韻林子中王彥祖唱酬〉、〈次韻楊公濟奉議梅花十首〉、〈南歌子·遊賞〉	無。
56歲 元祐6年 （1091年）	太后愛其才，詔還京；三月離杭州，途中連續上章辭官；五月因詩被誣，自請外調穎州；弟蘇轍拜相。 ●〈泛穎〉、〈聚星堂雪〉、〈八聲甘州·寄參寥子〉	朝中黨爭復起。

57歲	元祐7年（1092年）	在潁州任，三月移知揚州；八月內調為兵部尚書；八月兼侍讀；九月至京；十一月除端明殿學士兼翰林侍讀學士，守禮部尚書；弟蘇轍進門下侍郎。 ●〈木蘭花令（霜餘已失長淮闊）〉、〈軾在潁州，與趙德麟同治西湖……〉、〈和陶飲酒二十首〉、〈淮上早發〉、〈雙石〉	蘇頌為右相。
58歲	元祐8年（1093年）	在京師任禮部尚書，上章乞外任；六月除知定州；八月繼室王閏之卒於京師；十月到定州任所。 ●〈鶴嘆〉、〈雪浪石〉、〈書晁說之考牧圖後〉	九月，太皇太后高氏崩，哲宗親政。
59歲	紹聖元年（1094年）	知定州；四月，貶知英州；六月，被指以文字「譏斥先朝」，貶謫惠州。 ●〈記遊松風亭〉、〈初貶英州過杞贈馬夢得〉、〈過大庾嶺〉、〈慈湖夾阻風五首〉、〈遊羅浮山一首示兒子過〉、〈南華寺〉、〈八月七日初入贛過惶恐灘〉、〈十月二日初到惠州〉、〈舟行至清遠縣見顧秀才……〉、〈南康望湖亭〉、〈十一月二十六日，松風亭下梅花盛開〉、〈寓居合江樓〉	哲宗行「紹述」之政，以章惇為相，罷免呂大防、蘇轍、范純仁等，恢復王安石「新法」。
60歲	紹聖2年（1095年）	謫居惠州。 ●〈秧馬歌〉、〈荔枝嘆〉、〈殢人嬌·贈朝雲〉、〈連雨江漲二首〉、〈和陶歸園田居六首〉、〈四月十一日初食荔枝二首〉、〈題嘉祐寺壁〉、〈與子由弟·惠州〉、〈與參寥子·惠州〉、〈江月五首〉	無。

時序	蘇東坡生平	同期大事
61歲 紹聖3年（1096年）	謫居惠州；侍妾王朝雲病逝。 ●〈西江月·梅花〉、〈新年五首〉、〈書歸去來辭贈契順〉、〈遷居〉	無。
62歲 紹聖4年（1097年）	四月責授瓊州別駕，昌化軍（儋州）安置；離惠州，與弟蘇轍相遇於藤州，時值蘇轍貶雷州安置，遂同行至雷州，後別弟渡海；七月到儋州貶所。 ●〈行瓊、儋間，肩輿坐睡……〉、〈儋耳山〉、〈聞子由瘦〉、〈縱筆〉、〈吾謫海南，子由雷州……〉、〈謫居三適〉、〈和陶止酒〉	朝廷重貶「元祐黨人」，追貶舊黨司馬光、呂公著等官。
63歲 元符元年（1098年）	謫居儋州；董必察訪兩廣，派人將蘇軾逐出官舍，蘇軾遂於城南買地築屋，受當地士人襄助頗多；弟蘇轍自雷州移至循州。 ●〈新居〉、〈和陶與殷晉安別〉、〈試筆自書〉、〈書海南風土〉	無。
64歲 元符2年（1099年）	謫居儋州，與當地書生、百姓多有來往；瓊州姜唐佐來儋耳，從軾問學。 ●〈縱筆三首〉、〈書上元夜遊〉、〈倦夜〉、〈被酒獨行，遍至子雲、威、徽先覺四黎之舍三首〉、〈減字木蘭花·己卯儋耳春詞〉	蘇頌為右相。

65歲

元符3年（1100年）

五月遇大赦，六月離海南，一路北上欲歸京。

●〈六月二十夜渡海〉、〈澄邁驛通潮閣二首〉、〈務韻江晦叔二首〉、〈答謝民師書〉、〈汲江煎茶〉

春正月，哲宗崩，弟徽宗即位，向太后問政，大赦天下，元祐舊黨漸次召還；秦觀卒。

66歲

宋徽宗建中靖國（1101年）

五月至真州，瘴毒大作，瀉痢臥病；六月至常州，上表請求辭官；七月二十八日（一一〇一年八月二十四日），病卒於常州；次年安葬於汝州郟城縣釣臺鄉上瑞里，弟蘇轍為其作墓誌銘。

●〈過嶺二首〉、〈贈嶺上老人〉、〈自題金山畫像〉

正月，向太后去世；朝廷為調和黨爭，新舊兼用；徽宗任蔡京為翰林學士，二人逐步開始腐朽統治。

【致敬】參考書目

◆表示有繁體中文版

《蘇東坡全集》（全八冊），曾棗莊、舒大剛主編，中華書局，2021 年 5 月

《蘇東坡全集：注譯本》（全十冊），蘇軾著，毛德富等主編，團結出版社，2021 年 1 月

《東坡志林》，蘇軾著，韓中華譯注，海峽文藝出版社，2019 年 6 月

《東坡集》（全二冊），蘇軾著，朱剛導讀，三秦出版社，2022 年 6 月

《蘇軾年譜》（全三冊），孔凡禮撰，中華書局，1998 年 2 月

《三蘇評傳》，曾棗莊著，上海書店出版社，2016 年 8 月

《蘇東坡傳》，林語堂著，湖南文藝出版社，2018 年 1 月

◆《蘇東坡傳【經典新版】》，林語堂著，風雲時代版社，2017年 10月

《蘇軾傳》，王水照、崔銘著，人民文學出版社，2019 年 5 月

◆《蘇軾傳》，王水照、崔銘著，香港中和出版，2019 年 12月

《蘇軾十講》，朱剛著，上海三聯書店，2019 年 7 月

《蘇軾評傳》，王水照、朱剛著，長江文藝出版社，2019年12月

《蘇東坡新傳》（全二冊），李一冰著，四川人民出版社，2020年5月

◆《蘇東坡新傳》，李一冰著，聯經出版，2024年5月

《蘇軾研究論稿》，慶振軒著，中國社會科學出版社，2022年4月

《閱讀蘇軾》，朱剛著，北京大學出版社，2022年10月

《王水照說蘇東坡》，王水照著，中華書局，2015年6月

《蘇東坡的下午茶》，陳鵬著，三水繪，四川人民出版社，2020年6月

《在故宮尋找蘇東坡》，祝勇著，人民文學出版社，2020年6月

◆《在故宮尋找蘇東坡（修訂版）》，祝勇著，牛津大學出版，2024年1月

《在東坡那邊：蘇軾記》，于堅著，江蘇鳳凰文藝出版社，2021年6月

《蘇東坡的朋友圈》，劉墨著，人民美術出版社，2021年8月

《作個閒人：蘇東坡的治癒主義》，費勇著，江蘇鳳凰文藝出版社，2022年7月

◆《這僅有一次的人生，一定要讀蘇東坡》，費勇著，大是文化出版，2023年1月

《蘇軾評傳》，曾棗莊著，巴蜀書社，2018年2月

《蘇轍評傳》，曾棗莊著，巴蜀書社，2018年2月
《蘇洵評傳》，曾棗莊著，巴蜀書社，2018年2月
《蘇軾蘇轍研究》，朱剛著，復旦大學出版社，2019年12月
《三蘇教育思想研究》，余紅艷、劉清泉、胡先酉等著，巴蜀書社，2022年4月
《光芒之下：蘇轍傳》，史在新著，中國文史出版社，2022年9月
《王安石傳：上、下》，崔銘著，天津人民出版社，2021年10月
《與陶淵明生活在桃花源》，程濱著，長春出版社，2016年6月
◆《蘇軾與章惇關係考——兼論相關詩文及史事》，劉昭明著，新文豐出版公司，2011年6月
《一念桃花源：蘇東坡與陶淵明的靈魂對話》，〔美〕比爾．波特著，李昕譯，中信出版社，2018年4月
《蘇東坡養生談》，熊朝東著，四川文藝出版社，2005年9月
《蘇東坡與佛教》，達亮著，四川大學出版社，2009年4月
《不合時宜：東坡人文地圖》，王文正著，杭州出版社，2015年5月
《蘇軾：鄉愁與愛情》，邵永義著，白山出版社，2017年5月
《知中．幸會！蘇東坡》，羅威爾主編，中信出版社，2017年6月

《「自然」之辯：蘇軾的有限與不朽》，楊治宜著，生活・讀書・新知三聯書店，2018年10月
《呵呵：中國頑童蘇東坡》，史鈞著，國際文化出版公司，2019年1月
《人間杭州：我與一座城市的記憶》，吳曉波著，浙江大學出版社，2022年1月
《傅佩榮譯解莊子》，傅佩榮著，東方出版社，2012年6月
《中國歷代政治得失》，錢穆著，生活・讀書・新知三聯書店，2012年7月
◆《中國歷代政治得失》，錢穆著，東大出版，2018年4月
《歷代經濟變革得失》，吳曉波著，浙江大學出版社，2013年8月
◆《歷代經濟變革得失》，吳曉波著，華品文創出版，2014年1月
《東京夢華錄》，孟元老著，侯印國譯注，三秦出版社，2021年4月
《假裝生活在宋朝：京都汴梁等地生活指南》，馬驊著，江蘇人民出版社，2017年9月
《風雅宋：看得見的大宋文明》，吳鉤著，廣西師範大學出版社，2018年6月
◆《風雅宋：看得見的大宋文明》，吳鉤著，香港中和出版，2019年4月
《知宋：寫給女兒的大宋歷史》，吳鉤著，廣西師範大學出版社，2019年3月
◆《知宋：寫給女兒的大宋歷史（上、下）》，吳鉤著，香港中和出版，2019年12月

《原來你是這樣的宋朝2》，吳鉤著，長江文藝出版社，2019年5月
《過一場風雅的宋朝生活》，李開周著，中國法制出版社，2019年5月
《千面宋人：傳世書信裡的士大夫》，仇春霞著，廣西師範大學出版社，2023年3月
《變宋：王安石改革的邏輯與陷阱》，徐富海著，北京大學出版社，2023年5月
《美學散步》，宗白華著，上海人民出版社，1981年6月
◆《美學散步》，宗白華著，五南出版，2022年3月
《美的歷程》，李澤厚著，生活·讀書·新知三聯書店，2009年7月
◆《美的歷程（二版）》，李澤厚著，三民出版，2022年2月
《朱光潛談美》，朱光潛著，華東師範大學出版社，2012年9月
◆《談美》，朱光潛著，五南出版，2024年5月
《中國文化的精神》，許倬雲著，九州出版社，2018年11月
《東坡黃州五年間》，黃岡市東坡文化研究會組編，涂普生主編，武漢大學出版社，2010年8月
《瓊崖古驛道：在文獻與地圖上重走千年「南方高速」》，何以端著，海南出版社，2022年11月
《軸心文明與現代社會：探索大歷史的結構》，金觀濤著，東方出版社，2021年6月

國家圖書館出版品預行編目 (CIP) 資料

人生得遇蘇東坡：破億播放量意公子帶來一堂豁達生命課 / 意公子作 . -- 臺北市：三采文化股份有限公司, 2025.08
面； 公分 . --（iTHINK；17）
ISBN 978-626-358-724-3（平裝）

1.CST: (宋) 蘇軾 2.CST: 傳記

782.8516 114007729

suncolor 三采文化

iThink 17

人生得遇蘇東坡

破億播放量意公子帶來一堂豁達生命課

作者｜ 意公子
編輯二部 總編輯｜ 鄭微宣
美術主編｜ 藍秀婷　封面設計｜ 方曉君　版權副理｜ 杜曉涵
版型設計｜ Claire Wei　內頁編排｜ Claire Wei

發行人｜ 張輝明　總編輯長｜ 曾雅青　發行所｜ 三采文化股份有限公司
地址｜ 台北市內湖區瑞光路 513 巷 33 號 8 樓
傳訊｜ TEL: (02) 8797-1234　FAX: (02) 8797-1688　網址｜ www.suncolor.com.tw
郵政劃撥｜ 帳號：14319060　戶名：三采文化股份有限公司
初版發行｜ 2025 年 8 月 1 日　定價｜ NT$500
5 刷｜ 2025 年 9 月 20 日